SALMAN ALIGHIERO BOETTI

Per Mirwais e Meraj
For Mirwais and Meraj

tornabuoniArte

FORMA

Progetto editoriale /
Editorial project
Forma Edizioni srl
Firenze, Italia
redazione@formaedizioni.it
www.formaedizioni.it

Direzione editoriale /
Editorial director
Laura Andreini

Redazione / Editorial staff
Maria Giulia Caliri
Livia D'Aliasi
Andrea Benelli
Beatrice Papucci

Progetto grafico
e impaginazione /
Graphic design
Isabella Peruzzi

Traduzioni /
Translations
Simon Turner

Fotolitografia /
Photolithography
LAB di Gallotti
Giuseppe Fulvio
Firenze, Italia

Crediti fotografici /
Photo Credits

© Annemarie Sauzeau Boetti
p. 7 (fig. 3), p. 48 (fig. 59)

© Antonia Mulas © Eredi Antonia Mulas -
Tutti i diritti riservati
p. 30 (fig. 31)

Courtesy Agata Boetti
p. 4 (fig. 1), p. 7 (fig. 4), p. 8 (figg. 5-6), p. 9 (figg. 7-8), p. 10 (figg. 9-10), p. 11 (figg. 11-12), p. 15 (fig. 17), p. 18 (fig. 20), p. 19 (fig. 21), p. 20 (fig. 22), p. 43 (figg. 48-49)

Courtesy Arianna Mercanti
p. 83 (fig. 102)

© Giorgio Benni
p. 83 (fig. 101)

© IF IndustrialFoto, Firenze
p. 20 (fig. 23), pp. 66-67 (fig. 79), pp. 72-73 (fig. 87)

Photo © Davide Colombo-Archivio Giorgio Colombo, Milano
p. 75 (fig. 88), p. 79 (fig. 93)

Photo © Gianfranco Gorgoni, New York
p. 35 (fig. 35), p. 48 (fig. 58), p. 49 (fig. 60)

Photo © Gino Gentile
p. 81 (fig. 97), p. 95 (fig. 107)

Photo © Giorgio Colombo, Milano
p. 22 (fig. 24), p. 23 (fig. 25), pp. 24-25 (fig. 26), p. 26 (fig. 27), p. 27 (figg. 28-29), pp. 28-29 (fig. 30), p. 31 (fig. 32), p. 32 (fig. 33), p. 36 (figg. 36-37), p. 37 (fig. 38), p. 38 (figg. 39-40), p. 39 (figg. 41-42), p. 40 (figg. 43-44), p. 41 (figg. 45-46), p. 45 (figg. 52-53), p. 46 (fig. 55), p. 47 (figg. 56-57), p. 59 (fig. 69), p. 78 (figg. 91-92), p. 79 (fig. 94), p. 80 (figg. 95-96), p. 84 (fig. 103), p. 85 (fig. 104)

Photo © Piera Crovetti-Archivio Giorgio Colombo, Milano
p. 82 (fig. 100)

© Randi Malkin Steinberger
p. 44 (fig. 50), p. 60 (figg. 70-71), p. 61 (figg. 72-73), p. 63 (figg. 75-76), p. 64 (fig. 77), p. 65 (fig. 78)

Questo catalogo è stato pubblicato in occasione della mostra / This catalogue is published on the occasion of the exhibition

SALMAN
ALI**GHIERO**
BOETTI

Tornabuoni Arte
via Fatebenefratelli, 34/36, Milano
11.11.2020 - 9.12.2020

Tornabuoni Art
16 Avenue Matignon, Paris
22.01.2021 - 20.03.2021

Progetto di / Project by
Michele Casamonti

Si ringrazia per la collaborazione lo staff della Tornabuoni Arte, in particolare / Thanks to the Tornabuoni Arte staff for the collaboration, in particular Valentina Grandini e / and Isabella Lastrucci

Si ringrazia inoltre lo staff della Tornabuoni Art Paris / Many thanks also go to the staff at Tornabuoni Art Paris

Prima edizione: novembre 2020

First edition: November 2020

In copertina:
Alighiero Boetti
e Salman Ali
nello studio di
Trastevere, 1975

On the cover:
Alighiero Boetti
and Salman Ali
in the Trastevere
studio, 1975

Nato a Kabul, Salman Ali ha imparato l'italiano da autodidatta, in età adulta, nel corso della sua permanenza a Roma a partire dal 1973.
Il testo qui pubblicato è la trascrizione fedele delle sue memorie senza alcuna correzione stilistica, sintattica o grammaticale. Questa scelta ha lo scopo di rispettare integralmente il racconto, il vissuto delle parole e la personalità dell'autore.
Si ringraziano i figli Mirwais e Meraj per aver supervisionato la trascrizione del testo e seguito la realizzazione del volume.

Salman Ali was born in Kabul and learnt Italian on his own as an adult, during his stay in Rome in 1973. The text published here is a translation of the faithful transcription of his memoirs, written in Italian, with no stylistic, syntactic, or grammatical editing. The aim of this decision is to respect his way of telling the story, allowing his experience and personality to shine through.
Thanks go to his sons, Mirwais and Meraj, for their supervision of the transcription and for assisting in the creation of this book.

Ringrazio i miei figli, mia moglie, tutti i Boetti, le ragazze dell'Archivio e Michele Casamonti. Ringrazio inoltre Clino Trini Castelli, Bruno Corà, Giorgio Colombo e tutti i fotografi che hanno collaborato

I am truly grateful to my sons, my wife, the whole Boetti family, the ladies at the Archive, and Michele Casamonti. My thanks also go to Clino Trini Castelli, Bruno Corà, Giorgio Colombo, and all the photographers

Salman Ali

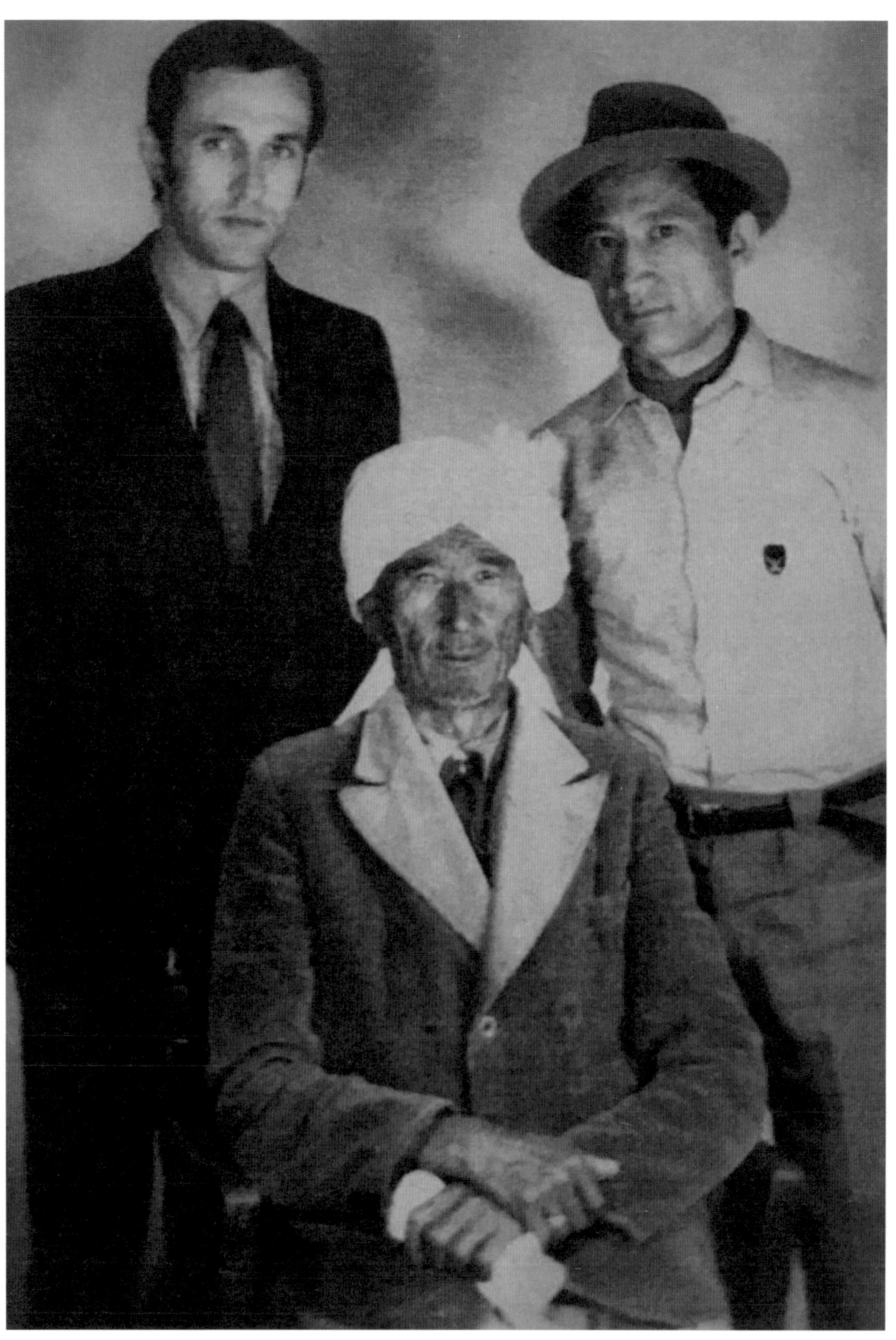

1.

1.
Alighiero Boetti con il padre e il fratello di Salman Ali, Iqbal, a Kabul all'inizio degli anni '70

1.
Alighiero Boetti with Salman Ali's father and brother, Iqbal, in Kabul, early 1970s

Un giorno mio figlio mi ha domandato cosa facevo prima di aver incontrato Alighiero. Gli ho risposto: “sono nato con Alighiero”. Perché è vero.
Sono nato a Jaghori in Afghanistan nel 1948 dove sono restato fino ai miei 18 anni. Sui miei documenti sono nato il 1 gennaio, come mia moglie e tutti gli altri che non sanno bene quando sono nati. Anche l’anno di nascita non è certo, ma quasi sicuro.
La mia famiglia era normale e molto modesta. Mio padre, Ghulam Ali, era contadino e alla fine della sua vita era diventato militare. Sono l’ultimo dei tre figli di mia madre, Safia, che morì ai miei sei o sette mesi. La seconda moglie di mio padre, che noi, suoi primi figli, la consideravamo come una seconda madre. Ha avuto anche da lei tre figli. Anche se modesta, la famiglia era felice e tranquilla. L’atmosfera in Afghanistan in quegli anni era serena. C’era libertà. L’Afghanistan era un paese poco conosciuto nel mondo, non c’era internet e vivevamo come volevamo. Gli stranieri che venivano in Afghanistan erano spesso hippies o grandi viaggiatori e sempre molto rispettosi ed educati. In quegli anni, anche le donne vivevano bene. C’erano anche donne in minigonna a Kabul!
La mia famiglia è Hazara, come tutti gli abitanti di Jaghori. In Afghanistan, c’erano tanti popoli e molto diversi tra loro. I Pashtun erano i potenti, i forti e ricchi, come la famiglia reale. I Tadjik, guerrieri come Massoud. E gli Hazara, i più poveri, prima schiavi poi servitori. Un Hazara non poteva neanche immaginare diventare ufficiale né fare l’università né ottenere un ruolo importante nella città o nel paese. Erano servitori.
Gli Hazara vivevano nelle montagne e venivano sicuramente dai mongoli e anche dall’armata di Gengis Khan! E questo piaceva tanto ad Alighiero! Per questo abbiamo tutti gli occhi tirati!

A 18 anni, sono partito per Kandahar a fare il servizio militare, che all’epoca durava due anni. In quel periodo fare il servizio militare era gradevole anche perché al potere c’era il re Zahir Shah. Era molto bravo e il paese stava bene grazie a lui. Poi nel 1973, Zahir Shah è andato in Italia, a Saturnia vicino a Roma, a fare i fanghi per problemi di salute, e il suo cugino Daoud ne ha approffittato per rubargli il posto e fare un colpo di stato. Il povero Zahir Shah non è mai più tornato in Afghanistan ed è restato a vivere a Roma. Una volta, Alighiero mi ha portato a trovarlo a Roma a casa sua all’Olgiata. Ero molto contento e impressionato. Dopo il servizio militare, non sono tornato a Jaghori anche perché mio padre non poteva più continuare a mantenermi.

Allora sono partito per Kabul per raggiungere mio fratello Iqbal. Probabilmente il fratello al quale sono più legato, un po’ come capo famiglia all’epoca.
Iqbal lavorava da tempo al Parsa Hotel di Kabul. Alighiero andava spesso in quell’albergo ed è da lì che mandò tanti telegrammi e le tante buste per i suoi lavori postali (anche

One day, my son asked me what I did before meeting Alighiero. I replied: “I was born with Alighiero.” Because that’s the truth.
I was born in 1948 in Jaghori, Afghanistan, and lived there until I was eighteen. My documents say I was born on 1 January, like my wife and all the others who don’t really know when they were born. I’m not even sure of the year, but it’s almost certainly right.
I was born into a normal, very modest family. My father, Ghulam Ali, was a peasant, but joined the military towards the end of his life. My mother died when I was six or seven months old, and I’m the youngest of her three children. We were my father’s first children and we considered his second wife as a sort of second mother. She too bore him three children. Even though the family was modest, we were happy and at peace. The atmosphere in Afghanistan in those years was untroubled. There was freedom. People around the world didn’t know much about Afghanistan – there was no Internet and we lived the way we wanted to. The foreigners who came to Afghanistan were often hippies or great travellers, and they were always well-behaved and respectful. Women lived a good life in those years. There were even women who wore miniskirts in Kabul!
We’re a Hazara family, like all the inhabitants of Jagori. There were lots of very different peoples in Afghanistan. The Pashtun were the powerful ones, strong and rich, like the royal family. The Tadjiks were warriors, like Massoud. And the Hazaras, the poorest, were first slaves and then servants. A Hazara couldn’t even dream of becoming an officer or going to university, or obtaining some important position in the town or city. They were servants.
The Hazaras lived in the mountains and were certainly descended from the Mongols and even from Genghis Khan’s army! And Alighiero loved that! That’s why we all have narrow eyes.

When I was eighteen, I went off to Kandahar for military service, which lasted two years at the time. Doing military service was pleasant in those days, partly because King Zahir Shah was in power. He was very good and the country prospered thanks to him. Then, in 1973, Zahir Shah went to Italy – to Saturnia, near Rome, for mud therapy for health problems – and his cousin Daoud took advantage of this to take his place in a coup d’état. Poor Zahir Shah never returned to Afghanistan, and spent the rest of his life in Rome. Alighiero once took me to see him in his house in Olgiata in Rome. I was very impressed, and really happy. After my military service, I didn’t return to Jaghori, partly because my father could no longer afford to support me.

So I went off to Kabul to join my brother Iqbal. He’s probably the brother I’m closest to, and he was a bit like the head of the family at the time.
Iqbal had been working at the Parsa Hotel in Kabul for some time. Alighiero often used to go to that hotel, and he used to send lots of telegrams and envelopes from it with

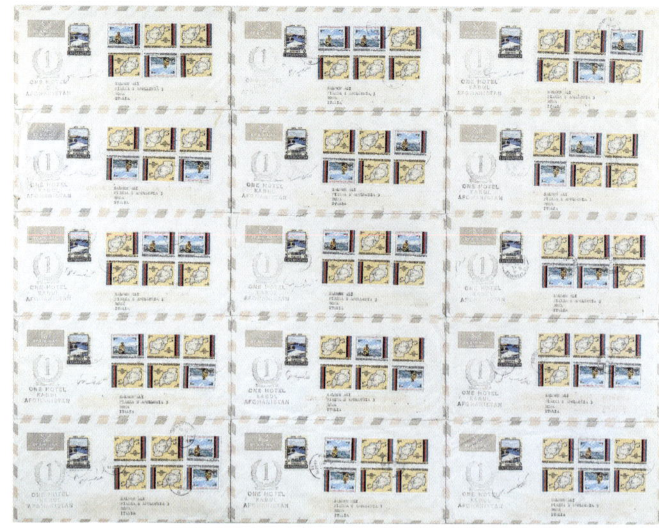

2.

il lavoro postale indirizzato a me). Iqbal era amico di Dastaghir, anche lui giovane afghano. Lavorava anche al One Hotel di Alighiero.
Il One Hotel è esistito per tanti anni ed era già aperto quando sono arrivato a Kabul. Dastaghir era il manager dell'albergo. Si occupava di tutto anche perché Alighiero veniva solo due volte all'anno e quando veniva non faceva le cose domestiche e di organizzazione. Dastaghir andava anche davanti al Parsa Hotel ad aspettare gli autobus di turisti e proponeva loro dei servizi, anche di andare al One Hotel!
Iqbal ha domandato a Dastaghir di aiutarlo a trovare un lavoretto per me, il suo piccolo fratello, appena arrivato a Kabul.

Quando Iqbal mi ha portato all'appuntamento al One Hotel, Dastaghir mi ha detto che il mio lavoro all'albergo era di fare il chai e il Nescafé, perché non c'era il vero caffè in Afghanistan. Niente altro.
Alighiero era lì e mi ha salutato con molta semplicità. Faceva molta fiducia a Dastaghir e non si faceva domande se vedeva una nuova persona lavorare al One Hotel.

Il One Hotel aveva 11 camere (bella coincidenza perché Alighiero amava molto il numero 11), una sala ristorante, una sala per il chai (thè) con uno scafale indimenticabile con una ventina di teiere e una cucina. La sala ristorante, con sedie e tavoli, era al piano terra e dava su un bel giardino. Quel giardino era bellissimo e molto grande per un giardino in città. C'era la vigna e l'uva che creava un posto molto gradevole per mettersi sotto. C'era sempre tanta gente, tutti stranieri, americani, pakistani. C'erano anche dei musicisti che suonavano il pomeriggio. La gente non trovava strano che uno straniero aveva un albergo a

his postal works (including the postal work addressed to me). Iqbal was a friend of another young Afghan, Dastaghir, who also worked at Alighiero's One Hotel.
The One Hotel remained open for many years, and it was still open when I arrived in Kabul. Dastaghir was the hotel manager. He used to look after everything, partly because Alighiero only came a couple of times a year and, when he did come, he didn't see to the housework and organisation. Dastaghir would go in front of the Parsa Hotel and wait for the coaches bringing in tourists and offer them his services, even to go to the One Hotel!
As soon as I arrived in Kabul, Iqbal asked Dastaghir to help him find some little job for me, his little brother.

When Iqbal took me to the appointment at the One Hotel, Dastaghir told me my job would be to make chai and Nescafé, because there was no real coffee in Afghanistan. That was it.
Alighiero was there and greeted me with great simplicity. He had great trust in Dastaghir and asked no questions when he saw someone new working at the One Hotel.

The One Hotel had eleven rooms (a lucky coincidence, because Alighiero loved the number eleven), a restaurant room, a chai (tea) room with an amazing shelf with about twenty teapots, and a kitchen. The restaurant room, with chairs and tables, was on the ground floor and gave onto a lovely garden. The garden was stunning and very big by city standards. There was a vine with grapes, which made a very pleasant place to sit under. There were always lots of people, all foreigners – Americans and Pakistanis. There were also musicians who played in the afternoon. The people saw nothing strange about a foreigner having a hotel in Kabul, because Alighiero was different: he fitted in and it was

2.
Alighiero Boetti, 15 *buste dall'Afghanistan a Salman Ali*, 1972

2.
Alighiero Boetti, 15 *buste dall'Afghanistan a Salman Ali*, 1972

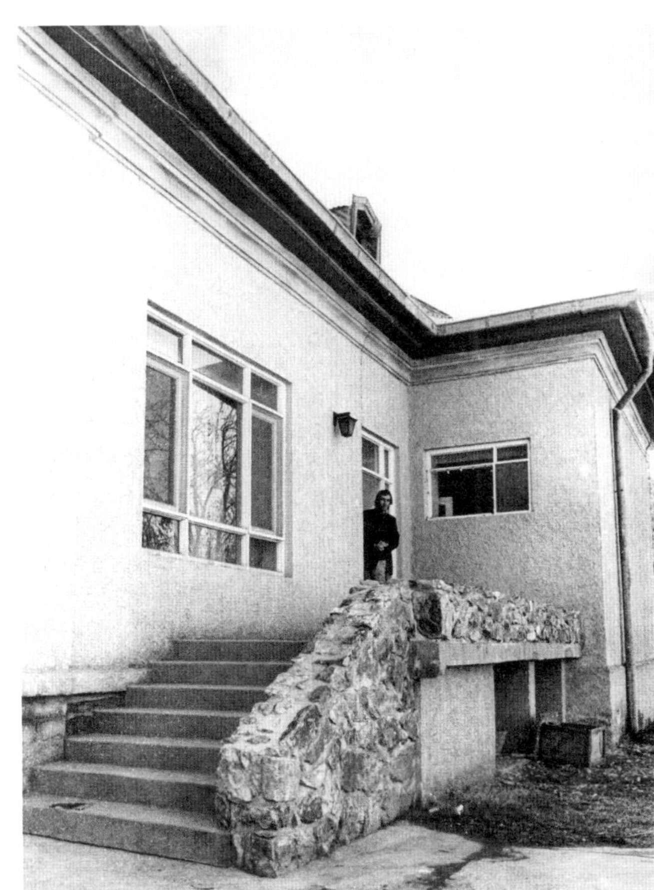

4.

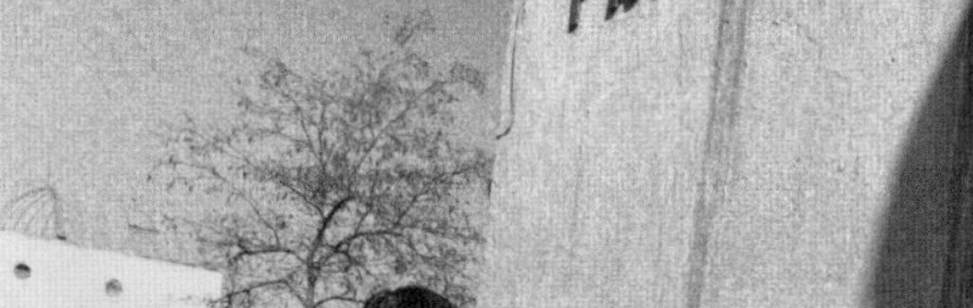

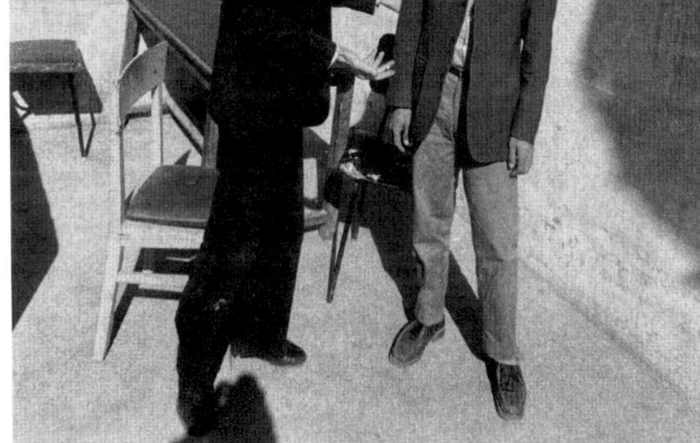

3.

3.
Alighiero Boetti e Iqbal, fratello di Salman, al Parsa Hotel a Kabul, inizio anni '70

3.
Alighiero Boetti and Iqbal, Salman's brother, at the Parsa Hotel in Kabul, early 1970s

4.
Alighiero Boetti davanti al One Hotel, inizio anni '70, Kabul

4.
Alighiero Boetti in front of the One Hotel, Kabul, early 1970s

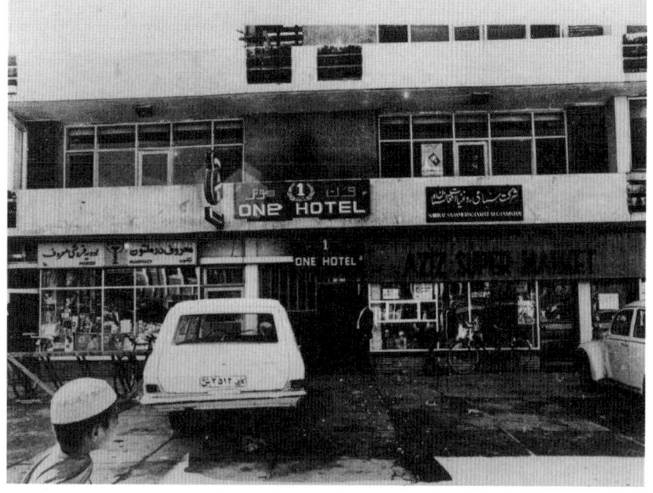

5.

6.

Kabul, perché Alighiero era diverso, si adattava e diventava normale che era lì. Alighiero non faceva il turista né l'afghano. Era Alighiero. Veniva a marzo e a settembre, sempre due volte all'anno, per restare un mese e mezzo ogni volta. Diceva che erano i migliori momenti per venire in Afghanistan perché in autunno e in primavera i paesaggi sono sempre più belli. La prima volta che mi ha parlato di più, eravamo davanti alla sua camera. Alighiero parlava abbastanza bene il farsi e si faceva capire molto bene. Alighiero mi aveva detto che quando non c'era, solo Clino Castelli e sua moglie potevano occupare la sua camera. Anche il suo caro amico di Milano, Corrado Levi, con il quale andavano insieme a Mazar-i Sharif per comprare gli ikat, poteva usare la camera di Alighiero ma nessun altro.
In quei pochi giorni prima della sua partenza, i primi e pochi scambi che ho avuto con Alighiero erano quando mi domandava di fargli un chai!
"Salman un chai per favore!" Chiudo gli occhi e risento Alighiero dirmelo.
Da quel momento Alighiero era diventato "Capo" per me. Dopo alcuni giorni Alighiero è ripartito in Italia. Pian piano, ho lavorato di più, mi occupavo anche del fuoco e facevo la spesa. Avevo sempre più responsabilità. Dastaghir era contento del mio lavoro. Poi Alighiero è tornato. Ero contento di rivederlo. Da quel momento ero diventato il responsabile della camera di Alighiero e delle sue cose che mettevo in una valigetta per proteggerle quando Alighiero non c'era. Quando c'era Alighiero, dormivo al pian terreno e quando Alighiero era in Italia, dormivo nella camera di Alighiero. Come Clino e Corrado!
Quando Capo era a Kabul, era sempre allegro. Restava tanto tempo al One Hotel, amava restare nel giardino. Spesso amici, conoscenze e musicisti venivano a bere un chai e chiaccherare. Poi leggeva sotto la vigna o in camera sua. Quando arrivava da Roma, Alighiero non si cambiava e restava vestito normale! Restava sempre con i jeans e una bella camicia anche se gli piacevano tanto i pantaloni

normal to have him there. Alighiero was neither a tourist nor an Afghan. He was Alighiero. He used to come in March and September – always twice a year – and stay for a month and a half each time. He used to say those were the best moments to come to Afghanistan, because the scenery was always most beautiful in the spring and autumn. The first time he talked to me at some length was in front of his room. Alighiero spoke Farsi fairly well and managed to get his point across. He told me that when he wasn't there himself, only Cino Castelli and his wife could occupy the room. Also his dear friend from Milan, Corrado Levi, with whom he used to go to Mazar-i Sharif to buy ikat, could use Alighiero's room. But no one else.
In those few days before he left, a few initial exchanges I had with Alighiero were when he asked me to make a cup of chai! "Salman, a cup of chai, please!" If I close my eyes, I can still hear Alighiero saying that to me.
From that moment on, Alighiero became "Capo" – "the Boss" – to me. A few days later, he left for Italy.
Little by little, I started working more, also looking after the fire and doing the shopping. I began to have ever greater responsibilities. Dastaghir was happy with my work. Then Alighiero came back. I was happy to see him again. From that moment on, I was responsible for Alighiero's room and for his belongings, which I put in a little suitcase to protect them when he was away. When Alighiero was there, I slept on the ground floor, but when he was in Italy, I slept in his room. Like Clino and Corrado!
Capo was always cheerful when he was in Kabul. He used to spend a long time at the One Hotel, and loved staying in the garden. Friends, acquaintances, and musicians often used to drop in for a chai or a chat. Then he would sit beneath the vine or go to his room to read. When he arrived from Rome, Alighiero didn't change but continued to wear his normal clothes! He would always wear a pair of jeans and a nice shirt, even though he loved the very comfortable Afghan trousers. Except that he used them as pyjamas. He bought a chapan,

5.
One Hotel, inizio anni '70, Kabul

5.
One Hotel, Kabul, early 1970s

6.
Alighiero Boetti nel giardino del One Hotel, inizio anni '70, Kabul

6.
Alighiero Boetti in the garden of the One Hotel, Kabul, early 1970s

7.

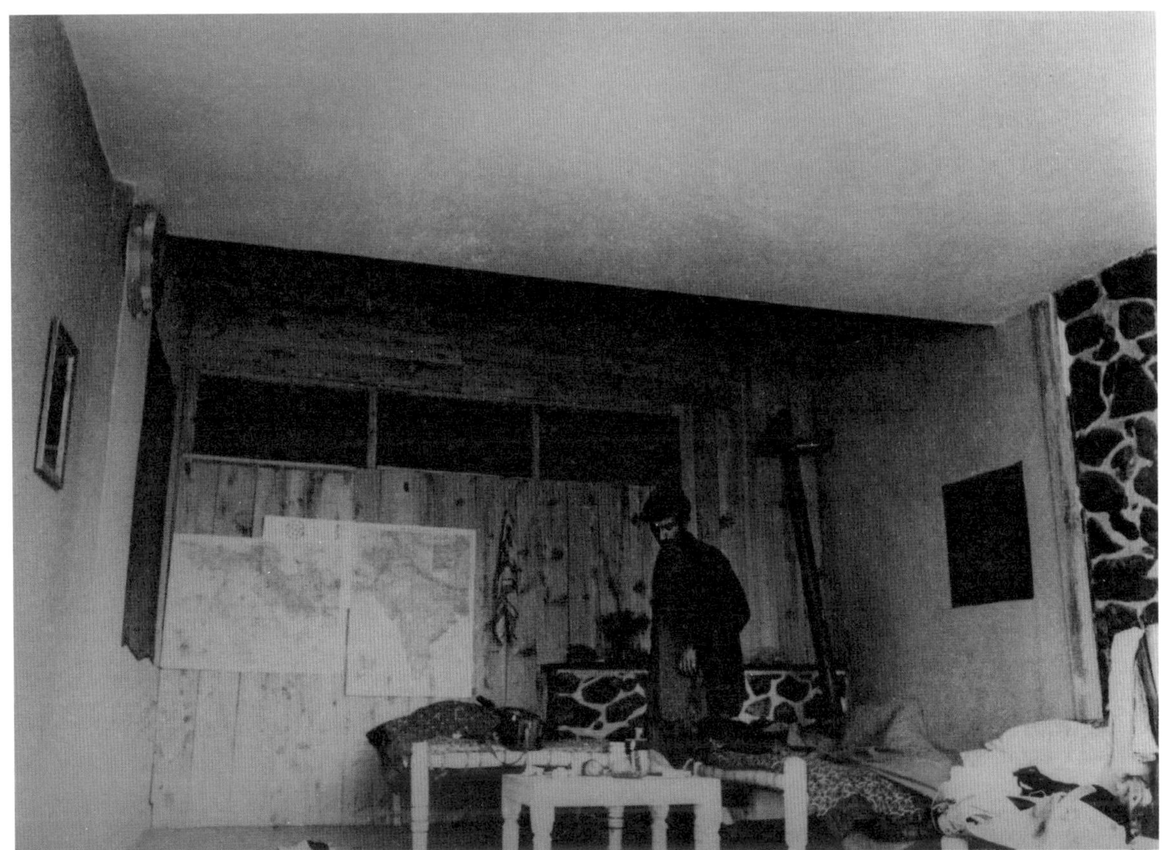

8.

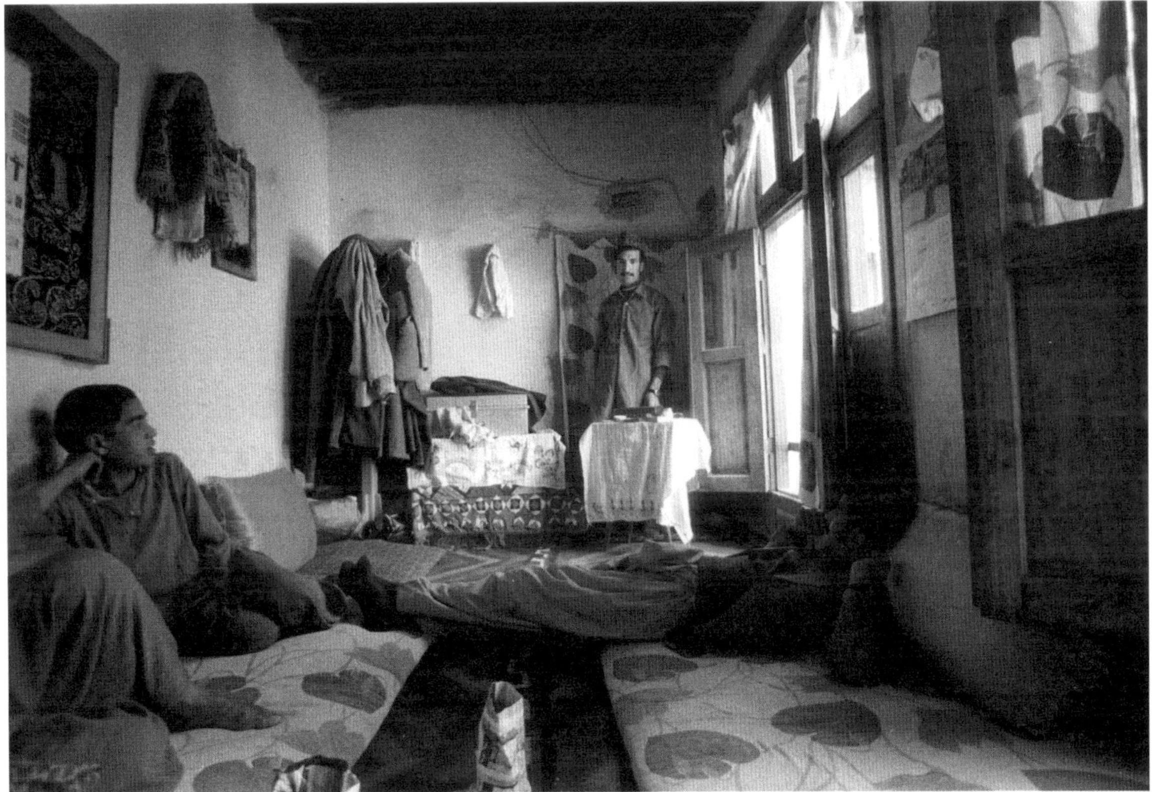

7. - 8.
Dastaghir all'interno del One Hotel, inizio anni '70, Kabul

7. - 8.
Dastaghir inside the One Hotel, Kabul, early 1970s

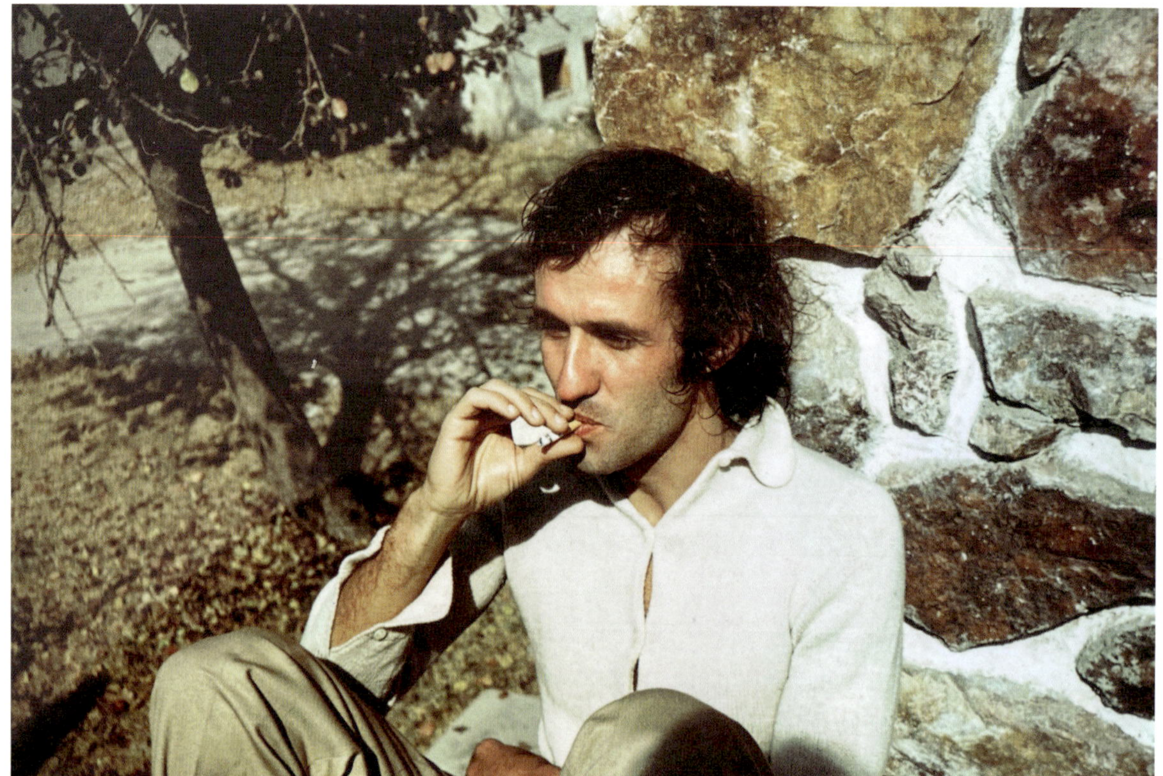

9.

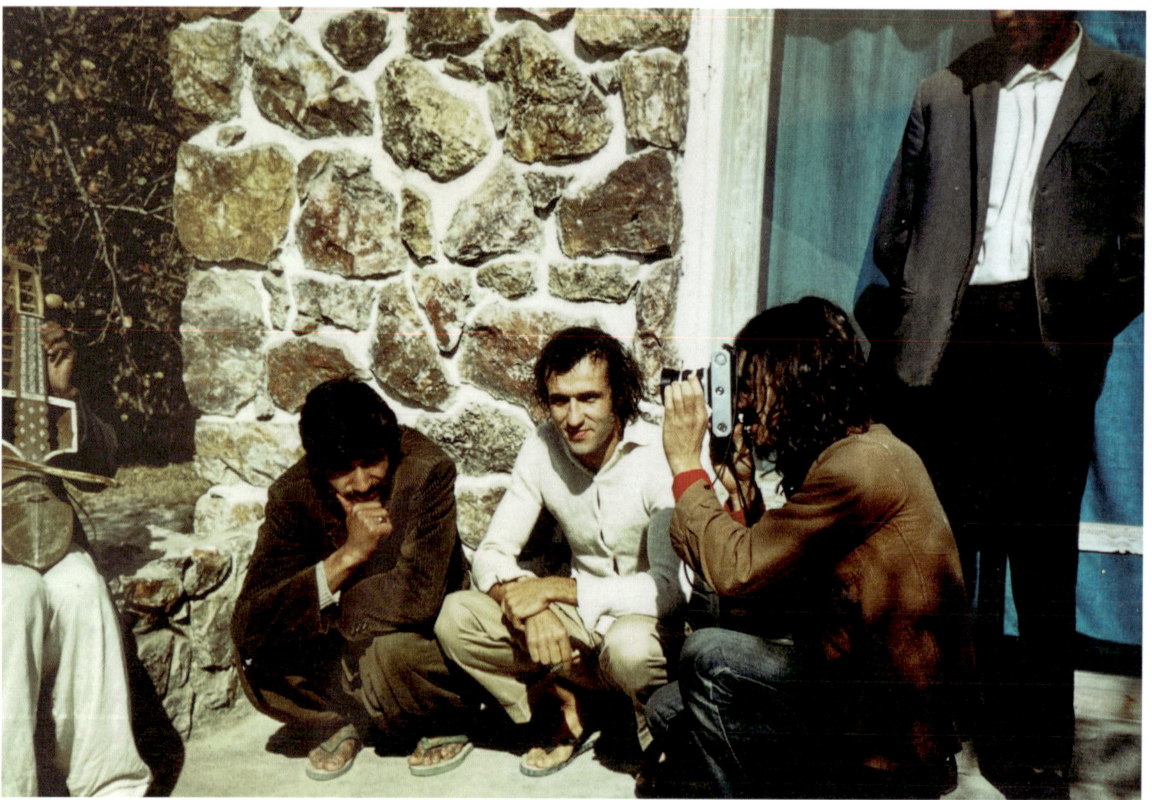

10.

9.
Alighiero Boetti nel giardino del One Hotel, inizio anni '70, Kabul

9.
Alighiero Boetti in the garden of the One Hotel, Kabul, early 1970s

10.
Alighiero Boetti, Dastaghir, Iqbal, un musicista e un turista nel giardino del One Hotel, inizio anni '70, Kabul

10.
Alighiero Boetti, Dastaghir, Iqbal, a musician, and a tourist in the garden of the One Hotel, Kabul, early 1970s

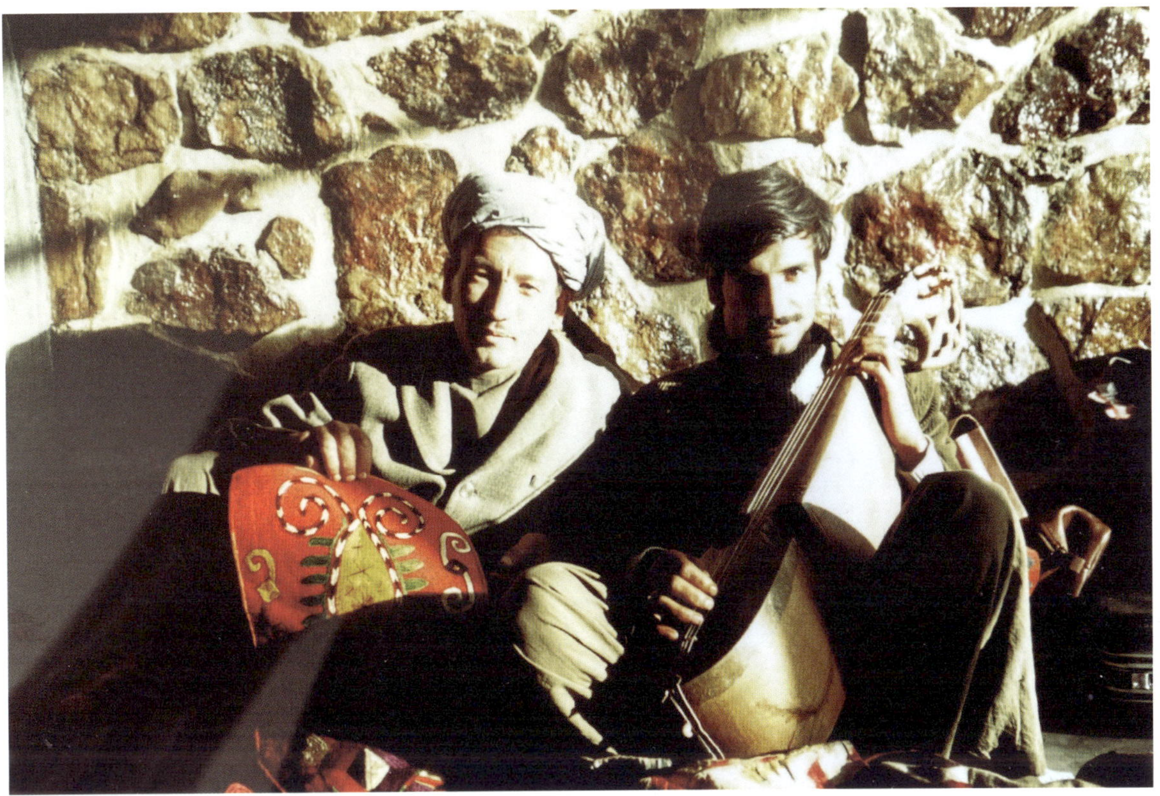

11.

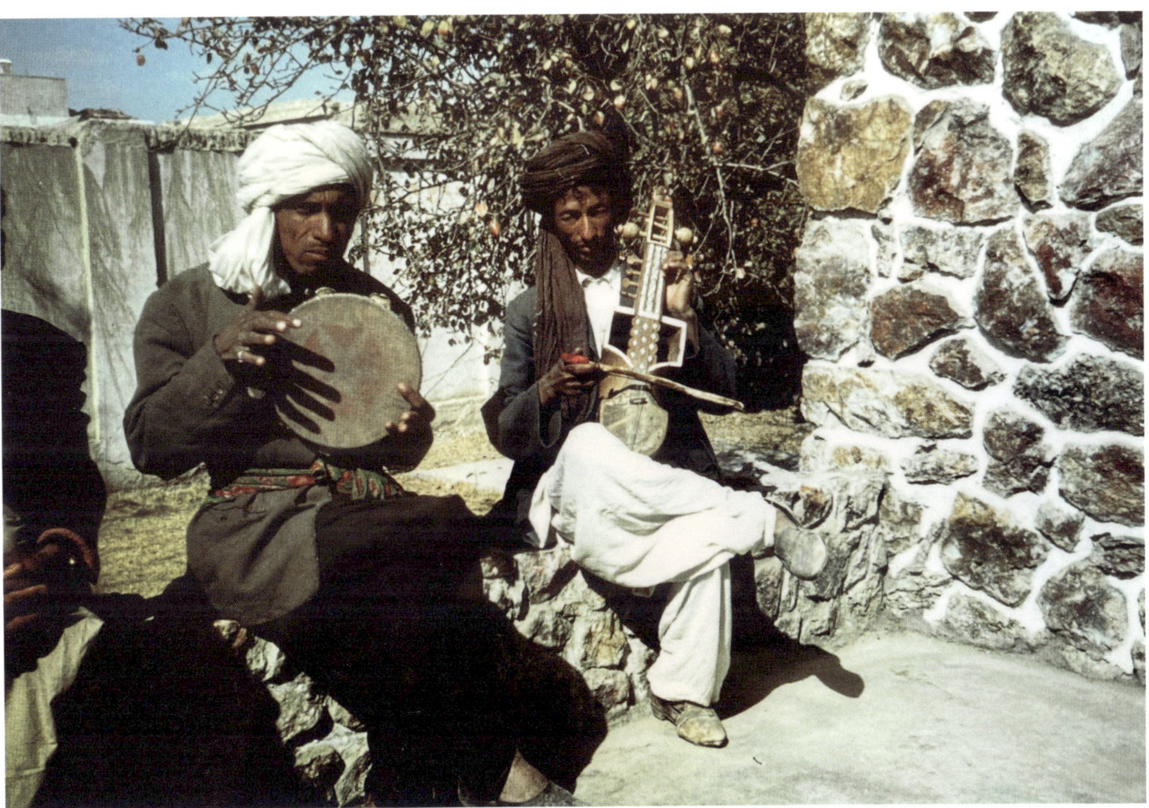

12.

11.
Dastaghir e un musicista nel giardino del One Hotel, inizio anni '70, Kabul

11.
Dastaghir and a musician in the garden of the One Hotel, Kabul, early 1970s

12.
Musicisti nel giardino del One Hotel, inizio anni '70, Kabul

12.
Musicians in the garden of the One Hotel, Kabul, early 1970s

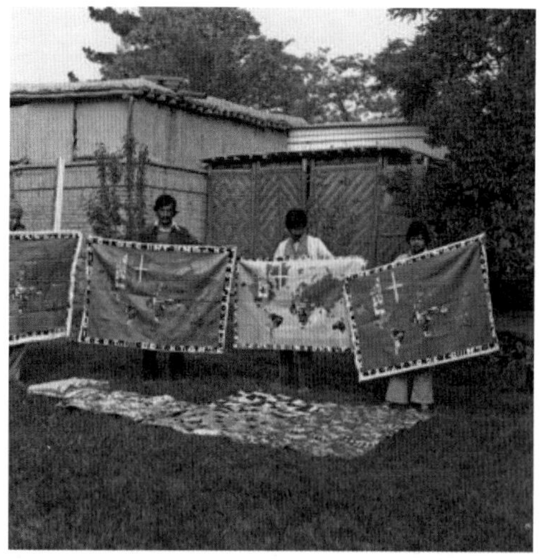

13.

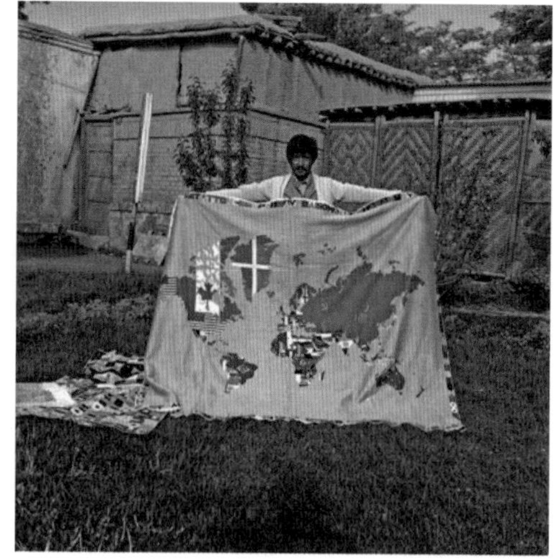

14.

afghani molto comodi. Ma li usava più come pigiama. Aveva comprato un chapan che usava come cappotto e come vestaglia e che ha anche riportato a Roma. Tutta la vita ha avuto lo stesso chapan. Solo uno. Aveva scoperto i gilet di lana, beige, molto semplici, molto comodi e molto caldi. Da quel momento le metteva sempre e non mi ricordo di averlo mai visto con un pullover! Solo il gilet afghano! Anche in Italia.
Quando andava agli appuntamenti fuori dal One Hotel, si metteva la giacca, anche se faceva molto caldo. Era per rispetto del business.

All'inizio, non sapevo cosa faceva come lavoro Alighiero. Non mi ero neanche fatto la domanda. Per me, Capo aveva un albergo a Kabul. Poi, durante il suo secondo soggiorno a Kabul da quando lavoravo all'One Hotel, un pomeriggio, Alighiero mi ha parlato di Fatima e Abiba, due donne importanti a Kabul e di buona famiglia. Avevano due negozi di sartoria a venti metri dall'albergo. Fatima e Abiba sono loro due che hanno fatto le primissime *Mappe* con il punto di ricamo particolare. Alighiero era andato ad incontrarle nel loro negozio ma per discutere business, aveva anche fatto venire Dastaghir perché era afghano. Era stato dunque Dastaghir a portare quelle *Mappe* da fare e a seguire i lavori.
A quell'epoca, Dastaghir faceva il manager dell'albergo e seguiva anche i ricami.

La prima cosa che ho visto del lavoro di Alighiero è stato il disegno delle *Mappe*: il planisfero. Prima delle *Mappe* ricamate e prima dei ricami con le lettere. A 18 anni, sapevo almeno che la terra era tonda ma non avevo mai visto una mappa con i diversi paesi. Conoscevo i nomi dei paesi che hanno le frontiere con l'Afghanistan come il Pakistan, l'Iran, l'Uzbekistan, il Tajikistan o i paesi molto

which he used as an overcoat or a dressing gown, and even took it back to Rome. He had the same chapan for the rest of his life. Just that one. He discovered beige woollen waistcoats, very simple, comfortable, and warm. From that moment on, he always wore them and I don't remember ever seeing him in a pullover! Just his Afghan waistcoat! In Italy, too.
When he left the One Hotel for appointments elsewhere, he would put on his jacket, even when it was very hot. It was out of respect for business.

To begin with, I didn't know what Alighiero's job was. I hadn't even thought about it. As far as I was concerned, Capo had a hotel in Kabul. Then, one afternoon during his second stay in Kabul after I started working at the One Hotel, Alighiero talked to me about Fatima and Abiba, two important women from good families in Kabul. They had two dressmakers' shops just twenty metres from the hotel. Fatima and Abiba were the women who made the very first *Maps* with that special embroidery stitch. Alighiero had gone to see them in their shop, but it was a business visit, so he also took Dastaghir with him because he was Afghan. So it was Dastaghir who took across the *Maps* and supervised the work.
In those days, Dastaghir was the hotel manager and he also supervised the embroidery.

The first thing I saw of Alighiero's work was his drawing of the *Maps*: the planisphere. Before the embroidered *Maps*, and before the embroideries with letters. I was eighteen then, and at least I knew that the world was round, but I'd never seen a map with all the different countries. I knew the names of the countries that border on Afghanistan, like Pakistan, Iran, Uzbekistan, and Tajikistan, as well as very big, important countries, such as America and Russia, but I didn't know the other ones. And I'd never seen all the

13. - 15.
Salman Ali a
Kabul, anni '70

13. - 15.
Salman Ali in
Kabul, 1970s

grandi e importanti come l'America e la Russia ma gli altri no. Poi non avevo mai visto tutti i paesi tutti insieme in una mappa. Invece per le bandiere, conoscevo solo quella afghana. Nelle *Mappe* di Alighiero, mi domandavo che cosa era quella grossa macchia rossa! (la Russia).

È quel giorno che Alighiero mi ha spiegato il suo vero lavoro. All'epoca Capo portava a Kabul i tessuti disegnati che dopo essere stati ricamati diventavano mappe o ricami con le lettere. La mappa era disegnata sul tessuto. I contorni dei paesi erano disegnati a penna e le bandiere erano colorate con i pennarelli. Anche le lettere del bordo delle Mappe Alighiero le disegnava con la penna. In più Alighiero lasciava un disegno (planisfero) tutto colorato con i pennarelli perché dava indicazioni dei colori delle bandiere molto più precise.
Poi, Dastaghir le portava a Fatima e Abiba e le donne che ricamavano potevano seguire le indicazioni per i colori. I disegni spiegavano molto, sopratutto tutti i colori, i rossi e i neri. Tutti i colori delle bandiere. Questi disegni sono come i planisferi che sono archiviati in Archivio ma quelli erano usati dalle donne per fare le mappe e non sono opere ma cose per lavoro. Quando ho visto la prima volta la *Mappa* non ancora ricamata che Dastaghir stava per portare a Fatima e Abiba, anche Dastaghir mi ha spiegato che questo era il lavoro di Alighiero.

Alighiero affidava a Fatima e Abiba anche dei ricami con le lettere da ricamare. E ogni volta che veniva, quando Dastaghir andava a portare nuovi ricami da fare alle due donne, ritirava quelli che avevano finito e le pagava.
I paesi, le bandiere delle mappe e le lettere dei ricami erano solo dei disegni per le donne che ricamavano. Non sapevano leggere l'alfabeto dell'occidente e non conoscevano i paesi! Per loro, la forma dell'Italia, una lettera o un fiore erano uguali da ricamare!

countries together on a single map. As for the flags, I only knew the Afghan one. When looking at Alighiero's *Maps*, I wondered what that great big red patch was! [Russia].

That was the day when Alighiero explained what his real work was.
At that time, Capo was bringing drawn textiles to Kabul, which were embroidered and became his maps or his embroideries with letters. The maps were drawn onto the fabric. The outlines of the countries were drawn in ink, and the flags coloured with felt-tip pens. Alighiero also drew the letters on the edges of the Maps with a pen. Alighiero also left a drawing (planisphere) all coloured with felt-tip pens to show the exact colours of each flag.
Dastaghir would then take them round to Fatima and Abiba, so the women who did the embroidery could follow the instructions for the colours. The drawings explained a lot, especially all the colours, the reds and blacks. All the colours of the flags. These drawings were like the planispheres, which are now in the Archive, but they were used by the women to create the maps and aren't works in their own right, but just work tools. When I first saw the *Map* – before it had been embroidered – that Dastaghir was about to take to Fatima and Abiba, Dastaghir too explained to me that this was Alighiero's work.

Alighiero also entrusted Fatima and Abiba with the fabrics to be embroidered with letters. And every time he came, when Dastaghir went to take the new embroideries to be done by the two women, he picked up the ones they had finished and paid for them.
The countries, the flags on the maps, and the letters of the embroideries were simply patterns for the women who did the work. They couldn't read the Western alphabet and didn't know the countries! For them, whether it was the shape of Italy, of a letter, or of a flower, it was all the same!

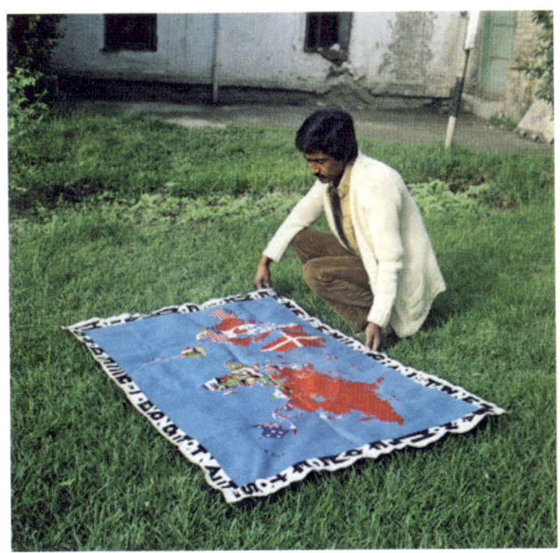

15.

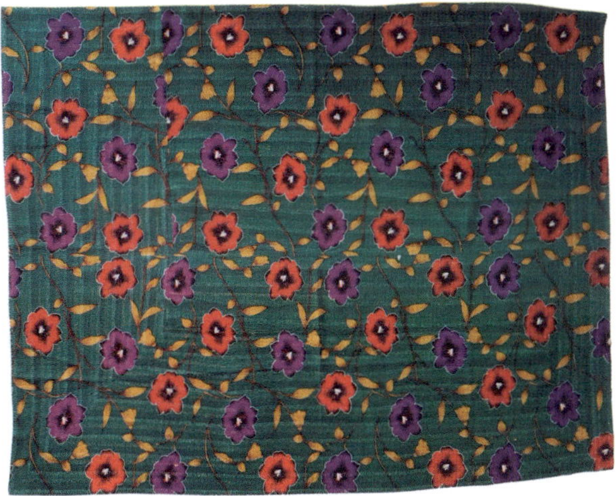

16.

16.
Un copriletto ricamato a mano in Afghanistan

16.
A bedcover, hand embroidered in Afghanistan

Che Alighiero si era interessato ai ricami a Kabul era normale per me, perché ricamare è molto banale in Afghanistan. I ricami di Alighiero sono molto colorati e le lettere sono come dei disegni. Sono dunque come i nostri ricami e i nostri copriletto ricamati! Tutte le donne ricamano. È un lavoro molto lungo, ci vuole molta pazienza. E l'Afghanistan è da sempre conosciuta per il ricamo.

Ho capito solo a Roma e tanti anni dopo che poteva fare strano che un artista non faceva le sue opere ma le faceva fare ad altri. Per me, era normale, era come un capo che aveva una società. Una sola volta Alighiero me ne aveva parlato perché parlavamo di religione. Un pomeriggio a Roma mi ha detto che lui avrebbe amato andare a La Mecca e che per poterci andare, il suo nome andava bene (ALIghiero) ma non i capelli! (castano chiaro...). Ma non c'era problema perché nell'Islam puoi pagare qualcuno per andare al tuo posto a La Mecca. E lì, mi aveva detto che era la stessa cosa per le sue opere! Puoi pagare qualcuno per farle al tuo posto!

The fact that Alighiero took an interest in embroidery in Kabul seemed quite normal to me, because embroidery is commonplace in Afghanistan. Alighiero's embroideries are very colourful and the letters are like drawings. So they're just like our embroideries and our bedcovers! All women embroider It's a very long job, and takes a lot of patience. Afghanistan has always been known for its embroidery.

It was only years later, in Rome, that I realised that it might seem strange for an artist not to make his own works, but to have them made by others. It seemed normal to me - it was like a boss having his own company. Only once did Alighiero talk to me about it, because we were talking about religion. One afternoon, in Rome, he said he'd love to go to Mecca, and that his name (ALIghiero) wouldn't be a problem but his hair certainly would! (light brown). But it wasn't really a problem, because in Islam you can pay someone to go to Mecca in your place. That's when he said it was the same thing for his works! You can pay someone to make them in your place.

È al suo secondo soggiorno a Kabul (da quando lavoravo al One Hotel) che Alighiero mi ha detto che aveva parlato con Annemarie e che mi hanno proposto di andare a vivere a Roma con loro. Non ho fatto domande e lui non mi ha detto molto di più. C'era già tanta fiducia. Gli ho detto: "Sì Alighiero, perché no". Alla fine, avevo lavorato sei, sette mesi al One Hotel e avevo vissuto solo due soggiorni con Alighiero a Kabul al One Hotel, ma era naturale per noi due andare a Roma con lui. Alighiero è ripartito per Roma dopo aver affidato a Dastaghir di occuparsi di farmi fare il passaporto. Poi lui mi avrebbe mandato da Roma il biglietto quando ero pronto per partire.
Come tanti afghani, come data di nascita abbiamo messo il 1 gennaio perché nessuno sa con precisione quando sono nato. Alighiero era curioso di vedere che non mi interessava sapere il giorno della mia nascita. Tanto non cambia niente. Anche Agata e Matteo piccoli non capivano come fare la festa di compleanno quando non conosci la data del tuo compleanno! Aveva poi molto stupito Mariangela (Mariangela De Gaetano, assistente di Alighiero che si occupava delle Biro e faceva anche molti temi astrali) che non vedeva come fare il tema astrale e capire il futuro con una data di nascita a caso!
Quando abbiamo fatto il passaporto, c'è stato un errore che ho messo anni e anni per far correggere. Il mio nome è Ali e il mio cognome è Salman. Purtroppo sono stati cambiati di posto e dal quel momento tutti mi chiamano Salman! Alighiero mi aveva detto: ALI(ghiero) è l'afghano e Boetti l'italiano e per te, ALI è l'afghano e Salman l'italiano! Poi dopo tanti anni, quando sono nati i miei figli Mirwais e Meraj, sono andato in questura, qua a Roma, a cambiare l'ordine così i miei figli hanno il loro vero cognome, Salman.

It was during his second stay in Kabul (since I'd started working at the One Hotel) that he told me he'd spoken with Annemarie and they suggested that I should go and live with them in Rome. I didn't ask any questions and he didn't say much more about it. There was already great trust. I said: "Yes, Alighiero, why not?" In the end, I'd worked for six or seven months at the One Hotel and Alighiero had only stayed there twice, but it seemed quite normal for the two of us to go to Rome with him. Alighiero left for Rome after asking Dastaghir to see about getting a passport for me. Then he was going to send the ticket from Rome when I was ready to leave.
Like so many Afghans, we mark our date of birth as 1 January, because no one is quite sure when they were born. Alighiero was curious to see that I wasn't interested in finding out exactly when I was born. After all, it makes no difference. When they were little, Agata and Matteo couldn't understand how you could celebrate your birthday when you don't even know when it is! Mariangela [Mariangela De Gaetano, Alighiero's assistant, who worked on the biro pen works and also on many astral subjects] was also amazed, and she couldn't see how to read the stars and understand the future with a date of birth taken at random!
When we got the passport, there was a mistake that I took years and years to have corrected. My first name is Ali and my surname is Salman. Unfortunately, they were written the wrong way round and since then everyone calls me Salman! Alighiero said to me: "ALI(ghiero) is Afghan and Boetti Italian, and for you ALI is Afghan and Salman Italian! Years later, when my children, Mirwais and Meraj, were born, I went to the police headquarters here in Rome and had the order changed, so my kids have their real surname, Salman.

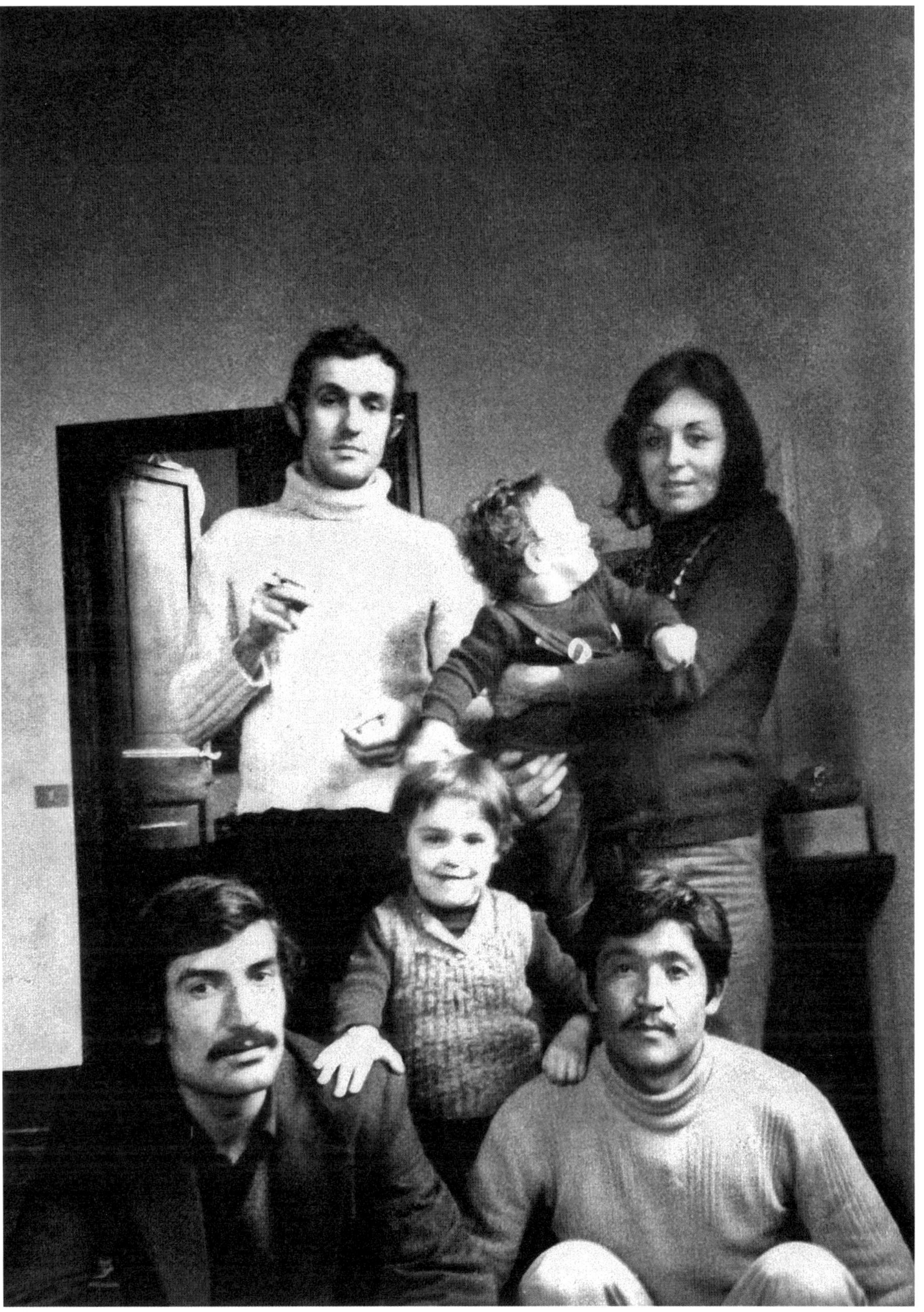

17.

17.
Alighiero Boetti, Annemarie Sauzeau Boetti, Matteo e Agata Boetti con Salman Ali e Dastaghir a Roma nel 1972

17.
Alighiero Boetti, Annemarie Sauzeau Boetti, and Matteo and Agata Boetti with Salman Ali and Dastaghir, Rome, 1972

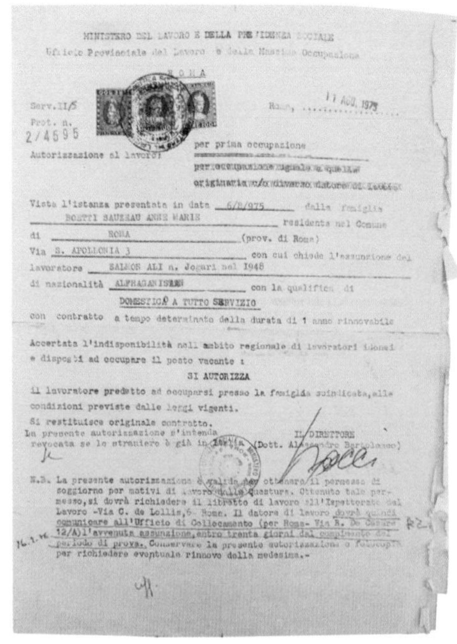

MINISTERO DEL LAVORO E DELLA PREVIDENZA SOCIALE
Ufficio Provinciale del Lavoro e della Massima Occupazione
ROMA

Serv. II/5
Prot. n. 2/4595
Roma, 11 AGO. 1975

Autorizzazione al lavoro: per prima occupazione

Vista l'istanza presentata in data 6/8/975 dalla famiglia BOETTI SAUZEAU ANNE MARIE residente nel Comune di ROMA (prov. di Roma) Via S. APOLLONIA 3 con cui chiede l'assunzione del lavoratore SALMON ALI n. Jogari nel 1948 di nazionalità ALFHAGANISTAN con la qualifica di

DOMESTICO A TUTTO SERVIZIO

con contratto a tempo determinato della durata di 1 anno rinnovabile

Accertata l'indisponibilità nell'ambito regionale di lavoratori idonei e disposti ad occupare il posto vacante:

SI AUTORIZZA

il lavoratore predetto ad occuparsi presso la famiglia suindicata, alle condizioni previste dalle leggi vigenti.
Si restituisce originale contratto.
La presente autorizzazione s'intende revocata se lo straniero è già in Italia.

IL DIRETTORE
(Dott. Alessandro Bartolomeo)

N.B. La presente autorizzazione è valida per ottenere il permesso di soggiorno per motivi di lavoro dalla Questura. Ottenuto tale permesso, si dovrà richiedere il libretto di lavoro all'Ispettorato del Lavoro -Via C. de Lollis, 6- Roma. Il datore di lavoro dovrà quindi comunicare all'Ufficio di Collocamento (per Roma- Via R. De Cesare 12/A) l'avvenuta assunzione, entro trenta giorni dal compimento del periodo di prova. Conservare la presente autorizzazione o fotocopia per richiedere eventuale rinnovo della medesima.-

18.

MINISTERO DEL LAVORO E DELLA PREVIDENZA SOCIALE
Ufficio Provinciale del Lavoro e della Massima Occupazione
Via Cesare de Lollis, 12
ROMA

Roma, 9 MAR. 1983

Serv. II/5
Prot. N° 2/2367
Rep. N° 647/83

AUTORIZZAZIONE AL LAVORO
SANATORIA

Per 1° occupazione

Vista l'istanza presentata in data 3/3/83 dalla famiglia BOETTI Alighiero residente nel Comune di Roma (Prov. di Roma) Via Piazza S. Apollinia n. 3 con cui chiede l'assunzione del lavoratore SALMON Ali n. 1/1/48 di nazionalità Afgano con la qualifica di

DOMESTICA A TUTTO SERVIZIO

con contratto a tempo determinato della durata di 1 anno rinnovabile dalla data del rilascio dell'autorizzazione.
Accertata l'indisponibilità nell'ambito regionale di lavoratori idonei e disposti ad occupare il posto vacante:

SI AUTORIZZA

il lavoratore predetto ad occuparsi presso la famiglia suindicata, alle condizioni previste dalle vigenti disposizioni di legge.
Si restituisce originale e copia del contratto.

Nota del Ministero n. 30878/IR/T del 2/2/1983

IL DIRETTORE
(Dott. Alessandro Bartolomeo)

N.B. La presente autorizzazione è valida per ottenere il permesso di soggiorno per motivi di lavoro dalla Questura. Ottenuto tale permesso, si dovrà richiedere il libretto di lavoro all'Ispettorato del Lavoro Via Cesare de Lollis n° 6 - Roma. Il datore di lavoro dovrà quindi comunicare all'Ufficio Collocamento - Via Raffaele de Cesare, 12.A- l'avvenuta assunzione, entro 30 gg. dal compimento del periodo di prova.
CONSERVARE LA PRESENTE AUTORIZZAZIONE per richiedere eventuale proroga della medesima.

19.

Quando il passaporto era pronto a Kabul e il visto di lavoro provvisorio pronto a Roma, Alighiero ha mandato i biglietti aerei. Dastaghir aveva preparato tutto. Io ero andato in campagna per annunciare a mio padre che partivo per vivere in Italia con Capo. Era molto contento per me.
Per il mio visto di lavoro, Alighiero era riuscito a farlo velocemente e facilmente perché conosceva Gianna al Ministero dell'Interno.
Sono partito con Dastaghir per Roma. Non avevo mai preso l'aereo e mi è piaciuto. Il viaggio era lungo. Ero molto stanco ma guardava tutto.
All'aeroporto a Roma, abbiamo preso un taxi fino all'indirizzo che ci aveva scritto Alighiero su un foglio a Kabul: via del Moro a Trastevere. Era l'autunno ma non faceva ancora freddo. Era la prima casa di Alighiero e Annemarie (Sauzeau Boetti, prima moglie di Alighiero Boetti) a Roma. Erano arrivati da poco da Torino. Non era ancora ben organizzata la casa e c'erano tante cose dappertutto. Annemarie e Alighiero mi hanno subito fatto sentire a casa. Potevo mettermi dove volevo e mi facevano vedere molte cose. Dastaghir sembrava più tranquillo di me, conosceva di più.

When the passport was ready in Kabul and the temporary work permit was ready in Rome, Alighiero sent the airline tickets. Dastaghir had prepared everything. I'd been to my village to tell my father I was leaving and that I was going to live with Capo in Italy. He was very pleased for me.
Alighiero had managed to get my work permit very quickly and easily, because he knew Gianna at the Ministry of the Interior.
I left with Dastaghir for Rome. I'd never been on a plane, but I liked it. It was a long journey. I was exhausted but looked at everything.
We took a taxi from the airport in Rome all the way to the address that Alighiero had written on a piece of paper in Kabul: Via del Moro in Trastevere. It was autumn but not yet cold. This was the first home of Alighiero and Annemarie [Sauzeau Boetti, Alighiero Boetti's first wife] in Rome. They'd just moved there from Turin. The house had not yet been properly arranged, and there were things all over the place. Annemarie and Alighiero immediately made me feel at home. I could go wherever I wanted and they showed me lots of things. Dastaghir seemed more at ease than me – he knew more.

Siamo restati qualche mese in quella casetta sottotetto. Ma era troppo piccola per noi cinque. Alighiero non aveva posto per lavorare e i due bambini erano troppo stretti. Agata (Boetti) aveva qualche mese e Matteo (Boetti) tre anni. Un giorno, Bruno Corà, che era molto amico di Alighiero e Annemarie, ha detto a Capo che aveva trovato

We stayed for some months in the little garret apartment. But it was too small for all five of us. Alighiero didn't have a place to work, and the two children's space was cramped. Agata [Boetti] was a few months old and Matteo [Boetti] was three. One day, Bruno Corà, who was a great friend of Alighiero and Annemarie, told Capo that he'd found a nice apartment in Piazza Santa Maria in Trastevere. It was big,

18.
Il primo contratto di lavoro definitivo tra Salman Ali e Annemarie Sauzeau Boetti nel 1975

18.
The first definitive employment contract between Salman Ali and Annemarie Sauzeau Boetti, 1975

19.
Il secondo contratto di lavoro definitivo tra Salman Ali e Alighiero Boetti nel 1983

19.
The second definitive employment contract between Salman Ali and Alighiero Boetti, 1983

un bell'appartamento a piazza Santa Maria in Trastevere. Grande, molto bello e poco caro. A due minuti a piedi da via del Moro. Bruno ha domandato ad Alighiero se lo voleva prendere lui con la famiglia o ci andava lui ma Alighiero ha insistito perché gli piaceva molto l'appartamento. L'appartamento era grande, c'è spazio per tutti. Anche la cucina era grande. Vicino all'entrata sulla sinistra c'era una cameretta per me. Vicino alla camera di Alighiero e Annemarie c'era la camera dei bambini. Alighiero all'inizio non aveva lo studio, né nel palazzo né da un'altra parte. Lavorava a casa nella stanzetta accanto alla camera di Agata e Matteo. Gli bastava, tanto lavorava da solo. Non aveva ancora gli assistenti che gli davano una mano.

Dastaghir era venuto per accompagnarmi perché ero giovane e non ero mai andato in una grande città! Solo a Kandahar per fare il militare, poi a Kabul. Ma era anche venuto per riportare dei ricami ad Alighiero.
Quando Dastaghir era già ripartito, noi eravamo ben installati nel nuovo appartamento a San Apollonia (Santa Maria in Trastevere). Lì, ho cominciato a trovare le mie abitudini. Tutto era nuovo per me. Quando sono arrivato, Agata era piccolina, aveva qualche mese e Annemarie metteva tanti cuscini intorno a lei così Agata non cadeva. Annemarie mi spiegava tutto. La spesa, i negozi, e come riconoscere gli autobus giusti. Il 23 davanti al cinema per portare i bambini a scuola!

Mi insegnavano un po' di italiano e l'ho imparato anche con i bambini che imparavano a parlare! Poi ho imparato l'italiano ascoltando la tv, facendo la spesa e ascoltando gli amici di Capo e di mamma (Annemarie).
Tante cose erano diverse in Italia. Ho dovuto imparare tantissime cose. Si mangia a tavola e con la forchetta e il coltello. C'è la lavatrice e il telefono in ogni casa. Tanta gente non si toglie le scarpe quando entra in casa. All'inizio, la mattina partivo da casa per andare sotto al ponte Garibaldi. Andavo a lavarmi al Tevere. Non avevo capito che ci si lavava a casa, in bagno, con il lavandino, la vasca da bagno e la doccia.
Poi un giorno, sul bordo del Tevere, una signora si è avvicinata a me e mi ha detto molto gentilmente "qui no, non ti puoi lavare. Da noi, c'è il bagno!" Ne ho parlato con Alighiero che mi ha spiegato tutto. Anche l'acqua calda! La lingua, la moneta, le abitudini, tante novità!

Per fortuna, Alighiero e Annemarie avevano riportato tante cose per la casa dall'Afghanistan, tappeti, kilim, ikat e vestiti. Così mi sentivo un po' a casa! Erano cose familiari per me. Anche Agata e Matteo avevano i pigiama afghani! Capo aveva il gilet afghano e Annemarie tanti gioielli afghani. Capo suonava la batteria e Agata da piccola gli piaceva tanto suonare la sitar, la chitarra afghana! Io facevo spesso il riso kabuli quando avevano degli invitati a cena perché piaceva a tutti. Un po' di pistacchi e tanto thè con cardamomo.

lovely, and inexpensive. Just two minutes' walk from the Via del Moro. Bruno asked Alighiero if he wanted to take it with his family, or if he should take it himself, but Alighiero insisted because he really liked it.
The apartment was big and there was room for everyone. Even the kitchen was big. There was a little bedroom for me on the left, by the entrance, and the children's room was next to Alighiero and Annemarie's. To begin with, Alighiero didn't have a studio – neither in the building, nor anywhere else. He worked at home in the little room next to Agata and Matteo's one. It was enough for him, because he worked alone. He didn't yet have any assistants to help him out.

Dastaghir had come to accompany me because I was young and I'd never been to a big city! Only Kandahar from military service, and then Kabul. But he'd also come to bring back Alighiero's embroideries.
By the time Dastaghir left, we were well installed in the new apartment in San Apollonia [Santa Maria in Trastevere]. That's where I started forming my habits. Everything was new for me. When I arrived, Agata was very little, just a few months old, and Annemarie put lots of pillows around her so Agata wouldn't fall. Annemarie explained everything to me. Shopping, the stores, and how to recognise the right buses. Number 23 in front of the cinema to take the children to school!

They taught me some Italian and I also learnt it with the children, who were learning to speak! Then I learnt Italian by listening to the television, while shopping and listening to Capo and Mamma [Annemarie]'s friends.
Lots of things were different in Italy. I had to learn so many things. At table you eat with a knife and fork. There's a washing machine and a telephone in every house. Lots of people don't take off their shoes when they enter a house. At the beginning, I used to leave home in the mornings and go under the Garibaldi bridge. I went to wash in the Tiber. I hadn't realised that people washed at home, in the bathroom, with a basin, a bath, and a shower.
Then one day, when I was by the Tiber, a lady came up to me and very kindly said "no, you can't wash yourself here. We have bathrooms!" I told Alighiero and he explained everything to me. And hot water too!
The language, the currency, people's habits – so much was new!

Fortunately, Alighiero and Annemarie had brought back lots of things for the apartment from Afghanistan – rugs, kilims, ikats and clothes. That made me feel a bit more at home! They were familiar things for me. Even Agata and Matteo wore Afghan pyjamas! Capo had his Afghan waistcoat and Annemarie had lots of Afghan jewellery. Capo played drums and, when she was little, Agata loved playing the sitar, the Afghan guitar! I often used to make Kabuli rice when they had guests for dinner, because everyone loved it. A few pistachios and lots of tea with cardamom.

Per gli amici di Capo, venire a cena da noi era come andare a Kabul. Per me era come stare un po' normale.

For Capo's friends, coming to dinner with us was like going to Kabul. For me, it felt a bit more normal.

Alighiero e Annemarie avevano fiducia in me e mi affidavano Agata e Matteo. Quando Alighiero stava chiuso nella sua camera studio, io stavo con i bambini. Come quando Annemarie usciva per i suoi appuntamenti di lavoro, ero io ad occuparmi di Agata e Matteo. Facevo anche spesso da mangiare. Il riso kabuli piaceva a tutti. Sennò facevo l'hamburger con il riso in bianco.

Dopo pranzo e il pomeriggio facevo sempre il thè. Un buon chai faceva piacere a tutti. Al posto dello zucchero, gli avevo insegnato che si mette una caramella al miele in bocca. La prima tazza di thè è dunque molto zuccherata. Ti da forza. La seconda è meno zuccherata. È buona. La terza, la caramella non c'è più, allora il thè ti lava i denti.

A casa, c'era una TV nel salotto. Era arancione, tutta lunga. Non ne avevo mai viste. Alighiero mi ha spiegato come funzionava ma non è semplice da capire quando non sai proprio come funziona. Allora per capire ancora meglio, una sera Annemarie aveva invitato a cena il migliore amico d'infanzia di Alighiero, Roberto Bisacco. Era attore e proprio quella sera, andava in onda un film nel quale Roberto aveva un ruolo. Quando ho visto Roberto seduto a tavola e nello stesso tempo Roberto nella "scatola" della TV, mi sono spaventato e non ho capito. Poi pian piano, dopo tante spiegazioni, mi sono abituato.

Alighiero and Annemarie trusted me and placed Agata and Matteo in my care. When Alighiero was in his studio, I stayed with the children. Like when Annemarie went out for her business appointments, it was I who looked after Agata and Matteo. I often did the cooking. Everyone like my Kabuli rice. Otherwise, I'd make hamburgers with plain rice.

After lunch and in the afternoon, I always made tea. They all like a good cup of chai. Instead of sugar, I taught him that you put a honey sweet in your mouth. So the first cup of tea is always very sweet. It picks you up. The second is less so. It's good. By the third one, the sweet has dissolved, so the tea cleans your teeth.

We had a TV in the living room at home. It was orange, and long. I'd never seen one before. Alighiero told me how to use it but it's not easy to understand when you have no idea how it works. So, to explain it even better, Annemarie invited Roberto Bisacco, Alighiero's best friend when he was a boy, to dinner one evening. He was an actor and, that very evening, they were showing a film in which Roberto had played a part. When I saw Roberto sitting at the table and, at the same time, in the "box", I just couldn't understand and it frightened me. Then, bit by bit, after lots of explanations, I got used to it.

Alighiero mi aveva detto che dovevo portare i bambini all'asilo, in via della Scala, poi a Villa Sciarra, Villa Pamphili per fare la spesa. È quello che ho fatto, fin quando i bambini sono diventati un po' più grandi. Poi pian piano stavo sempre di più con Alighiero, anche perché i bambini andavano all'asilo poi a scuola.

Alighiero had told me that I was to take the children to the kindergarten in the Via della Scala, and then to the Villa Sciarra, and Villa Pamphili to do the shopping. And that's what I did, until the children had grown up a bit. I gradually began to spend more time with Alighiero, partly because the children were off at the kindergarten and then at school.

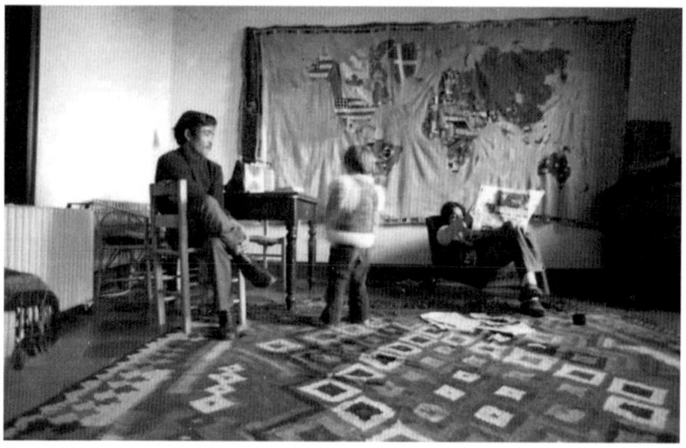

20.

20.
Salman Ali, Annemarie Sauzeau Boetti e Matteo Boetti nell'appartamento di Trastevere, prima metà degli anni '70

20.
Salman Ali, Annemarie Sauzeau Boetti, and Matteo Boetti in the Trastevere apartment, first half of the 1970s

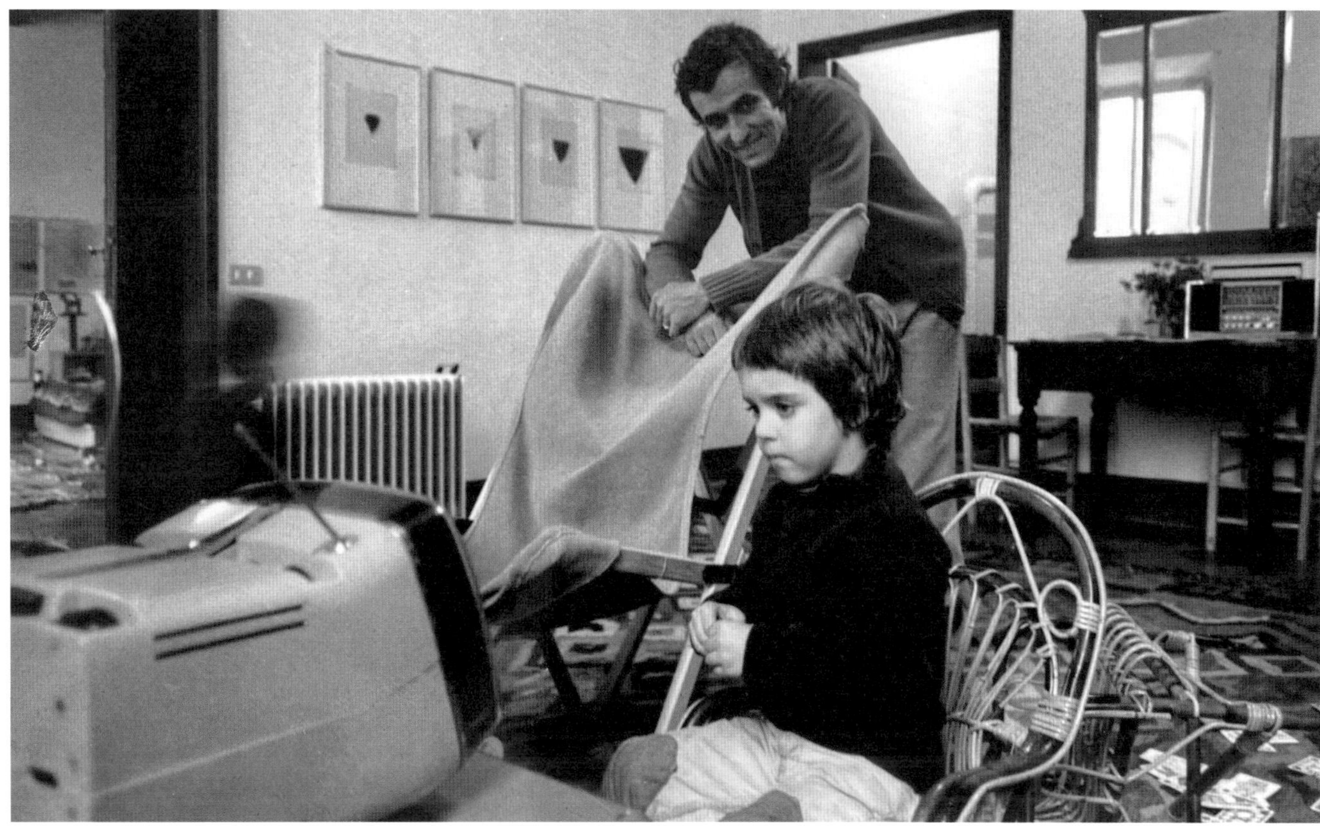

21.

Quando stavo vicino ad Alighiero, lo aiutavo. O mi sedevo vicino a lui o restavo nella sala vicino. Così mi poteva chiamare facilmente. Capivo se aveva bisogno di qualcosa: portacenere, sigaretta, accendino, un bicchiere d'acqua, una birra, un panino, un pullover, un aiuto per spostare una cassa o un quadro, tagliare le matite, andare a comprare qualcosa che mancava, aprire la porta, e tante altre cose. Senza parlare, parlare solo con gli occhi.
A volte, guardavo cosa faceva ma capivo poco. Alighiero diceva che non capivo niente di cosa stava disegnando!
Fino a quando non hanno preso lo studio al piano sotto, poca gente veniva a casa quando Alighiero lavorava. Lavorava molto da solo! Solo Annemarie parlava con lui di lavoro. Gli dava i consigli, poi chiamava i galleristi per organizzare le mostre e vendere le opere. Alighiero non ci pensava allora, era la mamma (Annemarie) ad invitare i galleristi, quelli che lavorano nei musei e quelli che scrivono i libri, a passare da casa per vedere i nuovi lavori di Alighiero. Per fare pubblicità.

La sera venivano tanti amici a cena. Alba e Francesco (Clemente) venivano molto. Come Achille (Bonito Oliva), Mario (Schifano), Marco (Bagnoli), Mariangela (De Gaetano), Guido Nati, Guido Fuga, Piera e Giorgio Colombo, Giovan Battista (Salerno) e tanti altri. Era molto allegro!

So I stayed with Alighiero, and helped him. I would either sit close to him, or remain in the next-door room. Like that he could call me over. I could see when he needed something – an ashtray, a cigarette, a lighter, a glass of water, a beer, a sandwich, a pullover, help in moving a crate or a painting, sharpening his pencils, going out to buy something that was missing, opening the door. All sorts of things. Without talking, just with eyes alone.
Sometimes I'd look at what he was doing, but didn't really understand. Alighiero used to say I didn't understand anything about what he was drawing!
Few people came to the house when Alighiero was working, at least until they took the studio on the floor below. He worked a lot on his own! Only Annemarie talked to him about his work. She gave him advice, and then called the gallery owners to put on exhibitions and sell his works. Alighiero didn't think about it in those days – it was Mamma [Annemarie] who invited the gallerists, those who worked in the museums, and those who wrote books, to come over and see Alighiero's latest works. To advertise.

Lots of friends would come for dinner. Alba and Francesco [Clemente] often came, as did Achille [Bonito Oliva], Mario [Schifano], Marco [Bagnoli], Mariangela [De Gaetano], Guido Nati, Guido Fuga, Piera and Giorgio Colombo, Giovan Battista [Salerno] and plenty of others. I was very cheerful!

21.
Alighiero e Matteo Boetti nell'appartamento di Trastevere, metà anni '70

21.
Alighiero and Matteo Boetti in the Trastevere apartment, mid-1970s

Pian piano, ho scoperto tutto del mondo moderno. All'epoca c'era il carosello per i bambini in televisione. La sera Annemarie accendeva la tv per farlo vedere ai bambini prima di andare a dormire e lo guardavo con loro. Velocemente abbiamo preso tante abitudini. Come una famiglia. Perché eravamo una famiglia.

Non mi ricordo se avevo pensato a quanto tempo volevo restare a Roma. Qualche mese? Qualche anno? Per sempre? Non mi ricordo. Ero venuto per la speranza. In Afghanistan, c'era poca speranza e questa era una proposta molto buona.
A Kabul, prima di partire, Alighiero mi aveva promesso di darmi 80 dollari al mese a Roma. Appena sono arrivato a Roma, Alighiero invece mi ha dato 100 dollari al mese tondo tondo. Poi Alighiero ogni volta che andava a Kabul, portava dei soldi per mio padre. O li dava a Iqbal per darli a mio padre o andava direttamente a trovare mio padre anche per salutarlo.

Tutta la mia famiglia ha voluto molto bene ad Alighiero. Mio padre mi diceva sempre "Dio ti ha aiutato a incontrare Alighiero. A Kabul, già trovare una persona che ti paga 80 dollari non esiste!" Ormai, io volevo restare a Roma perché mi ero abituato. Stavo bene. Avevo trovato la mia nuova famiglia.
Allora Annemarie mi ha portato ad incontrare un amico afghano, Naimi, che veniva anche lui da Kabul. Lui lavorava qualche ora a settimana all'ambasciata dell'Afghanistan a Roma. Annemarie pensava che era una buona idea di avere degli amici afghani, così se a volte mi sentivo triste pensando all'Afghanistan, potevo parlare con loro. Infatti siamo diventati molto amici.

Anche se ormai vivevo a Roma, restavo sempre in contatto con l'Afghanistan. Sopratutto con Iqbal mio fratello, ci

I gradually discovered all the modern world. In those days, there were the Carosello commercials for children on television. Annemarie would turn on the TV in the evening so the children could watch before going to bed, and I watched with them.
We soon had our routine. Like a family. Because we really were a family.

I don't remember thinking how long I wanted to stay in Rome. A few months? A few years? Forever? I don't remember. I'd come out of hope. There isn't much hope in Afghanistan and this was an excellent offer.
In Kabul, before I left, Alighiero had promised to give me 80 dollars a month in Rome. But as soon as I got there, Alighiero gave me a full, round 100 dollars. Then, every time he went to Kabul, Alighiero took some money for my father. He either gave it to Iqbal to give to my father, or he'd go all the way to my father to say hello.

My whole family loved Alighiero. My father always used to say: "God helped you meet Alighiero. In Kabul, there's no one who'd pay you 80 dollars!" By this time, I wanted to stay in Rome, because I was used to it. It was great. I'd found my new family.
Annemarie took me to see an Afghan friend, Naimi, who also came from Kabul. He worked for a few hours a week at the Afghan embassy in Rome. Annemarie thought it was a good idea for me to have Afghan friends, so when I felt homesick for Afghanistan, I could talk with them. And indeed we became great friends.

Even though I was living in Rome by then, I always remained in contact with Afghanistan. Especially with my brother Iqbal – we used to speak sometimes on the phone. Then, a few years later, Iqbal came to Rome. He came by train, through Iran and Turkey! He stayed for a

22.

22.
Salman Ali, suo fratello Iqbal, Agata e Matteo Boetti in piazza Santa Maria in Trastevere. Sullo sfondo Alighiero Boetti affacciato alla finestra del suo studio, 1978 circa

22.
Salman Ali, his brother Iqbal, and Agata and Matteo Boetti in Piazza Santa Maria in Trastevere. In the background, Alighiero Boetti looking out of his studio window, about 1978

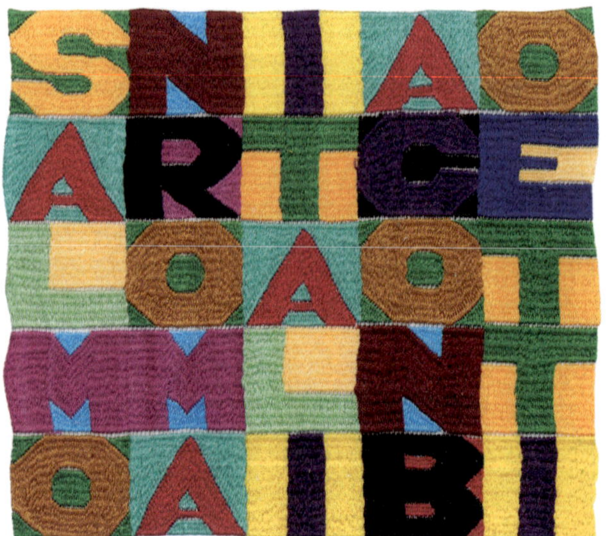

23.

23.
Alighiero Boetti, *Salmon Roma Italia con Boetti*, 1988

23.
Alighiero Boetti, *Salmon Roma Italia con Boetti*, 1988

chiamavamo qualche volta. Poi qualche anno dopo, Iqbal è venuto a Roma. È venuto con il treno, via l'Iran e la Turchia! È rimasto un mese e faceva tutto con me. Vicino a Iqbal, avevo capito che pian piano, mi sentivo sempre più italiano. A Kabul sono sempre stato musulmano e seguivo le pratiche: facevo pure il Ramadam. Poi quando sono arrivato a Roma, lo facevo meno.... Dipende dal posto e dal momento! In campagna in Afghanistan non avevo altro da fare! E al servizio militare, eravamo obbligati. A Roma no...! Ormai capivo bene l'italiano e sapevo fare quasi tutto da solo. Avevamo le abitudini in famiglia.
Quando Alighiero e Annemarie non c'erano o partivano per un viaggio, la sera portavo io Agata e Matteo a mangiare la pizza da Ivo poi Annemarie passava a pagare.

month and did everything with me. When I was with Iqbal, I gradually realised I felt more and more like an Italian. In Kabul, I'd always been a Muslim and followed the rituals: I even observed Ramadan. Then, when I arrived in Rome, I was less so... It depends on the time and place! I didn't have anything else to do in the Afghan countryside! And during military service, we had to. But not in Rome... I know, I could understand Italian well and could do almost everything on my own. We had our family routines. When Alighiero and Annemarie were out or off on a trip, I would take Agata and Matteo out in the evening for a pizza at Ivo's, and Annemarie would stop by to pay.

Dopo poco, Alighiero ha preso lo studio al piano di sotto. Era molto comodo per tutti. Era molto grande (andavamo anche in motorino con Alighiero e Matteo con la bicicletta!) e Capo aveva molto più posto per lavorare. Posto per respirare. Così Alighiero poteva andarci quando voleva e anche i bambini ci stavano sempre. A volte Alighiero lavorava tutta la notte e saliva la mattina a fare la colazione con i bambini. Era molto felice lì.

Tanta gente veniva anche perché non c'era più il problema di disturbare in casa i bambini o Annemarie. Anche la mamma (Annemarie) era più libera di fare delle riunioni di lavoro a casa perché Alighiero era sotto in studio. Sennò lui non gli piaceva che le amiche di Annemarie venivano a lavorare tutte a casa. Tutte solo donne che facevano brutti sguardi agli uomini e facevano dei libri solo con le donne. La mattina, quando avevo portato i bambini all'asilo o a scuola, andavo in studio. Se Alighiero stava su a casa, pulivo un po' lo studio e mettevo a posto. Se invece Alighiero c'era, restavo con lui. In studio, mi piaceva molto quando veniva Marco Tirelli e sopratutto Fosco (Valentini). Marco era molto calmo e Fosco molto matto. Fa tutto sempre molto veloce e fa ridere. Verso la fine, Fosco stava molto in studio, soprattutto quando Annemarie aveva messo il bagno prefabricato in studio, così Capo poteva starci di più senza salire a casa sempre. Fosco e certe volte Alighiero potevano dormire in studio.

Alighiero gli ultimi anni dello studio in Santa Maria (fine anni '70) non stava bene, faceva tanti casini ed era triste. Adelina, la mamma di Capo, era morta. Anche suo padre. Fosco è stato molto presente e molto importante in quel momento della vita di Alighiero.

Mariangela passava molto spesso con Barbarella, sua figlia. Non portava sempre delle Biro che aveva fatto, ma gli piaceva passare e portava il fumo. Rinaldo (Rossi) faceva su e giù in macchina con Genova per stampare quello che gli diceva Alighiero. Veniva per la giornata

Shortly after, Alighiero took the studio downstairs. It made life easier for everyone. It was very big (we also used to go on a moped with Alighiero, and Matteo on his bicycle!) and Capo had lots more room to work in. Somewhere he could breathe. Alighiero could go whenever he wanted, and the children would always be there, too. Sometimes Alighiero would work all night long and come up in the morning for breakfast with the kids. He was very happy there.

Plenty of people came round, because there was no longer any fear of disturbing the children or Annemarie at home. Mamma [Annemarie] was free to have business meetings at home, because Alighiero would be downstairs in his studio. He didn't like the idea of all Annemarie's friends coming to work in the apartment. Women only, giving nasty looks to the men, and making books just among women.
In the morning, I would go to the studio after taking the children to kindergarten or school. If Alighiero was still upstairs, I'd clean the studio a bit and tidy it up. But if Alighiero was there, I'd stay with him. I loved it when Marco Tirelli, and especially Fosco [Valentini] came to the studio. Marco was always calm, and Fosco really crazy. He always does everything very quickly and makes you laugh. Towards the end, Fosco would spend a long time there, especially when Annemarie had the prefabricated bathroom put into the studio, so Capo didn't have to keep going upstairs. Fosco, and sometimes Alighiero too, could sleep in the studio.

In the final years of the studio in Santa Maria [the late 1970s], Alighiero was unwell, and he messed things up awfully and was sad. Adelina, Capo's mother, had died. His father, too. Fosco was very much around and very important for Alighiero at that moment in his life.

Mariangela often came by with Barbarella, her daughter. She always brought her biro works, but she liked coming in and brought smokes. Rinaldo [Rossi] went back and forth from Genoa to print what Alighiero wanted. He'd

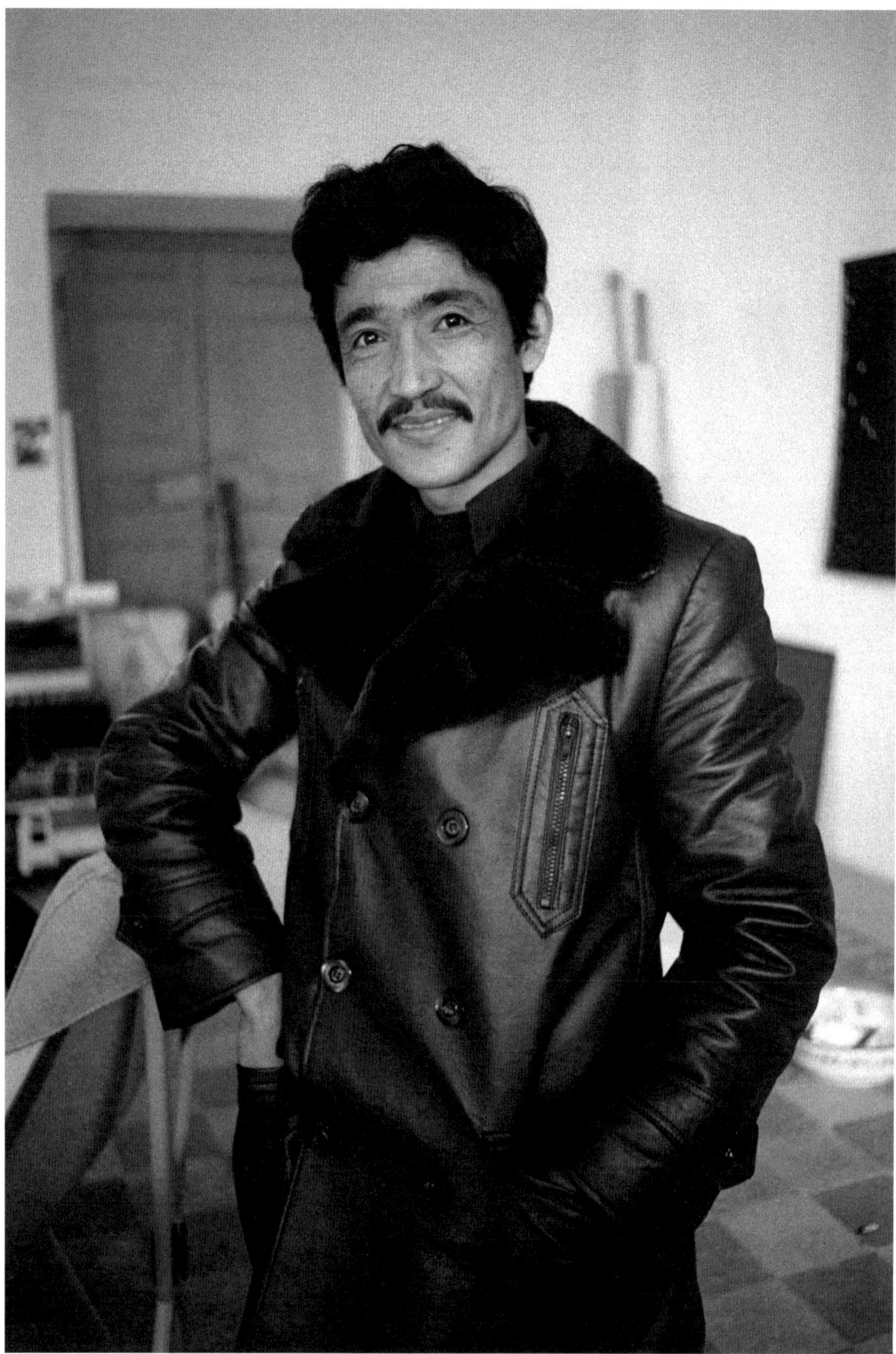

24.

24.
Salman Ali
nello studio a
Trastevere, 1975

24.
Salman Ali in
his Trastevere
studio, 1975

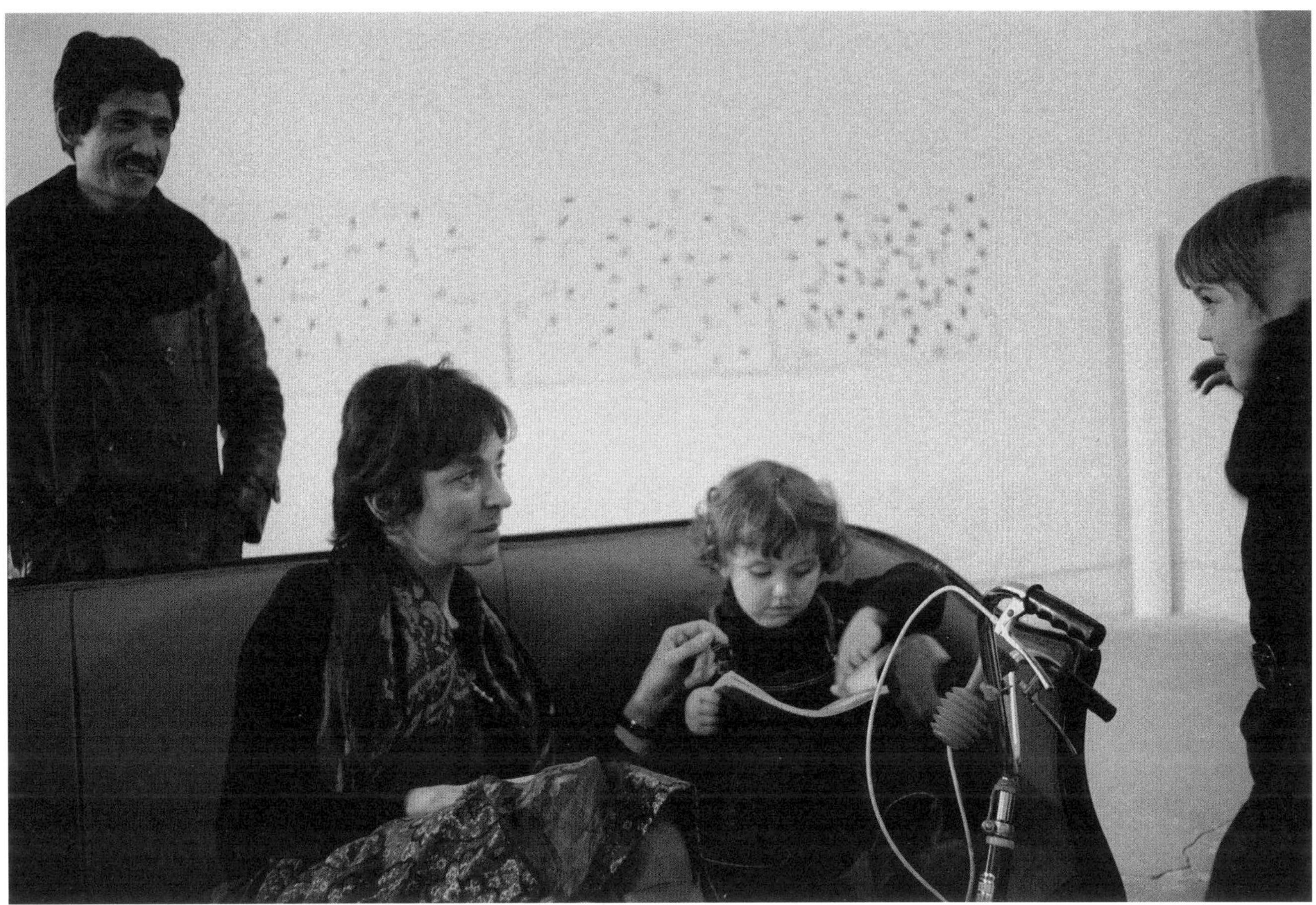

25.

da Genova e a mezzanotte quando Alighiero gli diceva buonanotte, Rinaldo diceva che ritornava a casa sua! A Genova, in macchina!
Giovan Battista (Salerno) veniva per fare una chiaccherata e bere qualche birra. Poi restava fino a tardi a parlare con Alighiero. Era molto amico di Capo.

come for the day from Genoa and at midnight, when Alighiero said goodnight, Rinaldo said he was going home! To Genoa. By car!
Giovan Battista [Salerno] used to come for a chat and a couple of beers. Then he'd stay until late, talking with Alighiero. He was a great friend of Capo's.

In studio, controllavo che tutto andava bene. Alighiero mi diceva cosa fare. Spesso mi mandava a comprare delle cose alla cartoleria. Andavo alla posta, anche in banca per Alighiero e avevo la firma sul suo conto. Poi lo aiutavo a spostare dei quadri in studio. Per i piccoli ricami, Alighiero prendeva le misure di tutti i piccoli ricami e le scriveva su un foglio. Io andavo dal falegname a comprare i legnetti con le buone misure. Poi in studio attaccavo ogni piccolo ricamo con la spillatrice. Così erano pronti.
Quando aveva venduto un quadro, Alighiero mi domandava di fare il pacco e poi, certe volte, portarlo alla persona che lo aveva comprato.
A volte, quando eravamo soli noi due, mi domandava di lanciare le monete sul disegno che stava facendo e poi lui

I used to make sure everything was all right in the studio. Alighiero told me what to do. He often sent me out to buy things from the stationer's. I'd go to the post office for Alighiero, and to the bank, too, and I had my signature on his account. Then I'd help move his works around the studio. Alighiero used to take the measurements of all the little embroideries and write them down on a piece of paper. I would go to the carpenter's to buy bits of wood of the right size. Then, in the studio, I fastened each little embroidery with a stapler. Like that, they were ready.
When he had sold a picture, Alighiero asked me to make the parcel, and sometimes to take it to the person who'd bought it.
Sometimes, when there were just the two of us, he would

25.
Annemarie Sauzeau Boetti, Agata e Matteo Boetti con Salman Ali nello studio di Trastevere, 1975

25.
Annemarie Sauzeau Boetti, Agata and Matteo Boetti with Salman Ali in the Trastevere studio, 1975

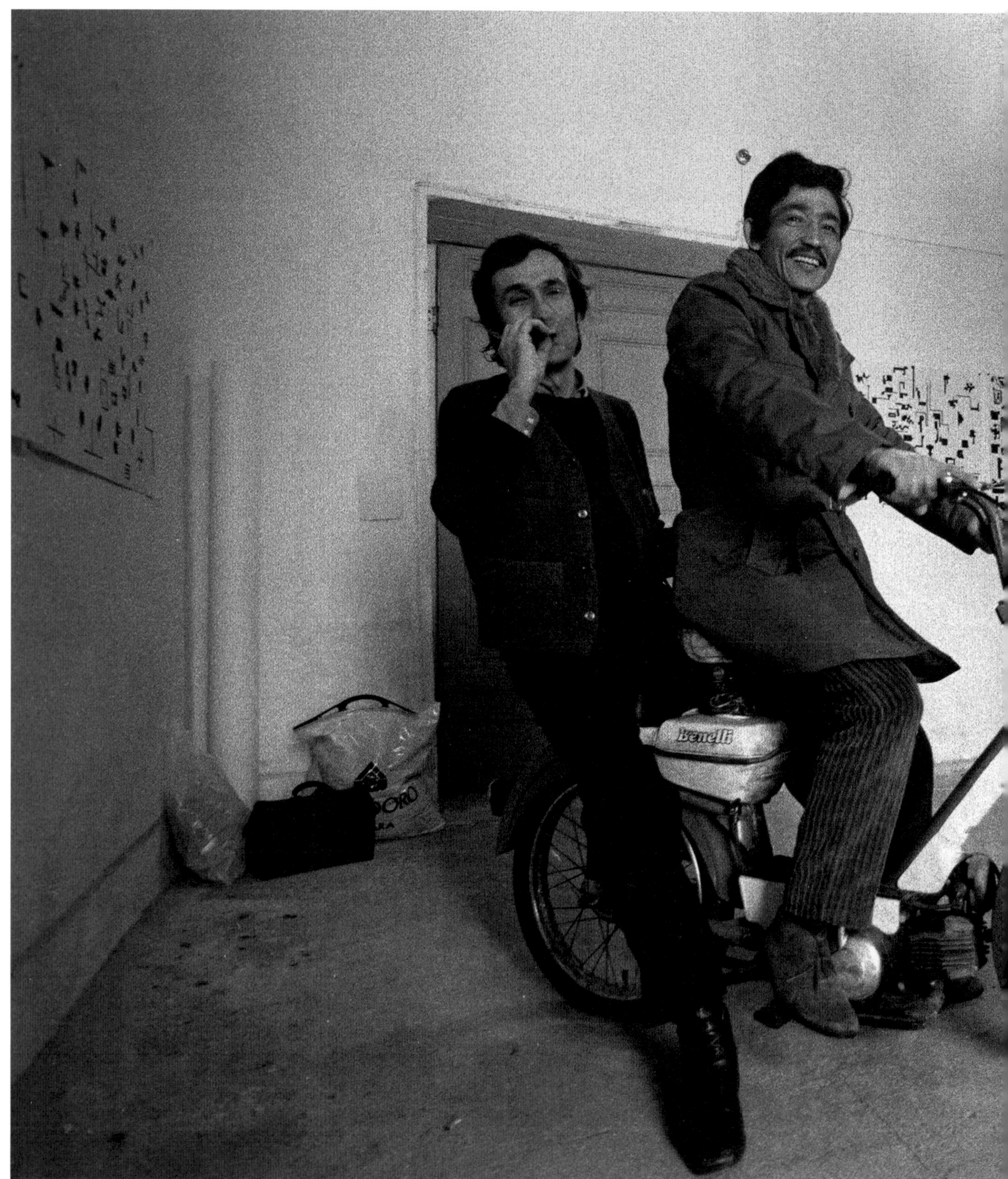

26.

26.
Alighiero Boetti e Salman Ali nello studio di Trastevere, 1975

26.
Alighiero Boetti and Salman Ali in the Trastevere studio, 1975

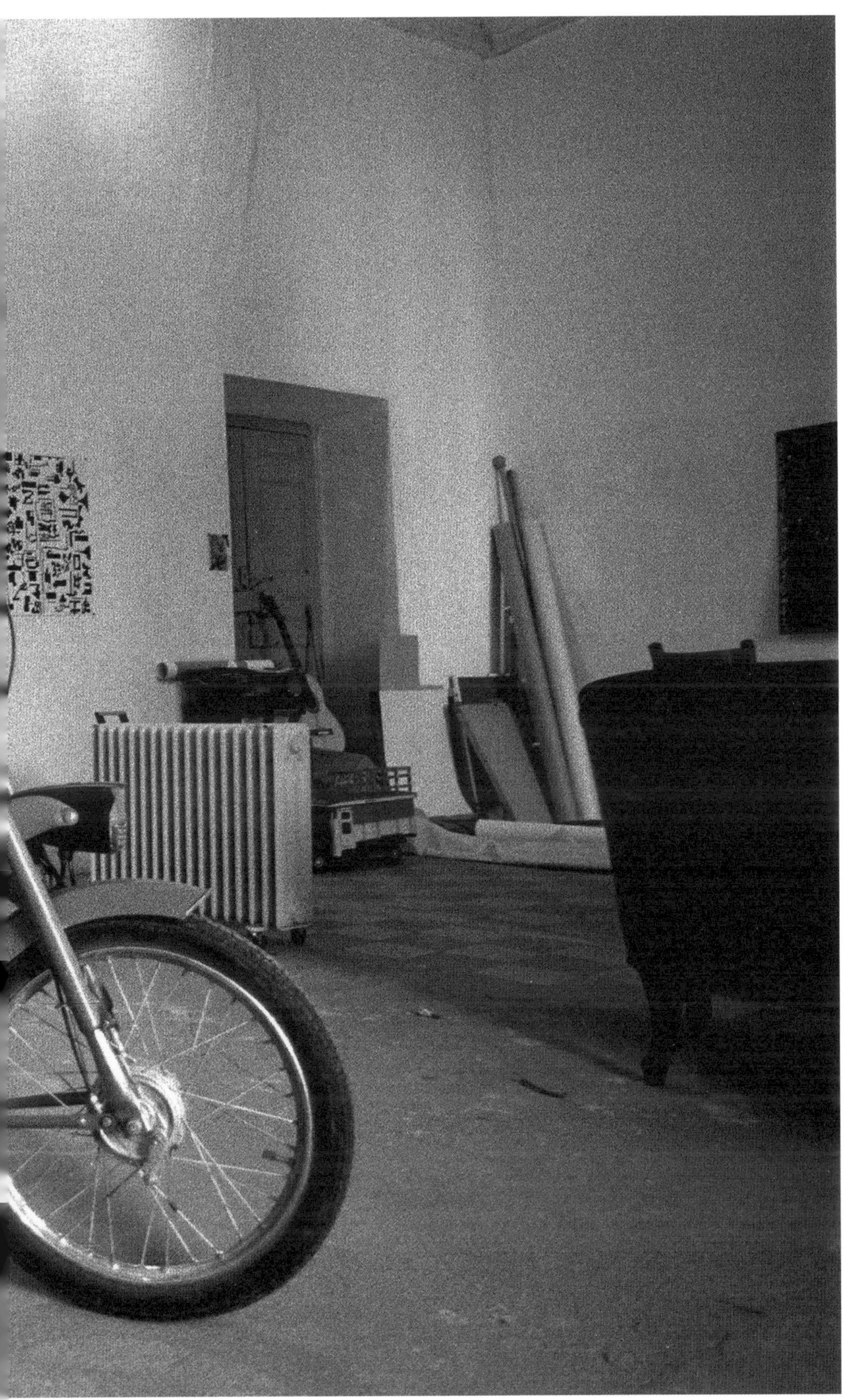

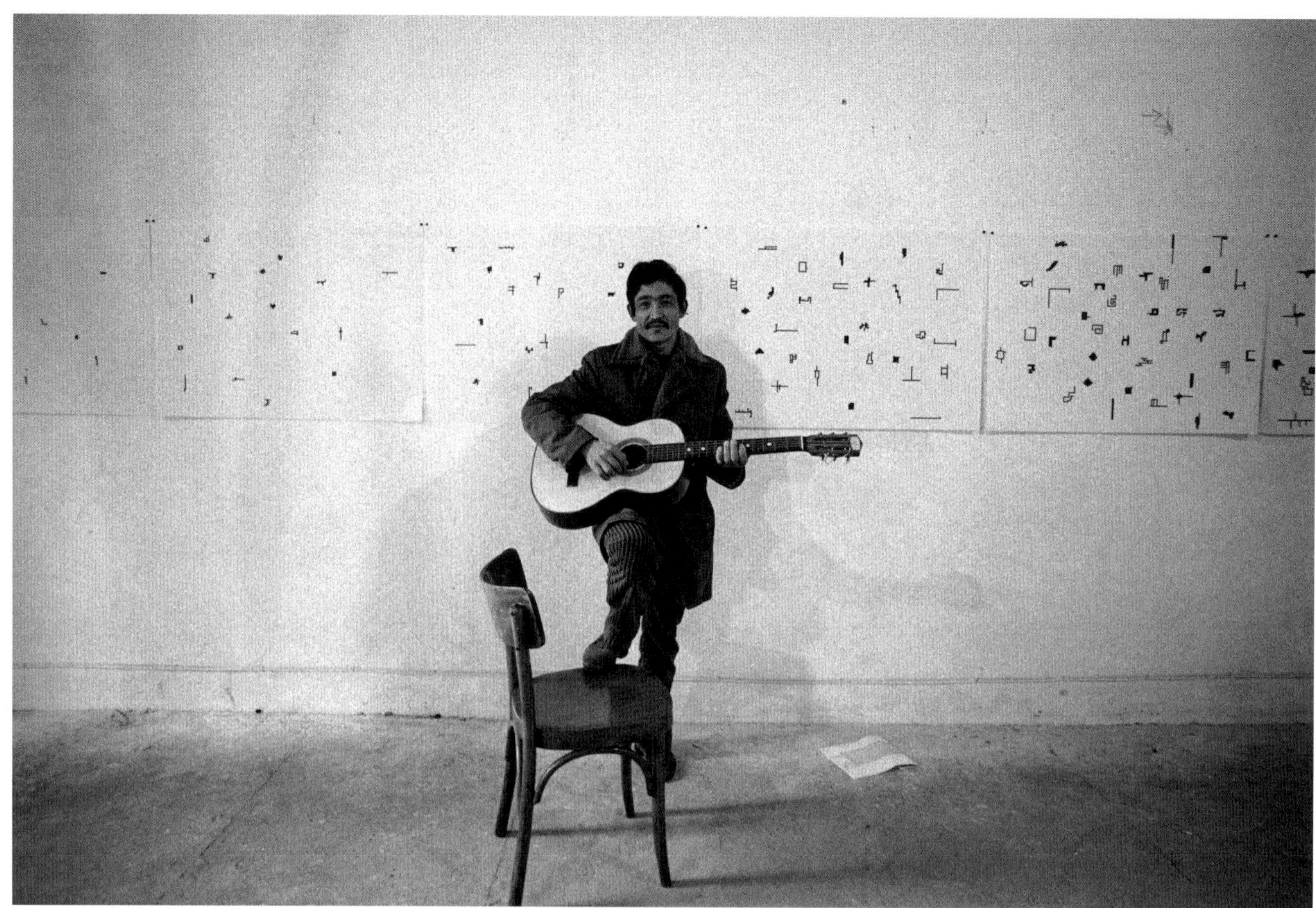

27.

passava con la penna per fare il cerchio.
Anche se sapevo leggere l'ora sull'orologio a Kabul quando ero piccolo, per sapere l'ora si guardava poco l'orologio anche perché non ne avevamo in casa. Si usava la luce naturale, il sole e le stelle. Avevo sempre l'abitudine di capire l'ora senza guardare l'orologio. Guardavo il cielo e la posizione del sole. Un giorno, Alighiero mi aveva spiegato come funzionava il campanile della chiesa di Santa Maria davanti a casa. Se ascoltavi bene, ti diceva l'ora giusta. Mi piaceva tanto. Alighiero ha fatto un'opera con queste campane.
Anche se vedevo i problemi che facevano con le "porcherie", non ho mai parlato di droga con Alighiero. Non c'era bisogno. L'unica cosa che mi domandava era che se mancava un po' di hashish, mi diceva di andare da Mario (Schifano) o da Mariangela per prenderne ma niente di più. Alighiero mi diceva di non mettere mai l'hashish in tasca ma di tenerlo in mano così in caso di un controllo con un poliziotto lo potevo buttare velocemente per terra. Poi fino alla fine, vedevo e capivo quando Alighiero stava male e sapevo cosa fare. Me ne occupavo da solo. Non riguardava nessun altro.

ask me to throw coins onto the drawing he was making and then he would make circles around them with his pen. Even though I'd learnt to read the time when I was a child in Kabul, we didn't look at the clock much, partly because we didn't have one in the house. We used natural light, the sun, and the stars. I was always able to tell the time without looking at a clock. I looked at the sky and the position of the sun. One day, Alighiero explained to me how the clock tower of the church of Santa Maria opposite the house worked. If you listened carefully, it told you the right time. I loved it. Alighiero made a work with those bells.
Even though I could see what a mess they got into with that filth, I never talked to Alighiero about drugs. There was no need. The only thing he asked me, when he didn't have a bit of hashish, was to go round to Mario [Schifano] or to Mariangela to get some, but that was all. Alighiero told me never to put the hashish in my pocket but to hold it in my hand, so if a policeman ever came up to me, I could quickly throw it away.
Later, and right until the end, I could see when Alighiero was suffering, and I knew what to do. I did it all myself. It wasn't anyone else's concern.

27. / 29.
Salman Ali nello studio di Trastevere, 1975

27. / 29.
Salman Ali in the Trastevere studio, 1975

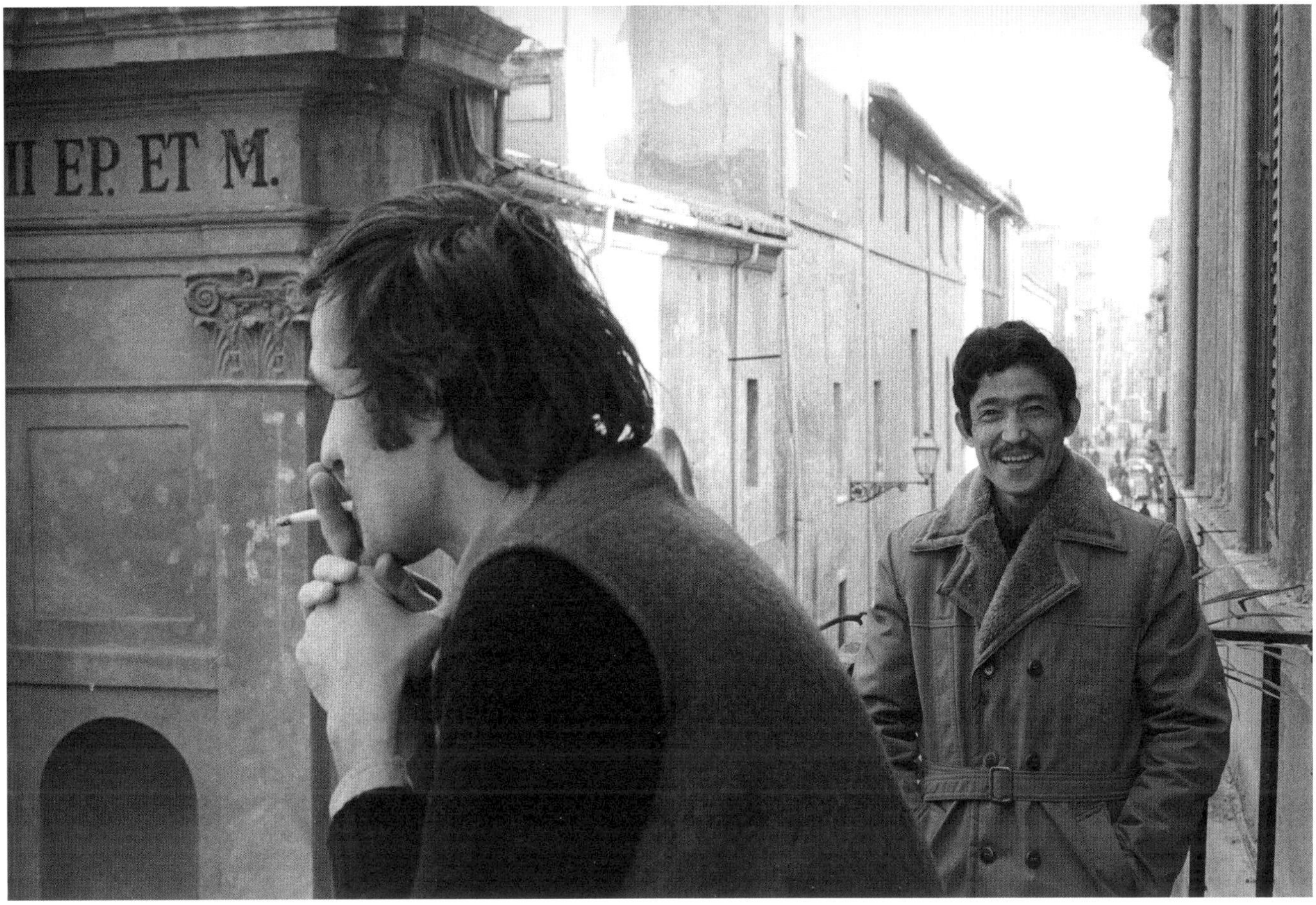

28.

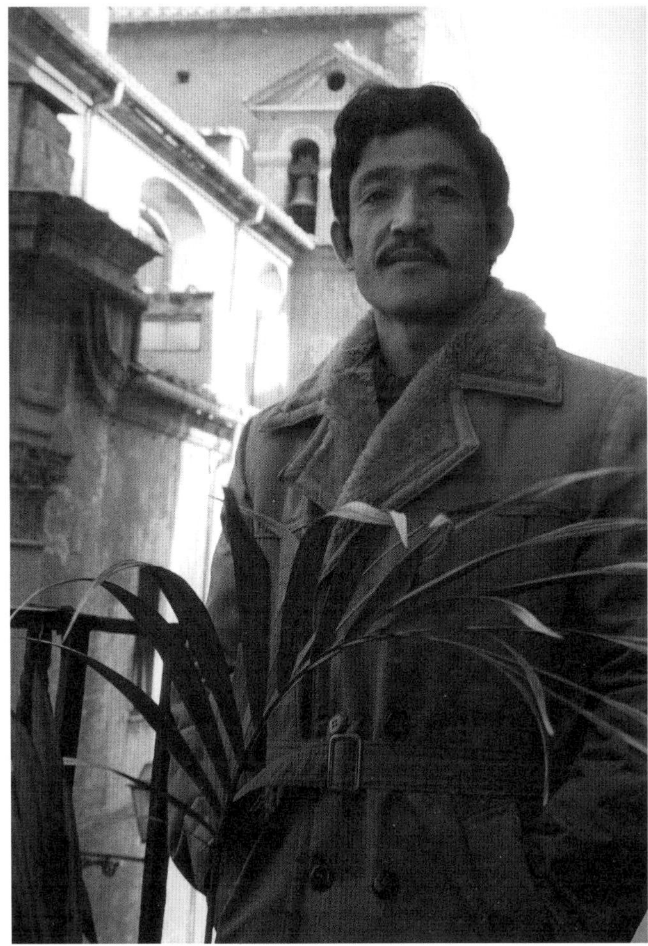

29.

28. / 30. (pp. 28-29)
Salman Ali e
Alighiero Boetti
nello studio di
Trastevere, 1975

28. / 30. (pp. 28-29)
Salman Ali and
Alighiero Boetti
in the Trastevere
studio, 1975

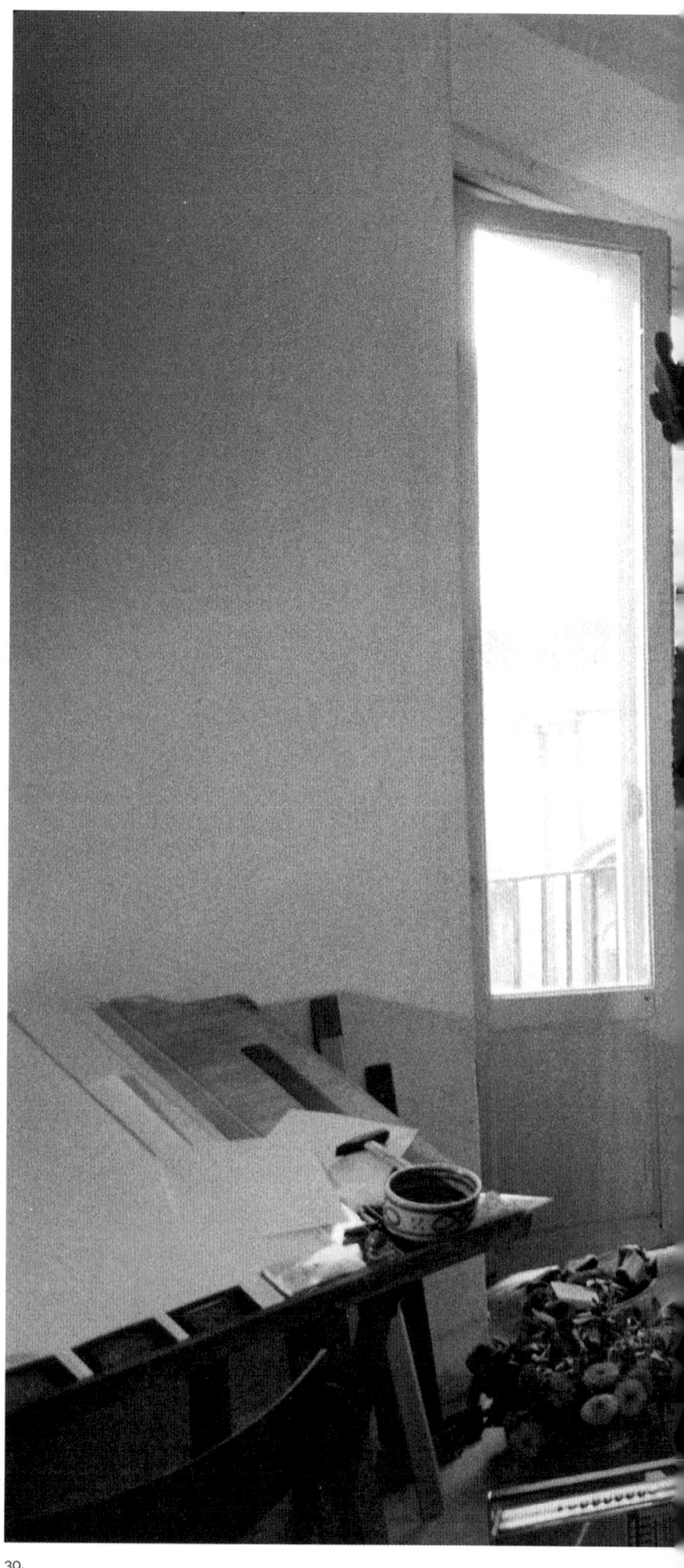

30.

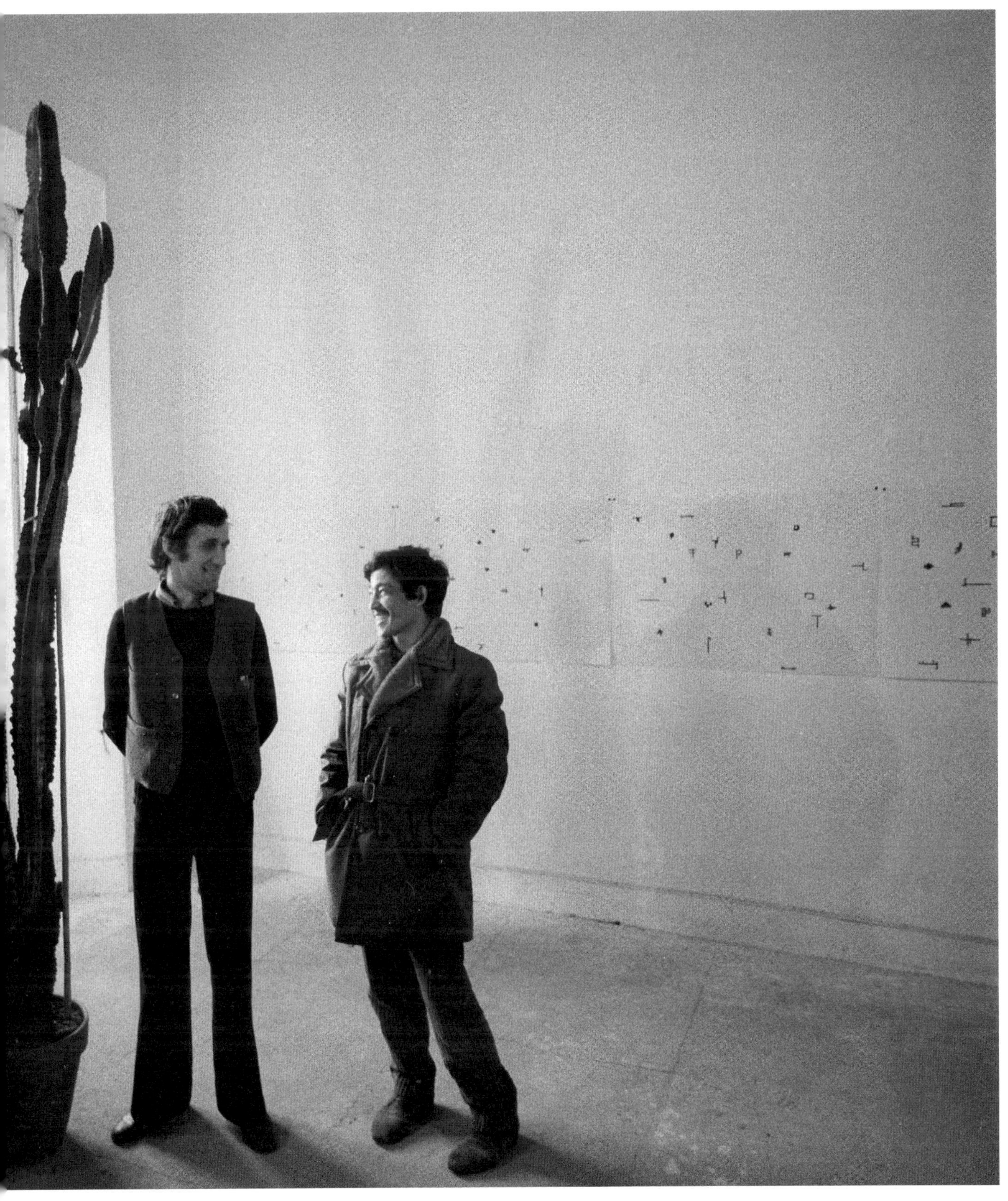

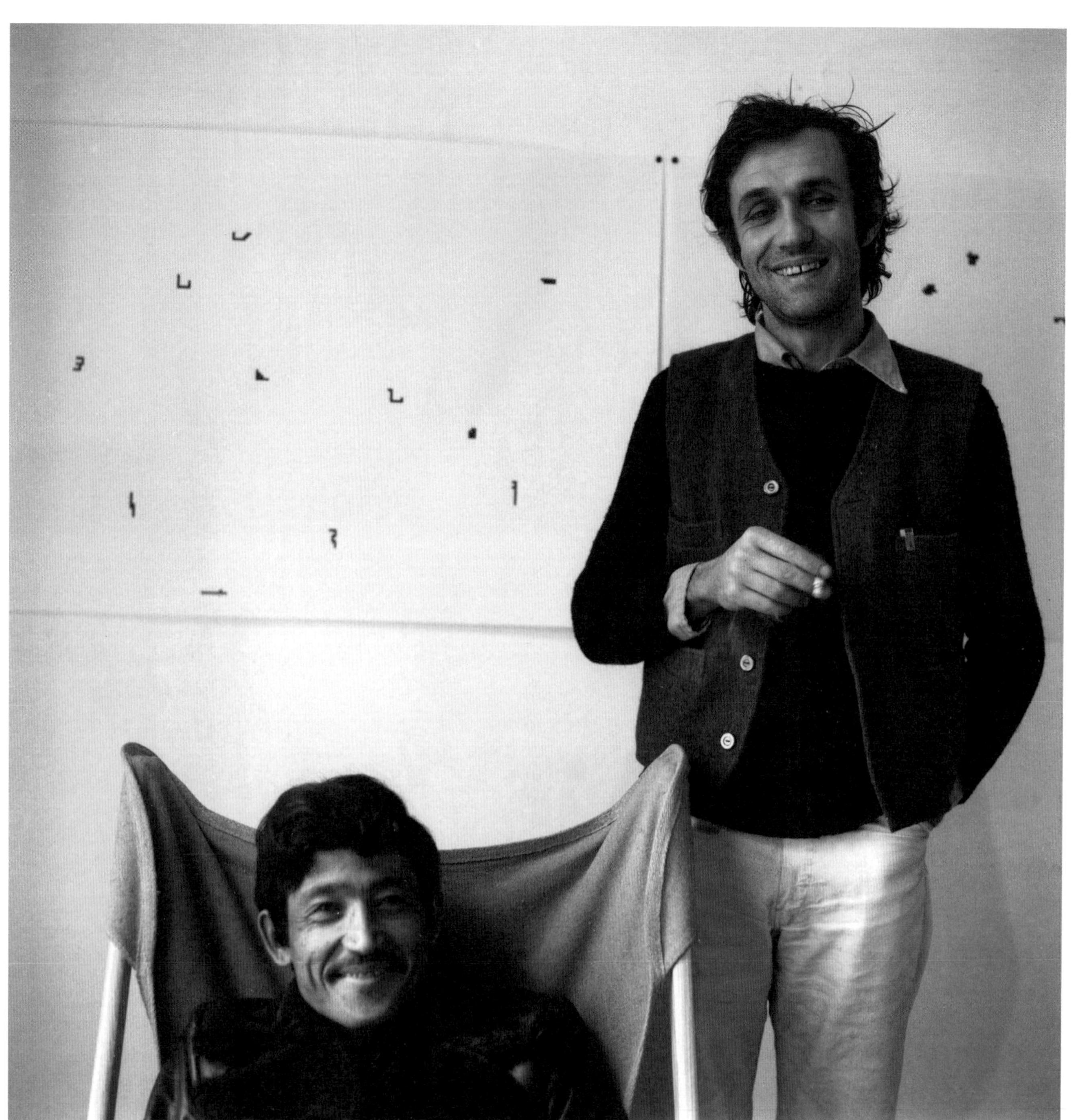

31.

31.
Alighiero Boetti e Salman Ali nello studio di Trastevere, 1975

31.
Alighiero Boetti and Salman Ali in the Trastevere studio, 1975

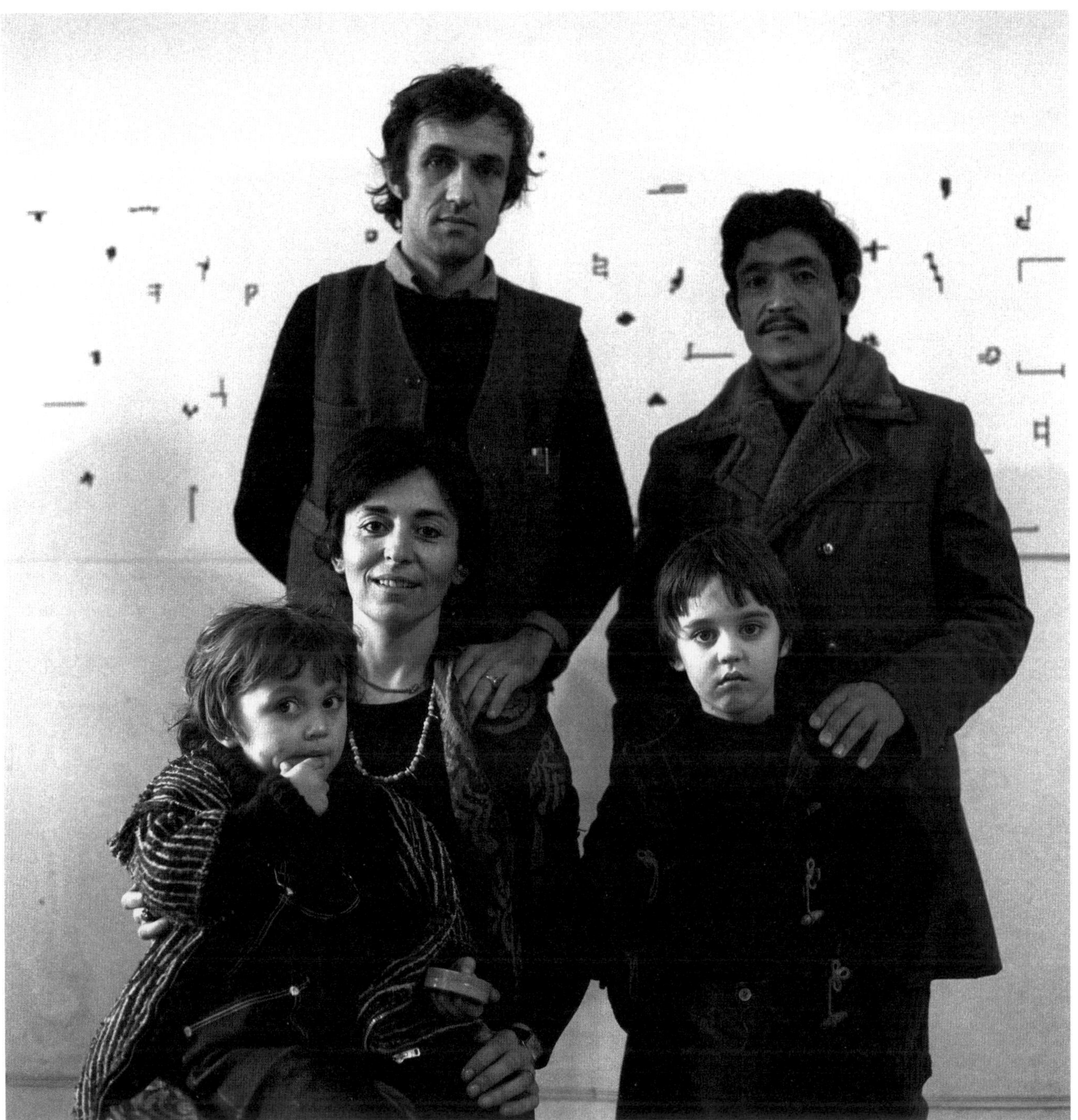

32.

32.
Alighiero Boetti, Annemarie Sauzeau Boetti, Matteo e Agata Boetti e Salman Ali nello studio di Trastevere, 1975

32.
Alighiero Boetti, Annemarie Sauzeau Boetti, Matteo and Agata Boetti, and Salman Ali in the Trastevere studio, 1975

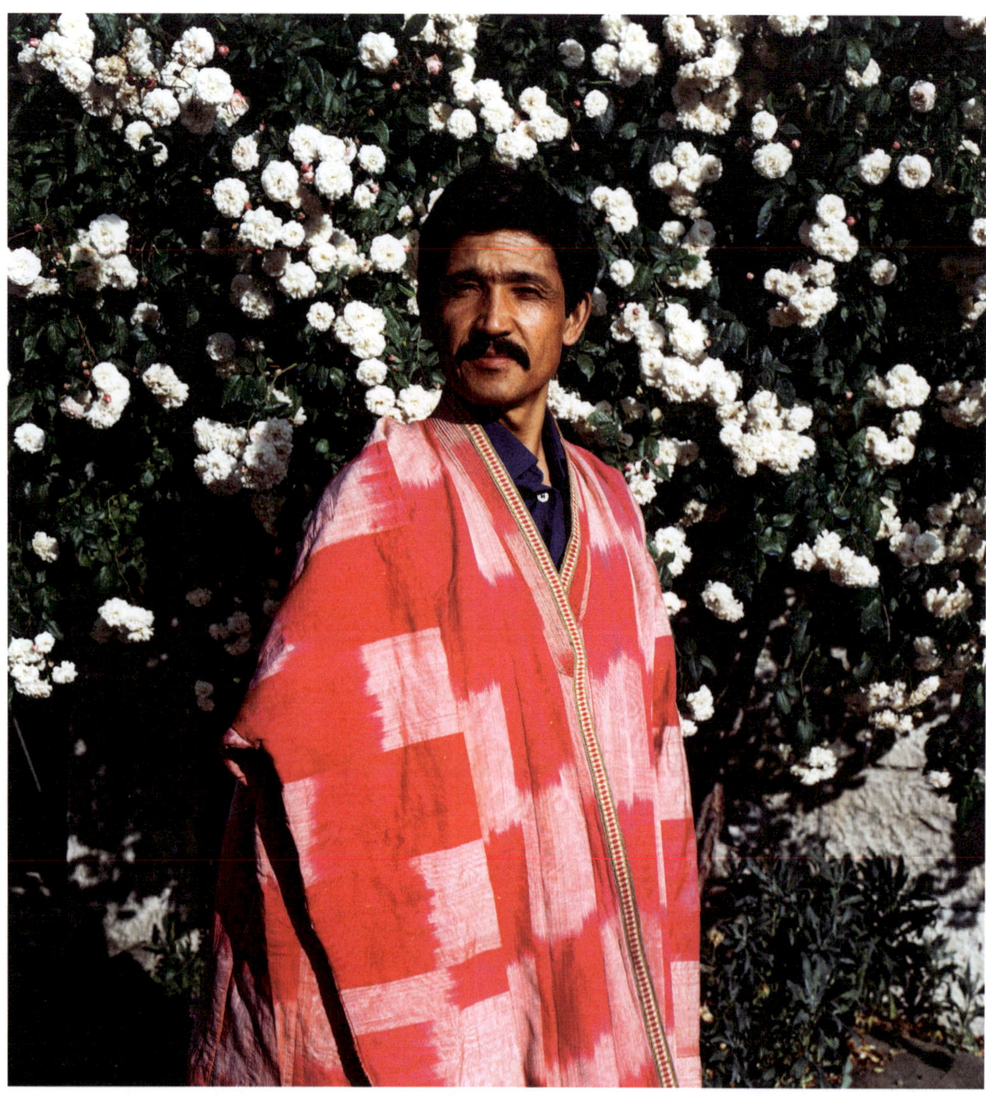

33.

Per le vacanze e per i weekend, andavamo in campagna a Romazzano, a qualche chilometro da Todi. Quella è la vera casa di Alighiero, che non ha mai cambiato. Adesso è lì vicino. Anche la mamma (Annemarie) è lì. Matteo si occupa dei due adesso.

Quando sono arrivato in Italia, Alighiero e Annemarie avevano appena comprato la casa. Comoda, solo un'ora e mezzo in macchina. Lì ci sono tante colline, con tanti girasoli. Quando Alighiero ha fatto la scalinata vicino alla casa, ci potevamo sedere per guardare il paessaggio. Si vedeva molto lontano.
Per metterla a posto, avevamo messo dei tappeti e degli ikat dappertutto. Gli ikat erano molto belli, Alighiero li aveva comprati a Mazhar-i Sharif con Corrado Levi. Alighiero aveva fatto fare dei letti di legno dal falegname e fuori di casa, avevamo messo dei letti di legno afghani con

For our holidays and weekends, we used to go to Romazzano, out in the country, a few kilometres from Todi. That was Alighiero's real home, and he never changed it. He's close to it now. Mamma [Annemarie] is there, too. Matteo looks after the two of them now.

When I arrived in Italy, Alighiero and Annemarie had just bought the house. At a convenient distance, just an hour and a half by car. There are lots of hills there, with lots of sunflowers. When Alighiero made the steps by the house, we could go up and look out over the landscape. You could see a very long way.
When preparing the house, we placed rugs and ikats everywhere. The ikats were gorgeous – Alighiero had bought them in Mazār-i-Sharīf with Corrado Levi. Alighiero had had the carpenter make wooden beds and we put wooden Afghan rope beds outside the house, with lots

33.
Salman Ali nella casa di Romazzano, Todi, 1983

33.
Salman Ali in the house in Romazzano, Todi, 1983

34.
Alighiero Boetti nel salotto della casa di Romazzano, 1980

34.
Alighiero Boetti in the living room of the house in Romazzano, 1980

le corde. Sopra mettevamo tanti cuscini. Il salotto era una vecchia stalla e Alighiero e Annemarie avevano messo il cemento dove mangiavano gli animali poi tanti cuscini così era comodo e bello per sedersi.

Per fare bella la cucina, la mamma aveva messo al muro tante "gambiere", quelle strisce di tessuto che si mettono in Afghanistan attorno agli stivali così la neve non entra dentro. Erano molto belli e stavano molto bene vicino al tavolo della cucina.
Anche lì, tanti amici venivano. Mariangela veniva molto spesso con sua figlia Barbara. A volte ci stavano tutta l'estate. Anche Giovan Battista (Salerno) stava molto bene a Todi. Gli piaceva chiaccherare con Capo davanti al camino e bere il vino di Todi. Alba e Francesco (Clemente) stavano bene lì con noi. Poi in estate tanti amici passavano per un pranzo, una cena o una notte. Achille (Bonito Oliva), Lauretta (Laura Cherubini), Mara (Chiaretti), Gaia (Franchetti), Serena e Bobo (Andrea Marescalchi), i Colombo, Luca e Randi (Malkin Steinberger), Fosco ovviamente e tanti amici del momento perché lavoravano insieme ad una mostra o ad un libro.
Con Alessandra (Bonomo), Alighiero invitava spesso Sol Lewitt che aveva una casa a Spoleto, lì vicino. Anch'io con Capo e Alessandra andavamo, a volte, a Spoleto nella casa dei Bonomo. Mi piacevano tanto Marilena e Lorenzo (Bonomo) Facevamo su e giù. Andavamo spesso al ristorante quando eravamo lì. A Todi, al ristorante l'Umbria o lì vicino, al ristorante Da Cibocchi. Lì, Alighiero si sentiva un po' a casa. Come adesso Matteo che va sempre da Cibocchi!

Prima di partire per Todi, Alighiero mi diceva di preparare tutto quello che aveva bisogno per disegnare. Preparavamo un po' di cosette per disegnare. Poi a Todi, si sistemava nel salotto che diventava un po' come lo studio.

of cushions on them. The living room was an old stable and Alighiero and Annemarie had put concrete where the animals used to eat, then lots of pillows to make it comfortable and nice to sit on.

To adorn the kitchen, Mamma put a lot of Afghan gaiters on the wall – those strips of fabric they use in Afghanistan around their boots to keep the snow out. They were lovely, and looked great next to the kitchen table.
Here too, lots of friends used to come. Mariangela often came with her daughter Barbara. Sometimes they stayed all summer. Also Giovan Battista [Salerno] loved it in Todi. He liked sitting by the fire, chatting with Capo and drinking Todi wine. Alba and Francesco [Clemente] also liked being there with us. In the summer, lots of friends would drop in for lunch, dinner, or the night. Achille [Bonito Oliva], Lauretta [Laura Cherubini], Mara [Chiaretti], Gaia [Franchetti], Serena and Bobo [Andrea Marescalchi], the Colombos, Luca and Randi [Malkin Steinberger], Fosco of course, and all sorts of friends who happened to be working together on an exhibition or a book.
With Alessandra [Bonomo], Alighiero often invited Sol Lewitt, who had a house nearby, in Spoleto. Sometimes I would go with Capo and Alessandra to the Bonomos' house in Spoleto. I really liked Marilena and Lorenzo [Bonomo]. We used to go back and forth. We often went to the restaurant when we were there. To the Ristorante Umbria in Todi, or to the Ristorante Da Cibocchi nearby. Alighiero felt almost at home there. Like Matteo, who always goes to Cibocchi now!

Before leaving for Todi, Alighiero would tell me to prepare everything he needed for drawing. We'd prepare a few things and then, in Todi, he would settle down in the living room, which more or less became his studio.

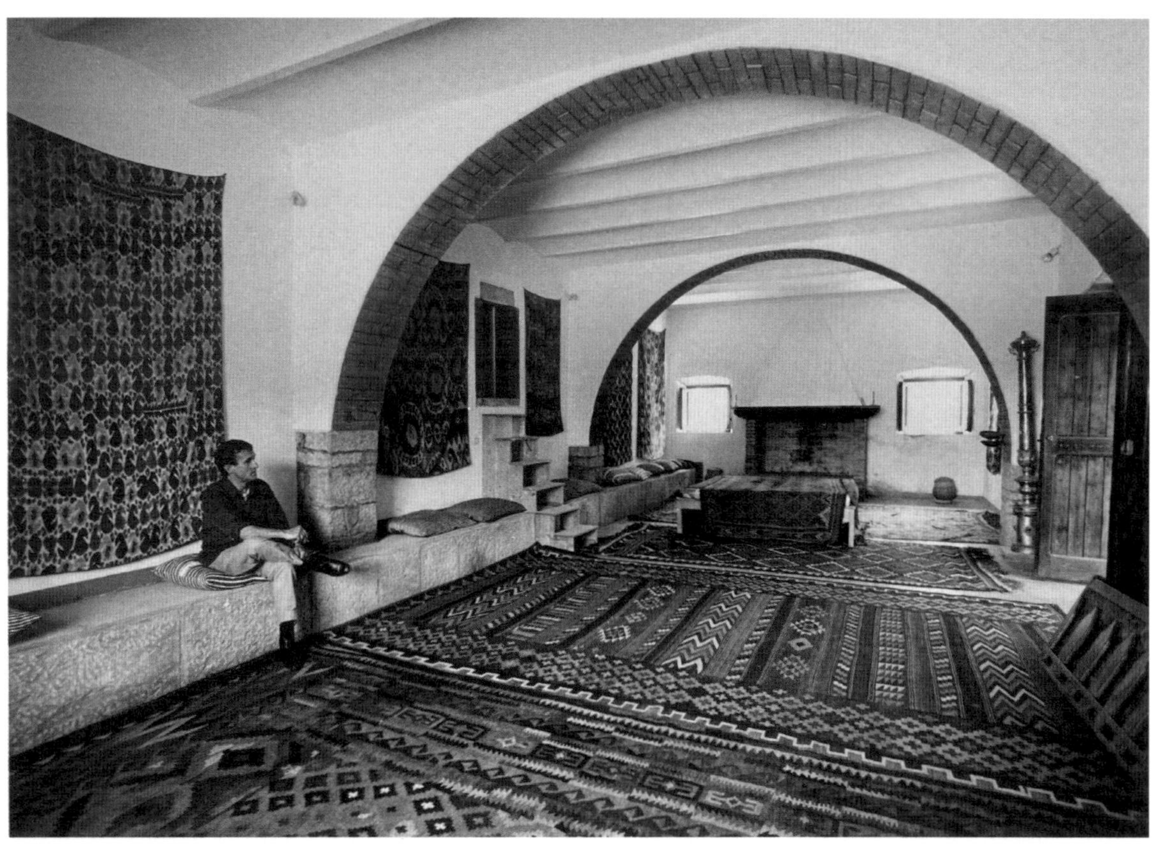

34.

Ma poco, perché gli piaceva guardare il paesaggio e non lavorare. Annemarie faceva il giardinaggio. Avevamo un orto con tante verdure.
Solo lì, andavo in giro con il motorino perché non era troppo pericoloso! Ma solo nel villaggio altrimenti potevo avere un incidente. Andavamo spesso a cenare dai contadini di Romazzano. Lella, la mamma di Graziano e Stefania faceva la pasta molto buona. Erano brave persone. Come i Stefanelli che si occupavano dopo di loro della casa di Alighiero.

Da quando Capo ha chiuso gli occhi, è importante per me andare lì. A fare una piccola visita a Capo e mettere un po' di fiori davanti alla tomba. Ci vado ogni anno, qualche volta ci sono andato con Caterina e Giordano, o con Alessandra, o con Fatima e i ragazzi quando ci fermiamo da Matteo. Tanti, tanti bei ricordi in quella casa. Adesso con le ragazze dell'Archivio e Agatina andiamo a Todi per fare un buon pranzo da Cibocchi con il nostro presidente! (Matteo Boetti è il presidente dell'Archivio Alighiero Boetti) e così andiamo anche a fare un saluto a Capo e portiamo i fiori!

L'estate andavamo a Vernazza. Mi era piaciuto subito come posto. Era la prima volta nella mia vita che vedevo il mare! Eravamo appena arrivati a Vernazza. Ero andato a vedere il mare da vicino da solo perché ero troppo curioso e non volevo aspettare la fine del pranzo al ristorante da Gianni (Franzi). Dalla strada principale, c'era un passaggio che dava direttamente su una spiagetta. Non capivo come era fatto il mare. Ero entrato veloce nell'acqua perché era calda e molto gradevole ma non avevo capito che la spiagetta scendeva molto velocemente! In pochi secondi mi ero ritrovato tutto nell'acqua. Stavo affogando ma Alighiero è venuto a tirarmi fuori. Mi aveva salvato la vita! Mi ha detto dopo, che mi aveva seguito, perché aveva paura che mi avvicinavo al mare senza conoscere i suoi pericoli.
La nostra casa non era a Vernazza vicino al mare, ma su, nella montagna a San Bernardino. Da casa il mare si vedeva molto lontano e la sera cambiava colore con il sole. Potevamo vedere moltissime stelle da lì. La mattina scendevamo dal nostro villaggio quando non faceva troppo caldo e stavamo tutto il giorno giù, a Vernazza, vicino alla spiaggia. Così tornavamo su, a casa, solo la sera quando faceva meno caldo. Allora tutto il giorno stavamo nella piazzetta, al ristorante di Gianni. Ci mangiavamo tutti i pranzi e a volte pure la sera! Alighiero pagava il ristorante alla fine delle vacanze con un quadro.
Da quel periodo, Gianni è diventato un carissimo amico per me. La famiglia. Anche dopo la scomparsa di Alighiero, ci sono sempre andato a Vernazza e sempre da Gianni. Andavamo a prendere dei dolci da Stalin, il pasticciere. L'estate c'erano molte feste nei villaggi. Delle feste con le tradizioni, o con i politici o delle chiese. Erano sempre tutte molto belle e ci andavamo sempre tutti e cinque.

But he didn't work that much, because he liked looking at the landscape, without working. Annemarie did the gardening. We had a vegetable garden with lots of vegetables.
It was only there that I went around on a scooter, because it wasn't too dangerous! But only in the village – otherwise I might have had an accident. We often went to dinner with the farmers in Romazzano. Lella, Graziano and Stefania's mother, made some excellent pasta. They were good people. As were the Stefanellis, who took care of Alighiero's house after them.

Ever since Capo closed his eyes, it's been important for me to go there. To pay a little visit to Capo and put some flowers in front of his tomb. I go there every year. Sometimes I've been with Caterina and Giordano, or with Alessandra, or with Fatima and the kids when we stop by at Matteo's. I've so many fond recollections of that house! Now, with the girls from the archive and Agatina, we go to Todi to have a good lunch at Cibocchi's with our president! [Matteo Boetti is the president of the Alighiero Boetti archive] so we go and say hello to Capo and bring some flowers!

We used to go to Vernazza in the summer. I immediately fell in love with the place. I'd never seen the sea before! We'd just arrived in Vernazza. I went down on my own to see the sea up close because I was so curious and I didn't want to wait until the end of lunch at Gianni [Franzi]'s restaurant. There was a way that led directly down to a small beach from the main road. I had no idea what the sea was like. I rushed into the water because it was warm and very pleasant but I hadn't realised that the beach went down very quickly! A few seconds later I was all in the water. I was drowning but Alighiero came and pulled me out. He saved my life! He told me later that he'd followed me, because he was afraid I'd go into the sea without realising it could be dangerous.
Our house wasn't in Vernazza, by the sea, but up in the mountains in San Bernardino. From home, you could see the sea in the distance and in the evening it changed colour with the sun. We saw countless stars from there. In the morning, when it wasn't too hot, we'd go down from our village and spend all day in Vernazza, near the beach. We'd go back up only in the evening, when it wasn't so hot. In those days, we'd spend all day in the little square, at Gianni's restaurant. We always had lunch there, and sometimes dinner too! When the holidays ended, Alighiero would pay the restaurant with a painting.
From then on, Gianni became a very dear friend of mine. Family. Even after Alighiero passed away, I always went to Vernazza – and always to Gianni's. We used to get our desserts from Stalin, the pastry cook.
There were many festivities in the villages in the summer. Festivities with traditions, or with politicians or churches. They were all wonderful and all five of us would go to them.

35.
Salman Ali, Alighiero Boetti, Annemarie Sauzeau Boetti, Matteo e Agata Boetti nella casa di Romazzano, Todi, 1975

35.
Salman Ali, Alighiero Boetti, Annemarie Sauzeau Boetti, and Matteo and Agata Boetti in the house in Romazzano, Todi, 1975

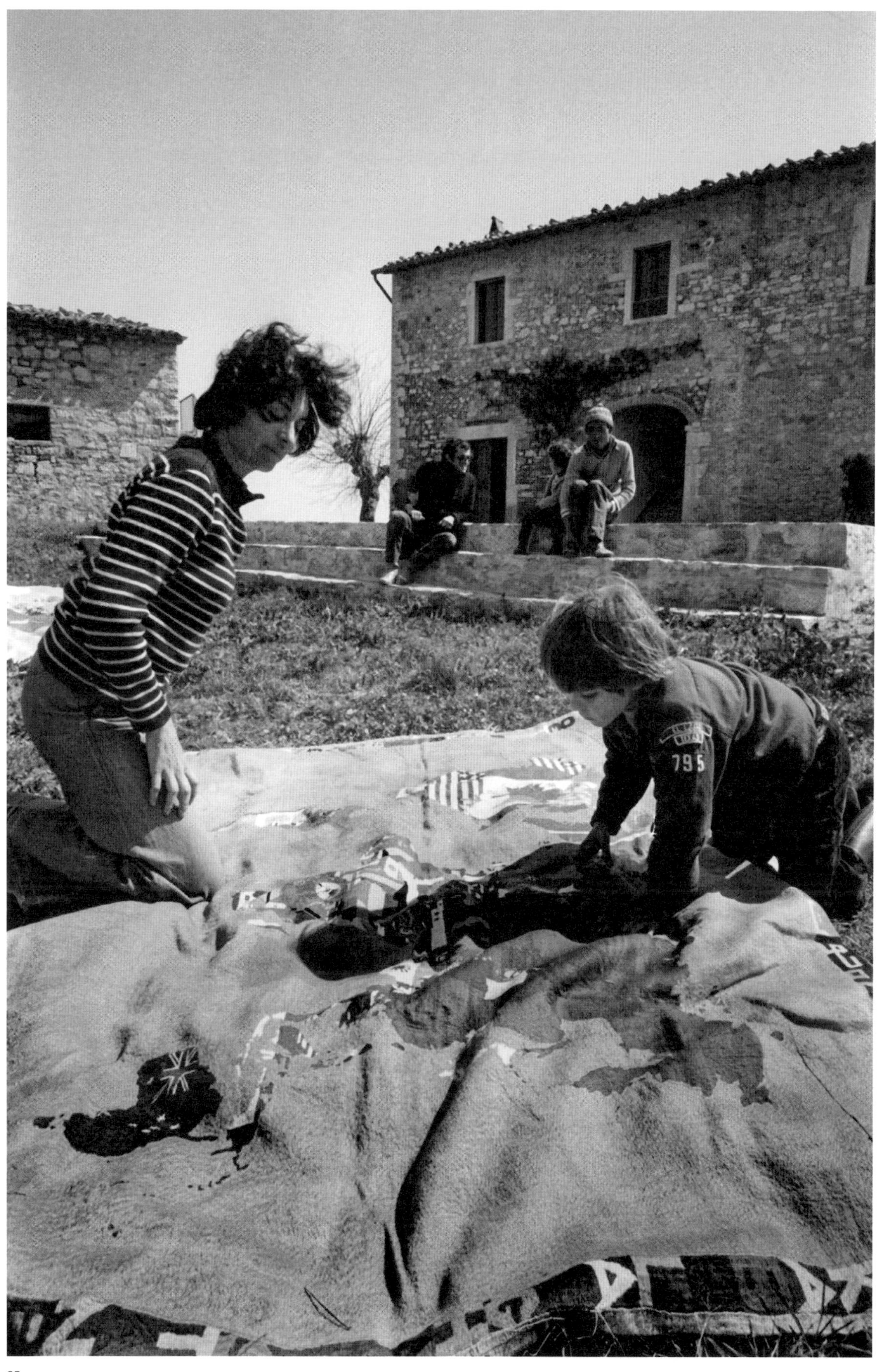

35.

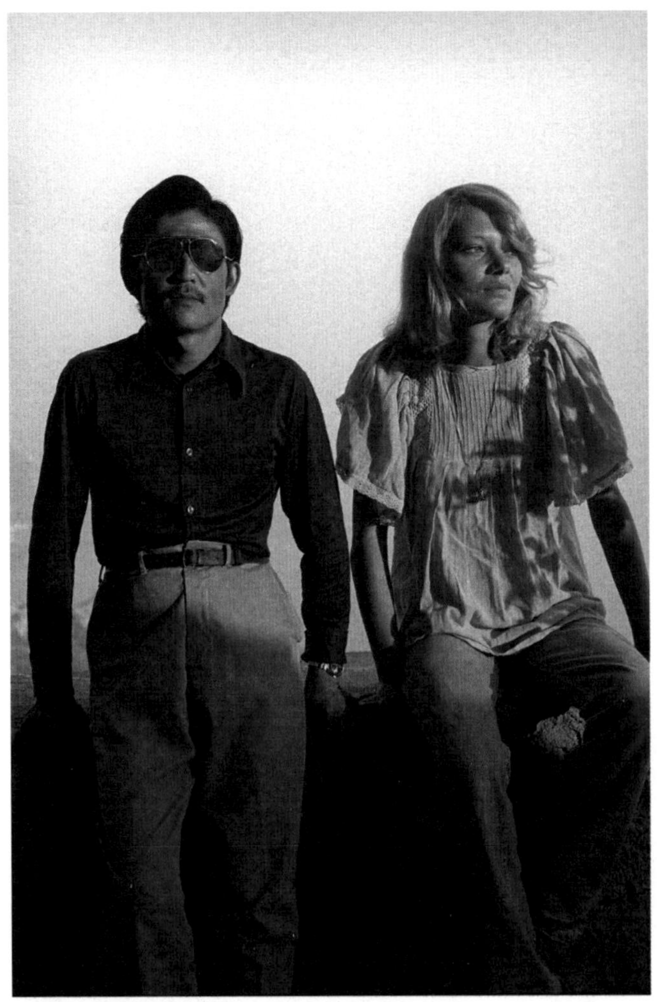

36.

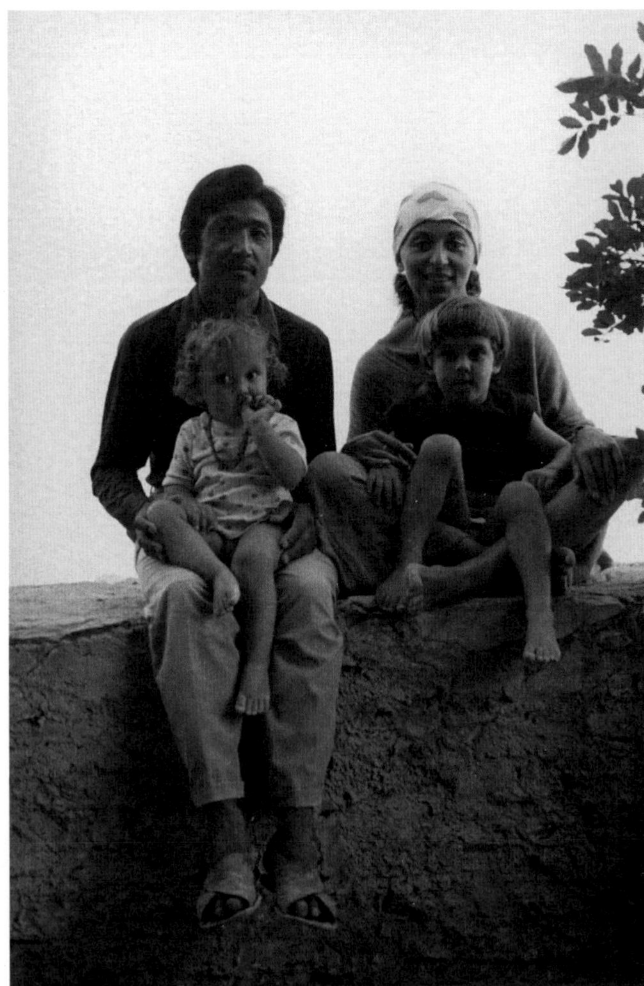

37.

Mangiavamo una cosetta, certe volte si ballava e si chiacchierava con gli amici. Poi c'erano sempre tante bancarelle. Alighiero e Annemarie avevano tanti amici a Vernazza come Gisèle Oser che aveva dato i soldi per il film (*Niente da vedere niente da nascondere*, di Emidio Greco), Gabriella (Fornelli) che provava a vendere le opere di Alighiero durante l'estate e i Parlato. C'era pure Pistoletto e Maria a Corniglia! È lì che ho conosciuto Giorgio e Piera (Colombo). Lui faceva sempre foto e a me piaceva molto essere fotografato. Poi c'erano i camerieri del ristorante come Grillo e i pescatori. Ero amico di tutti. Giorgio e Piera (Colombo) venivano a trovarci, come tanti altri amici di Alighiero e Annemarie. Vernazza resta un posto molto importante per me.
Avevamo tre case: Roma, Todi e Vernazza. Una bella vita con una bella famiglia.
Dopo l'incidente di Alighiero nell'estate del 1982, hanno venduto la casa di Vernazza.

We would eat something, and sometimes we danced and chatted with friends. And there were always lots of stalls. Alighiero and Annemarie had many friends in Vernazza, including Gisèle Oser, who put up the money for the film [*Niente da vedere niente da nascondere*, by Emidio Greco], Gabriella [Fornelli], who tried to sell Alighiero's works during the summer, and the Parlatos. And Pistoletto and Maria were in Corniglia! That's where I met Giorgio and Piera [Colombo]. He always took photos and I loved being photographed. Then there were the waiters at the restaurant, like Grillo, and the fishermen. I was everyone's friend. Giorgio and Piera [Colombo] used to come and visit us, as did so many other friends of Alighiero and Annemarie's. Vernazza still holds a special place in my heart.
We had three houses, in Rome, Todi, and Vernazza.
A good life with a wonderful family.
After Alighiero's accident in the summer of 1982, they sold the house in Vernazza.

36.
Salman Ali e Piera Crovetti Colombo nella casa di San Bernardino, Vernazza, 1973

36.
Salman Ali and Piera Crovetti Colombo in the house in San Bernardino, Vernazza, 1973

37.
Salman Ali, Annemarie Sauzeau Boetti, Agata e Matteo Boetti nella casa di San Bernardino, Vernazza, 1973

37.
Salman Ali, Annemarie Sauzeau Boetti, and Agata and Matteo Boetti in the house in San Bernardino, Vernazza, 1973

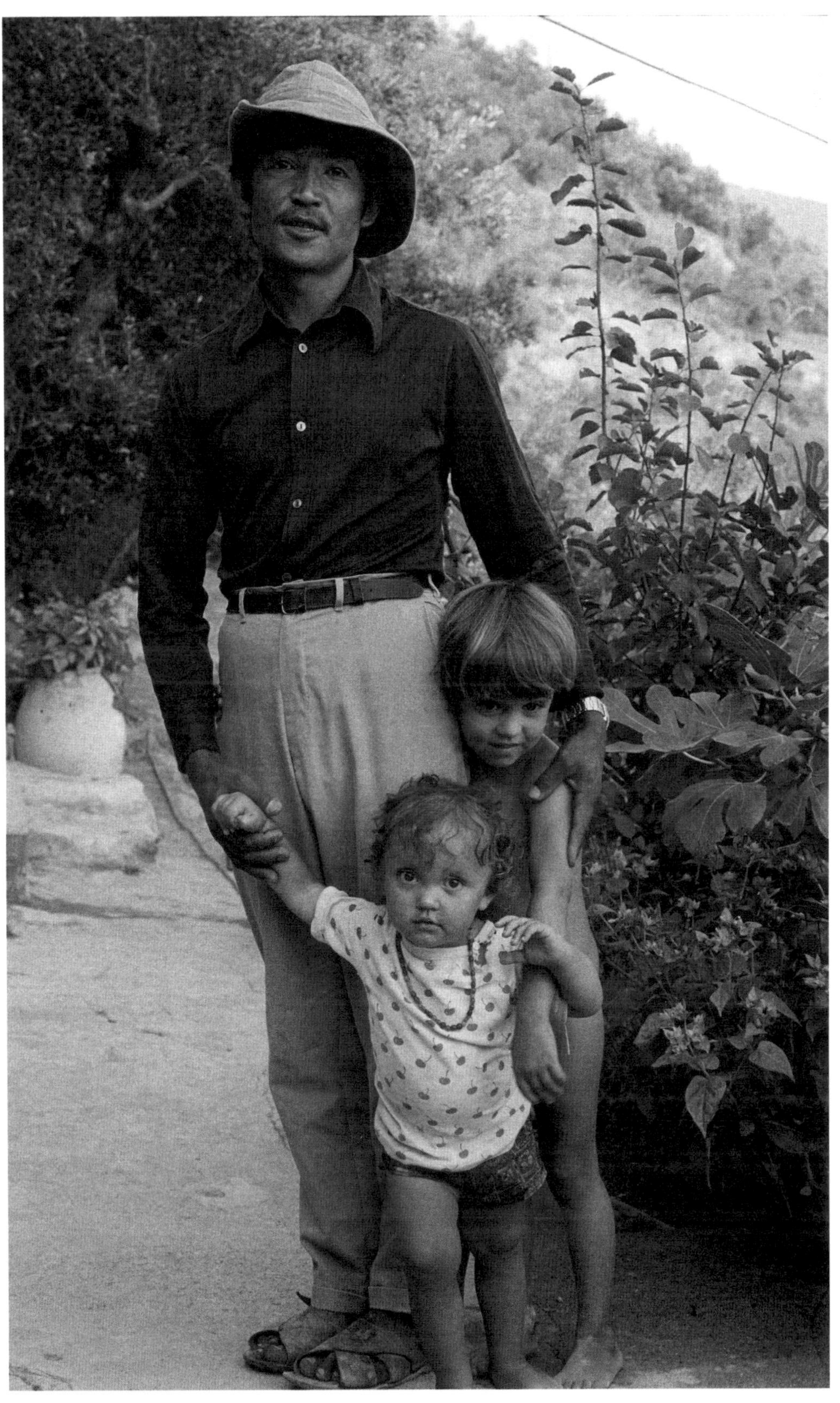

38.

38.
Salman Ali, Agata e Matteo Boetti nella casa di San Bernardino, Vernazza, 1973

38.
Salman Ali, and Agata and Matteo Boetti in the house in San Bernardino, Vernazza, 1973

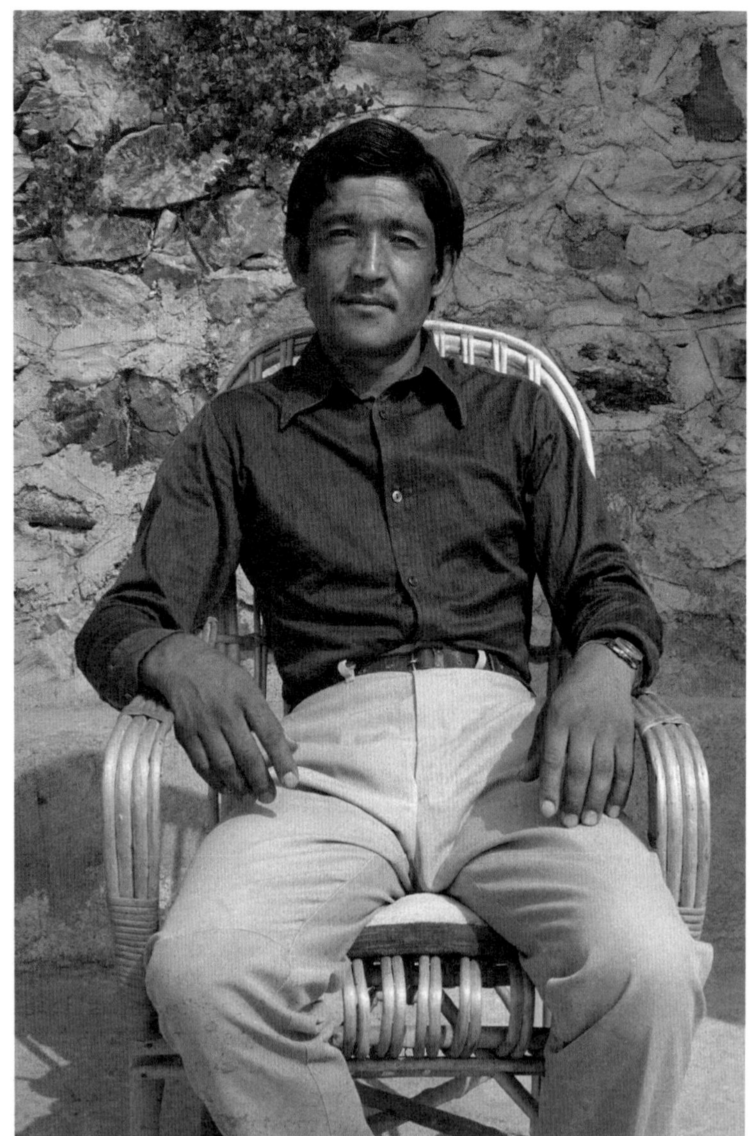

39.

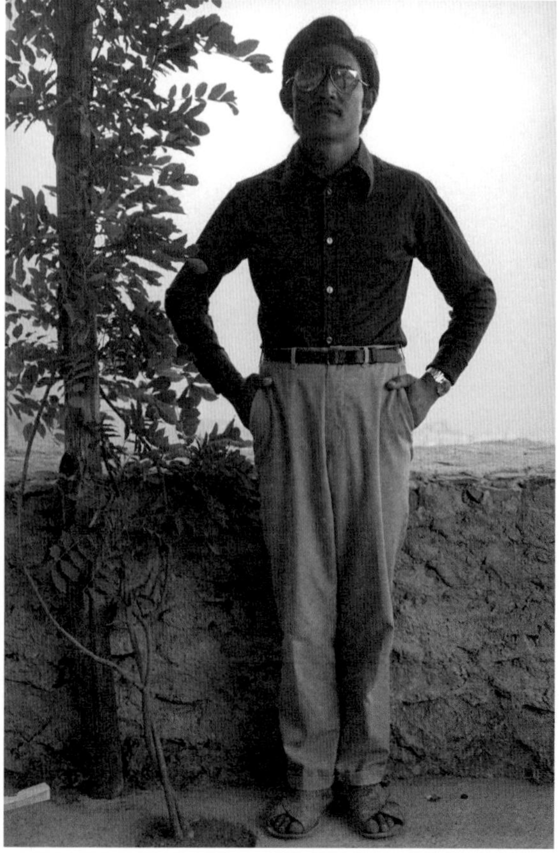

40.

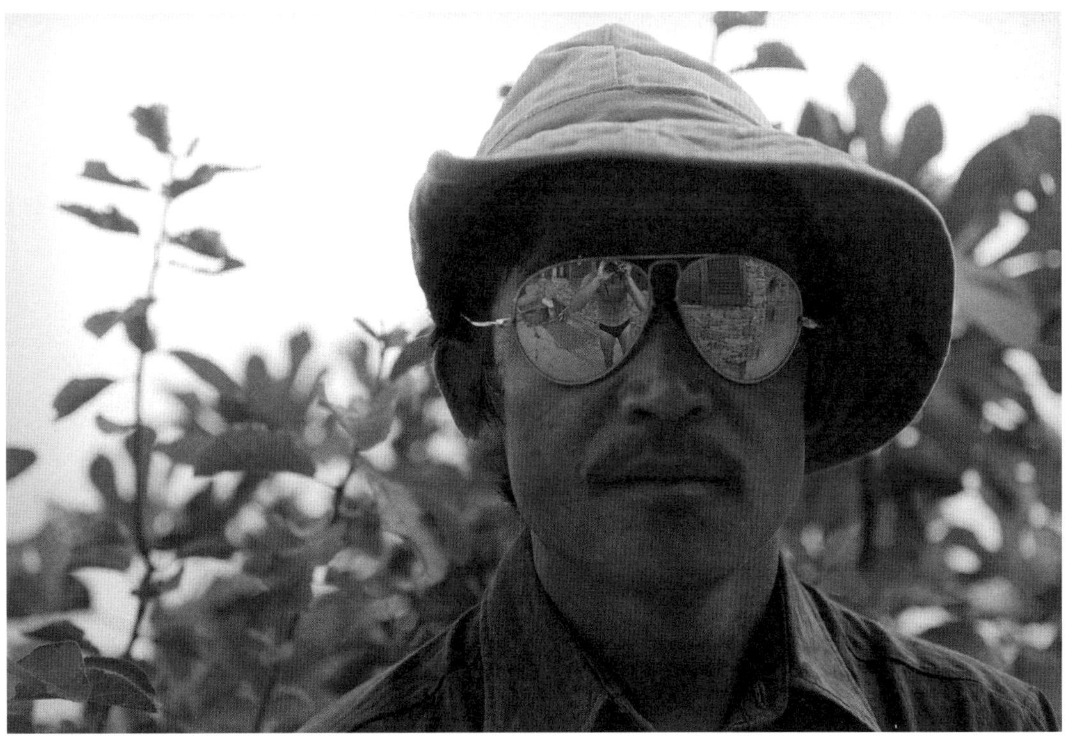

41.

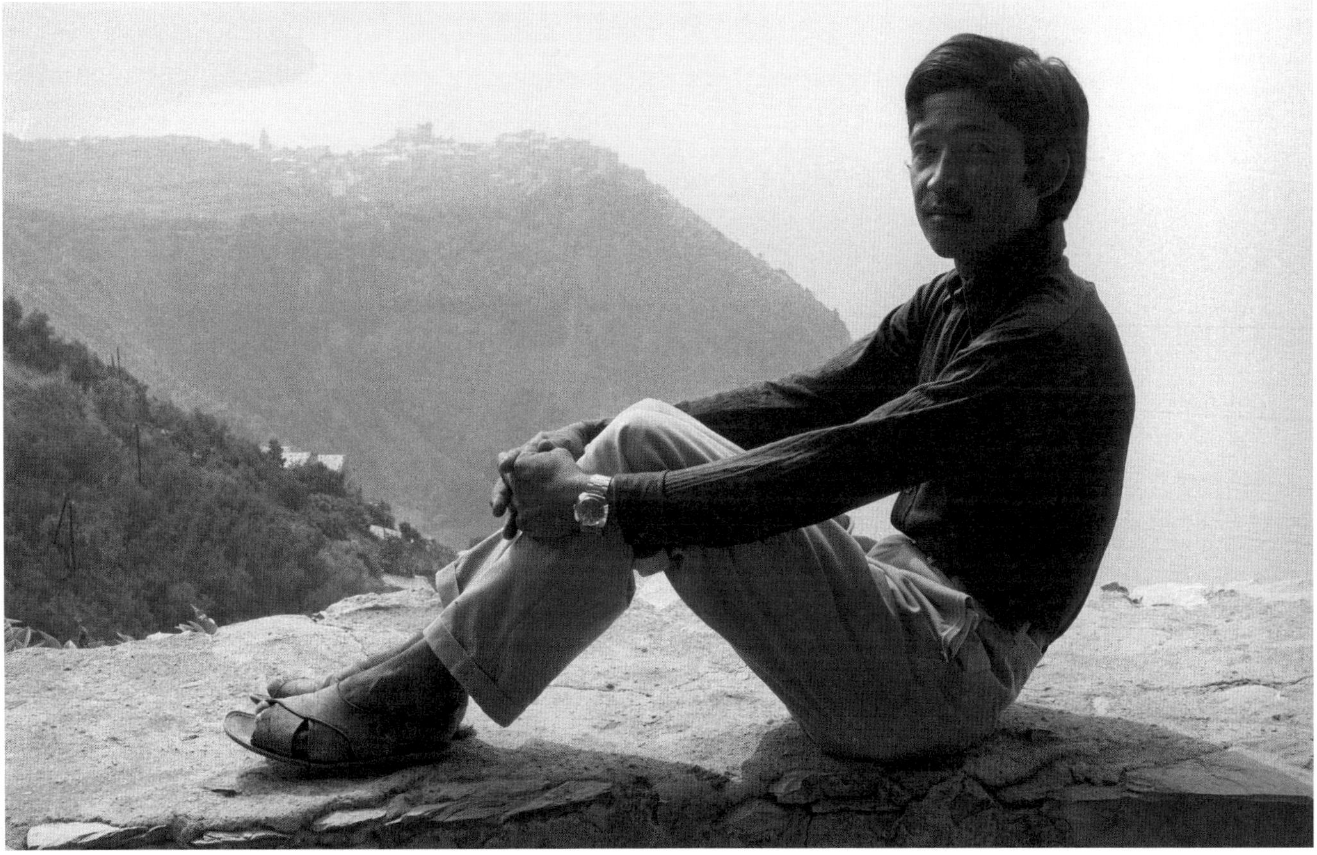

42.

39. - 42.
Salman Ali,
nella casa di
San Bernardino,
Vernazza, 1973

39. - 42.
Salman Ali in
the house in
San Bernardino,
Vernazza, 1973

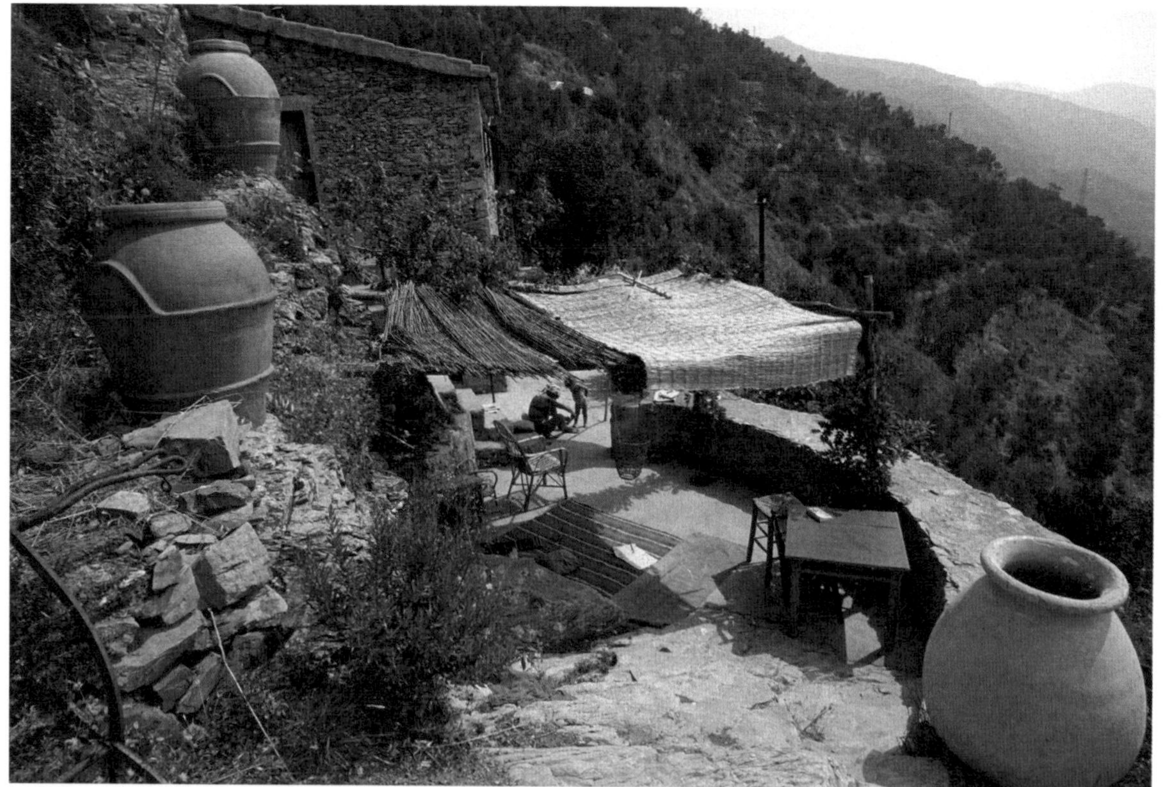

43.

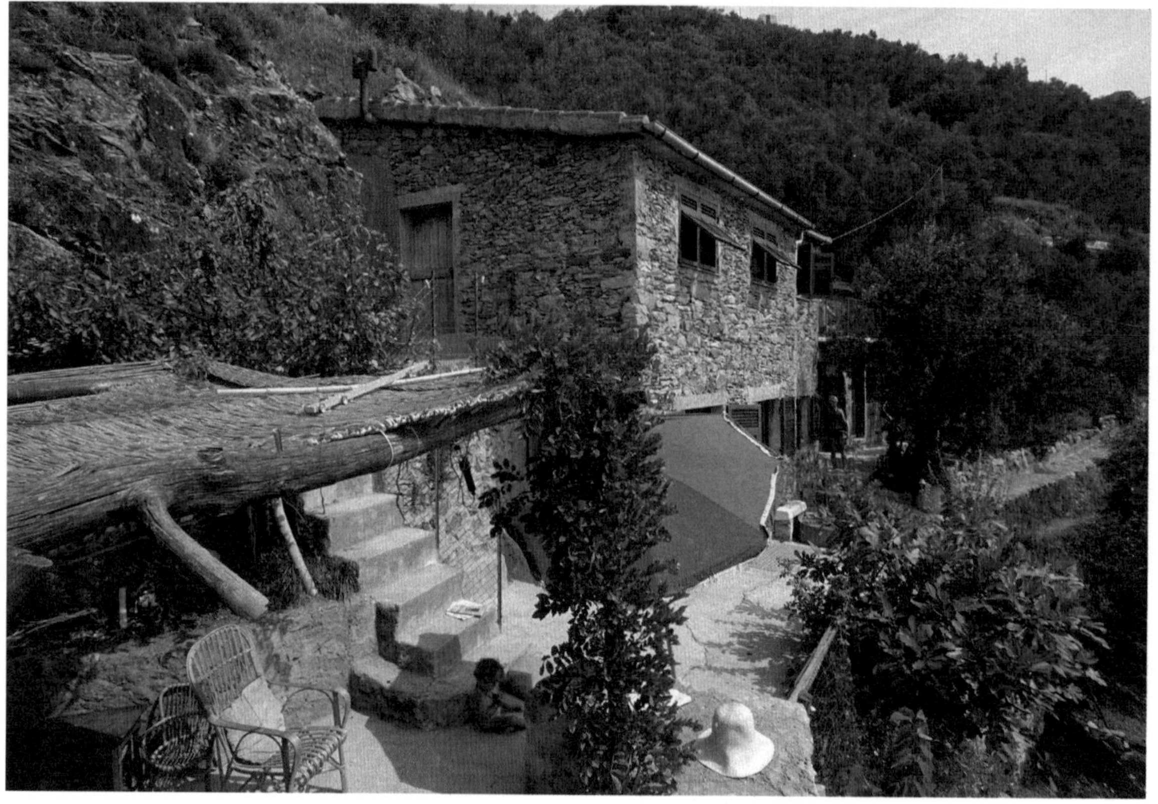

44.

43. - 44.
La casa di
San Bernardino,
Vernazza, 1973

43. - 44.
The house in
San Bernardino,
Vernazza, 1973

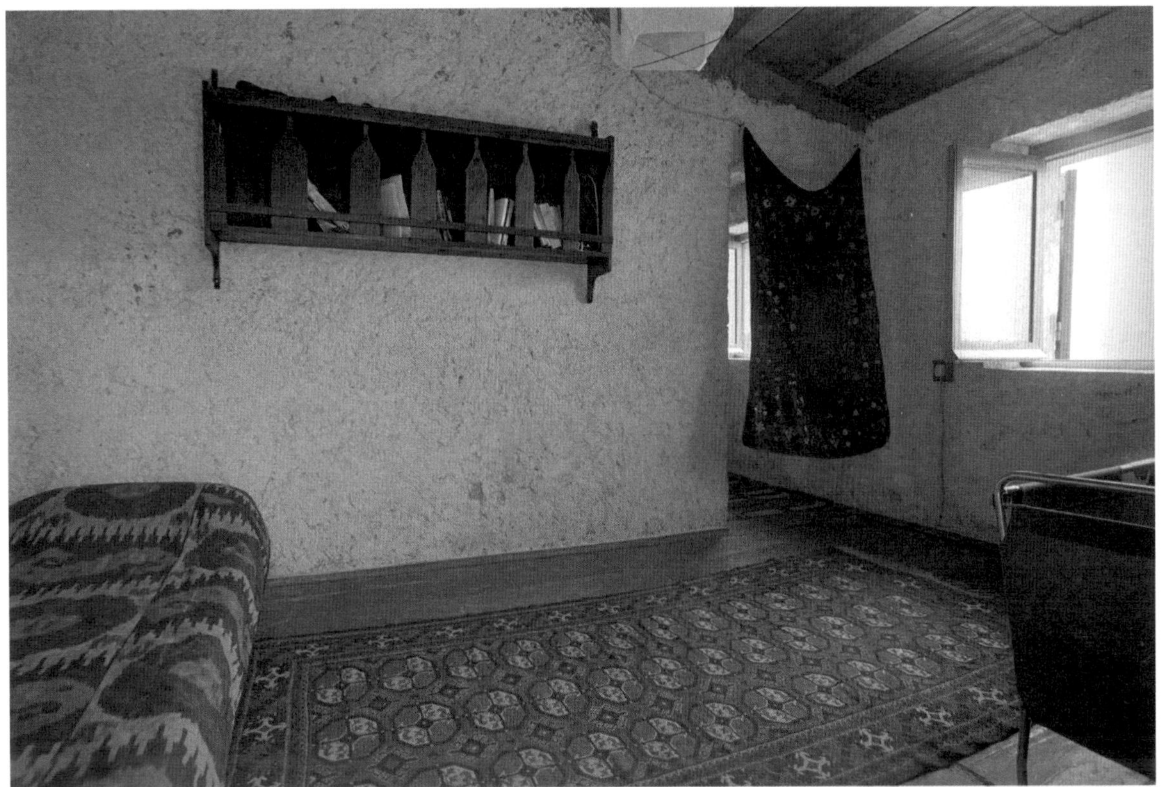

45.

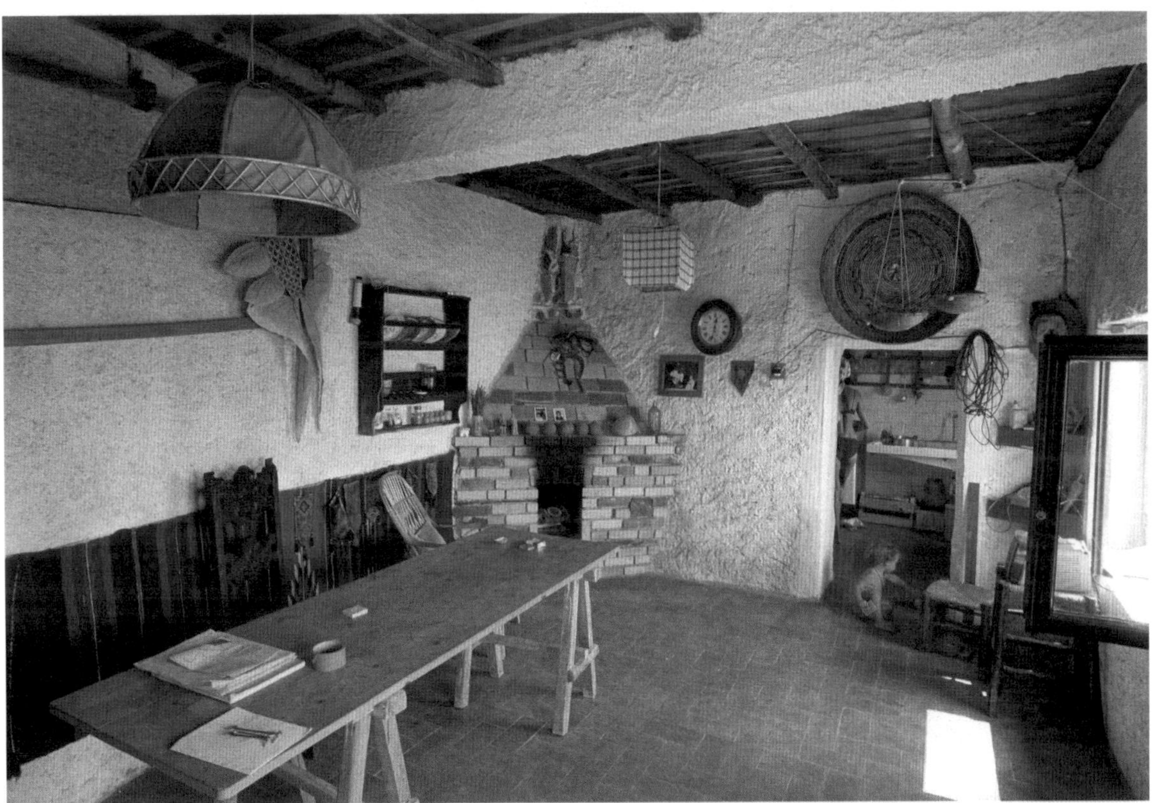

46.

45. - 46.
Vista interna
della casa di
San Bernardino,
Vernazza, 1973

45. - 46.
Interior view
of the house in
San Bernardino,
Vernazza, 1973

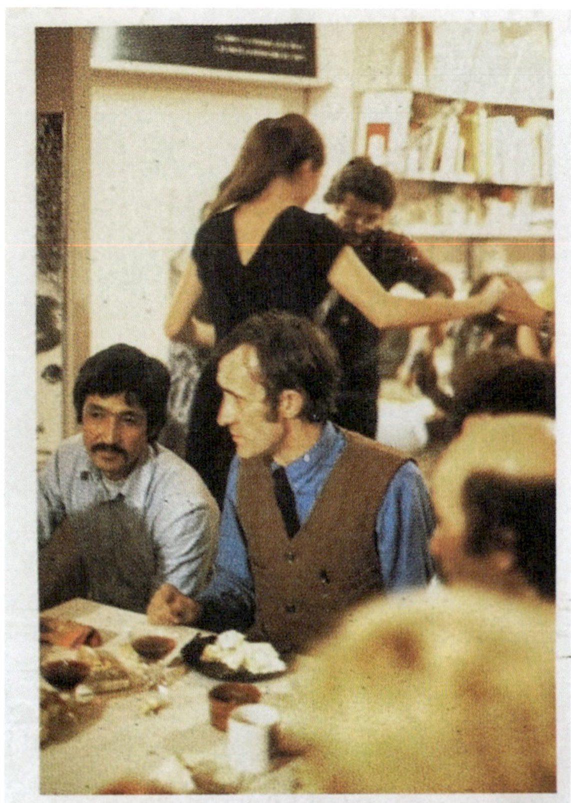

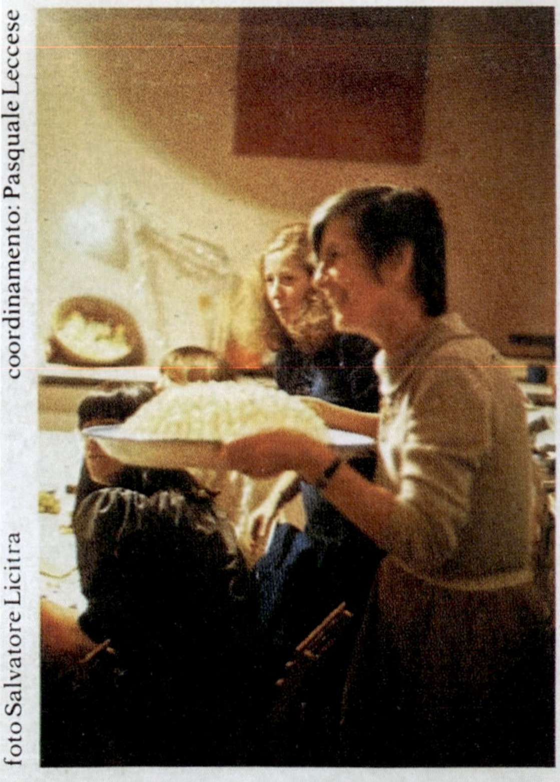

foto Salvatore Licitra coordinamento: Pasquale Leccese

42 — DOMUS 641 LUGLIO/AGOSTO 1983

47.

47.
Salman Ali e Alighiero Boetti a casa di Lisa Ponti, immagine tratta da un articolo di "Domus" n. 641, 1983

47.
Salman Ali and Alighiero Boetti at Lisa Ponti's home, picture taken from an article in *Domus* no. 641, 1983

A Roma, quando Alighiero parlava al telefono di un viaggio, ascoltavo per dove doveva partire e per quanti giorni; poi facevo la valigia per lui e per me. Un paio di pantaloni, una camicia e le sue scarpe; sempre i stivaletti. Lui non guardava neanche la valigia. Accompagnavo quasi sempre Alighiero per le mostre. Di solito per le mostre, Alighiero chiedeva sempre due camere, una per (Salman) ALI e una per (Alighiero) BOETTI! Solo a Milano non andavamo in albergo perché andavamo sempre da Lisa Ponti. Lei era molto gentile e organizzava sempre tante cene quando Alighiero veniva a Milano. C'era anche Pasquale Leccese e Franco Toselli. Alighiero aveva tanti amici a Milano. Ero sempre vicino a lui, nelle mostre, al ristorante o dagli amici. Pasquale (Leccese) era molto amico di Alighiero ed è molto velocemente diventato anche il mio. Ancora adesso mi piace tanto vederlo. Mi ha anche organizzato una mostra dei miei tappeti a Milano!

A volte mi dicevo che Alighiero aveva un lavoro molto strano e che capivo poco. Ma non mi facevo molte domande, era normale. E mi piaceva così. Mi piaceva molto l'atmosfera.
Durante tutti questi viaggi e alle inaugurazioni, incontravo tanta gente, e ritrovavo spesso anche con grande piacere gli assistenti di Alighiero, le persone care e tutti gli amici. Alessandra (Bonomo), Serena e Bobo (Andrea Marescalchi), Piera e Giorgio (Colombo), Fosco, Guido (Fuga), Gaia e Giorgio Franchetti, Luigi (Ontani), Giulio (Paolini), Marilena (Bonomo), Achille (Bonito Oliva), Giovan Battista (Salerno) e Ambra, Pasquale (Leccese) , Massimo (Minnini), Gian Enzo (Sperone), i Pieroni, Massimo Minini di Brescia, Sergio (Casoli), Gino (Gentile), Mimmo (Paladino), Enzo (Cucchi), e tutti gli altri!

Nel 1989 eravamo andati a Parigi per la mostra "Les Magiciens de la terre". Alighiero aveva fatto dei grandi ricami con le poesie del Sufi Berang. Era venuto anche lui. Non era mai uscito da Peshawar ed ero io che me ne occupavo lì a Parigi.

In Rome, when Alighiero talked on the phone about a trip, I would listen to where he was leaving from and for how many days, then I packed a suitcase for him and myself. A pair of trousers, a shirt, and his shoes; always his ankle boots. He didn't even look at the suitcase. I almost always went with Alighiero to the exhibitions. For the exhibitions, Alighiero almost always asked for two rooms, one for [Salman] ALI and one for [Alighiero] BOETTI! Only in Milan we didn't go to a hotel because we were always at Lisa Ponti's. She was very kind and always organised lots of dinners when Alighiero was in Milan. Pasquale Leccese and Franco Toselli were also there. Alighiero had many friends in Milan. I was always with him, at the exhibitions, in the restaurants or with friends. Pasquale [Leccese] was a great friend of Alighiero's and very soon he became mine too. I still love seeing him now. He even put on an exhibition of my rugs for me in Milan!

I sometimes used to think that Alighiero had a very strange job and I didn't understand much about it. But I didn't really think that much about it - it was just normal. And I liked it that way. I adored the atmosphere.
I met lots of people during all these trips and at the openings, and it was always a pleasure to see Alighiero's assistants, and all his loved ones and friends. Alessandra [Bonomo], Serena and Bobo [Andrea Marescalchi], Piera and Giorgio [Colombo], Fosco, Guido [Fuga], Gaia and Giorgio Franchetti, Luigi [Ontani], Giulio [Paolini], Marilena [Bonomo], Achille [Bonito Oliva], Giovan Battista [Salerno] and Ambra, Pasquale [Leccese], Massimo [Minnini], Gian Enzo [Sperone], the Pieronis, Massimo Minini from Brescia, Sergio [Casoli], Gino [Gentile], Mimmo [Paladino], Enzo [Cucchi], and all the others!

In 1989 we went to Paris for the *Les Magiciens de la terre* exhibition. Alighiero had made some large embroideries with the poems of the Sufi Berang, who was there himself. He had never been out of Peshawar and I was the one who looked after him in Paris.

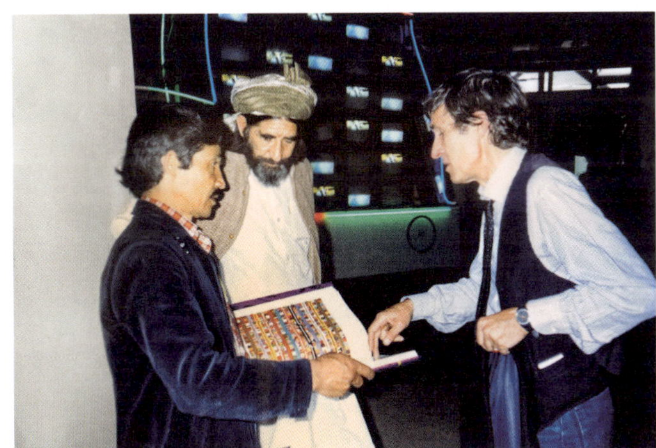

48.

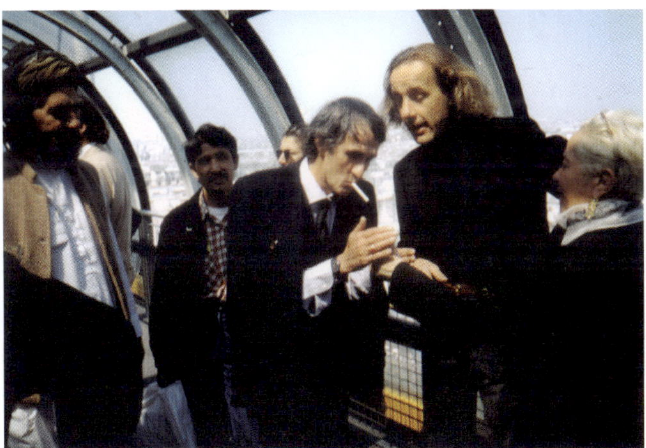

49.

48. - 49.
Salman Ali, Alighiero Boetti e il Sufi Berang e poi con Enzo Cucchi e Holly Solomon all'inaugurazione della mostra "Les magiciens de la terre" al Centre Pompidou a Parigi

48. - 49.
Salman Ali, Alighiero Boetti, and the Sufi Berang, then with Enzo Cucchi and Holly Solomon at the opening of the exhibition *Les magiciens de la terre* at the Centre Pompidou in Paris

Quando Capo era riuscito a farsi tradurre le poesie del Sufi sui ricami, era rimasto molto deluso delle poesie del Sufi Berang. Le trovava proprio brutte... non gli piacevano per niente! Gli avevo spiegato che il Sufi Berang era molto importante in Afghanistan e in Pakistan. Alighiero mi aveva risposto: "sarà molto importante in Afghanistan e in Pakistan, ma ai miei occhi non è per niente importante!". Era il Sufi Berang lo straniero e non io. Io ero quello che spiegava, aiutava e controllava.

Nel 1990 ero andato con Alighiero alla Biennale di Venezia. Questa volta non aveva preso le camere di albergo ma aveva affittato una grande casa. Anche Agata e Matteo erano venuti con noi. Alighiero aveva fatto tanti quadri che erano tutti in una sola grande sala. Era il fregio. Tanti quadri tutti attaccati in alto sui muri, uno dopo l'altro, con tanti animali che corrono e tanti colori. C'erano le pantere e altri animali. I giorni prima della inaugurazione, avevo aiutato Bobo a montare i quadri e a tagliarli così entravano preciso i tutti i muri. Sono le mie opere preferite di Alighiero. Alighiero aveva appena conosciuto Caterina (Raganelli Boetti) e non aveva voluto aspettare i risultati del concorso della Biennale ed erano ripartiti per Todi prima dell'annuncio. Alighiero aveva vinto il gran premio della Biennale. Allora siamo stati io e Laura (Cherubini) a prendere il premio. Laura teneva il premio ed io ho fatto la foto con Andreotti poi sono tornato a Roma. Forse Andreotti ha pensato che io ero Boetti!

When Capo managed to get the Sufi poems on the embroidery translated, he was very disappointed with the Sufi Berang's poems. He found them really ugly... he didn't like them a bit! I'd explained to him that the Sufi Berang was very important in Afghanistan and Pakistan. And Alighiero replied: "He may well be very important in Afghanistan and Pakistan, but as far as I'm concerned, he isn't important at all!" Sufi Berang was the stranger – not me. I was the one who explained, and helped and oversaw.

In 1990 I went with Alighiero to the Venice Biennale. That time he hadn't booked hotel rooms but had rented a large house. Agata and Matteo also came with us. Alighiero had made many paintings and they were all in one large room, forming a frieze. Lots of paintings all high up on the walls, one after the other, with countless animals running, full of colours. There were panthers and other animals. On the days before the opening, I helped Bobo hang the paintings and cut them so they all fitted exactly into the walls. They're my favourite works by Alighiero. Alighiero had just met Caterina [Raganelli Boetti] and hadn't wanted to wait for the results of the Biennale competition, and they went back to Todi before the announcement. Alighiero won the Grand Award of the Biennale. So it was Laura [Cherubini] and I who accepted the prize. Laura held the prize and I had my picture taken with Prime Minister Andreotti and then went back to Rome. Maybe Andreotti thought I was Boetti!

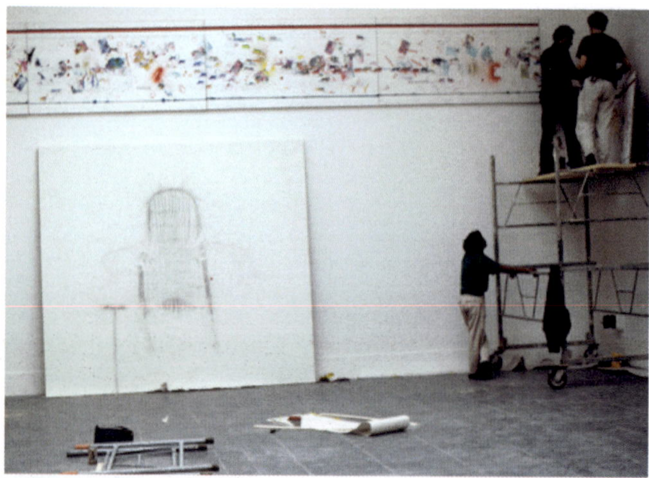

50.

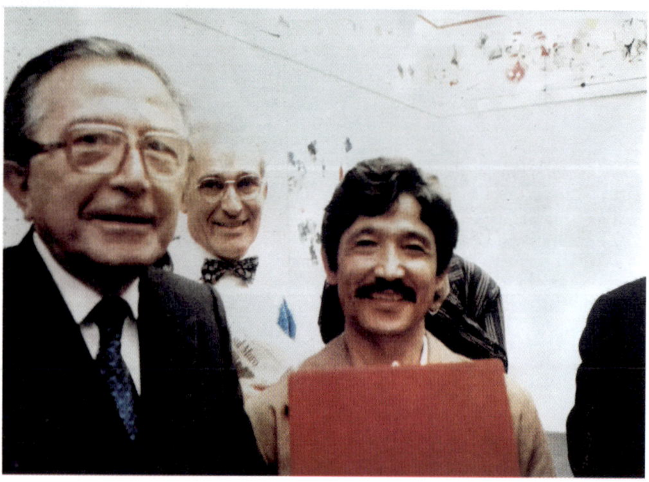

51.

50.
Salman Ali, Andrea Marescalchi (Bobo) e Luca (Pancrazzi) in pieno allestimento della sala della Biennale di Venezia 1990

50.
Salman Ali, Andrea Marescalchi (Bobo) and Luca (Pancrazzi) in preparing the room at the 1990 Venice Biennale

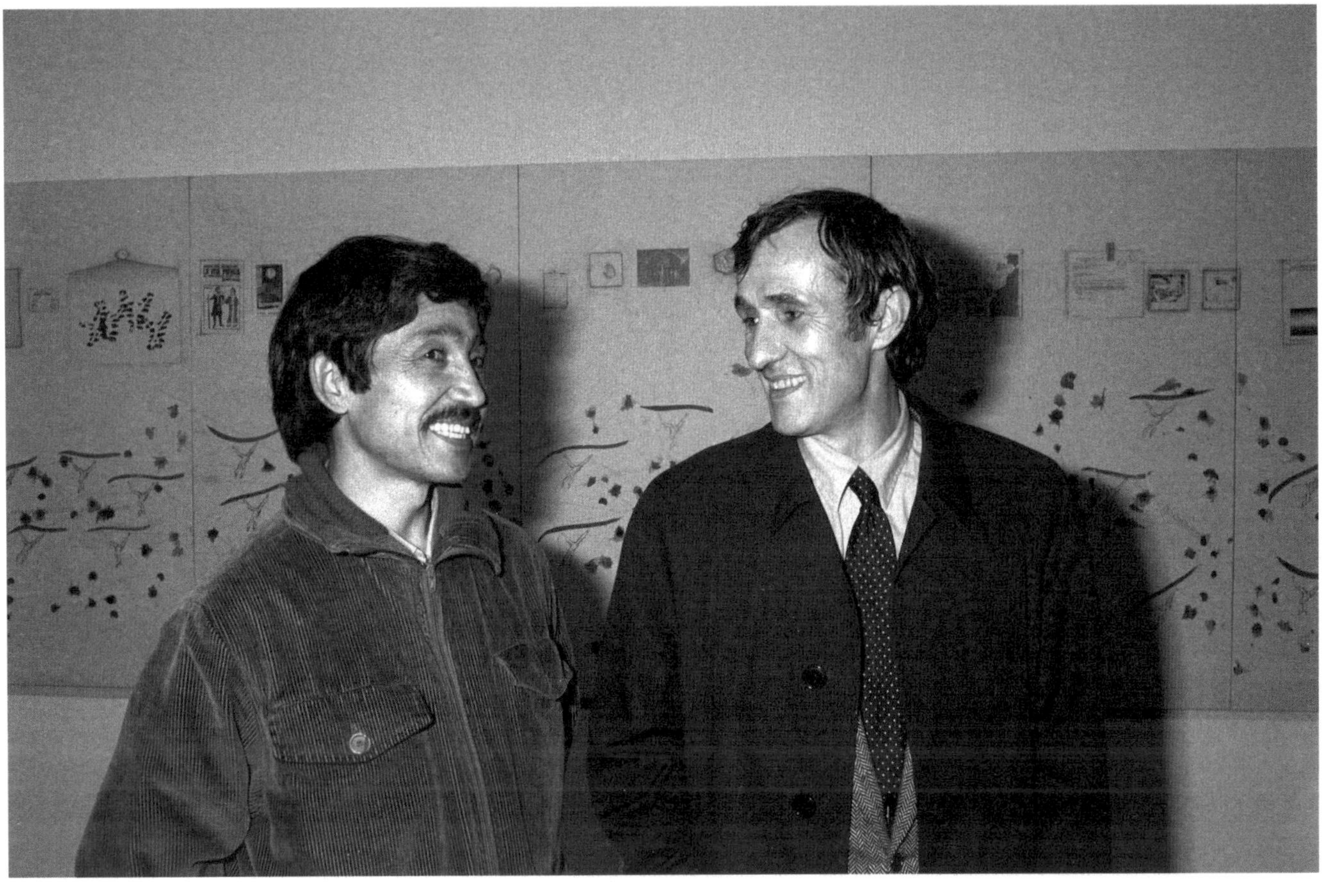

52.

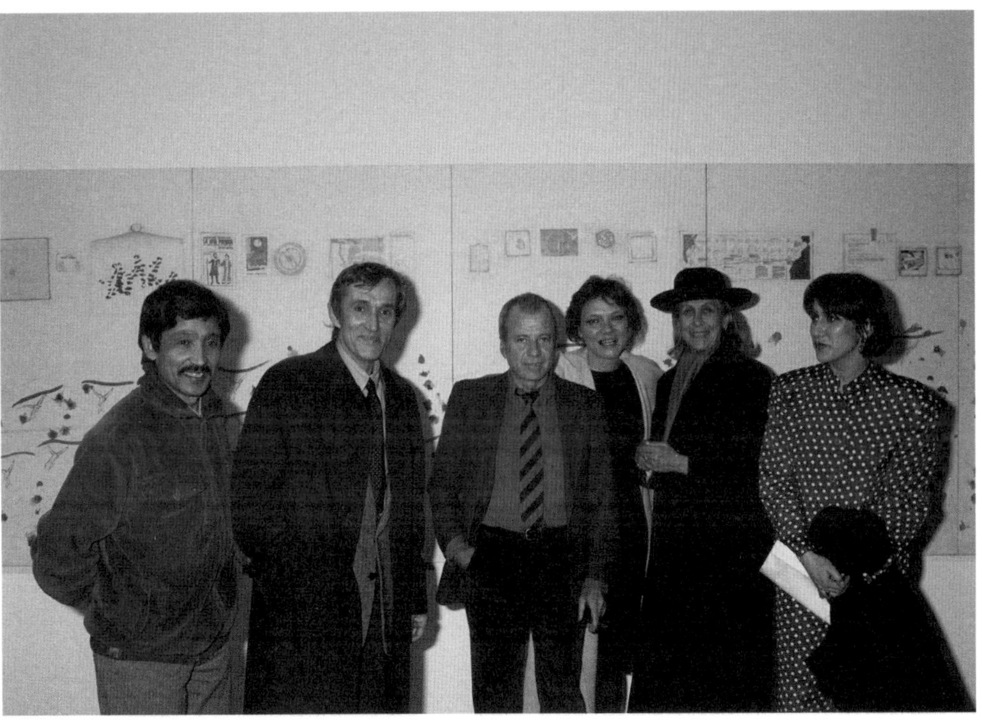

53.

51.
Salman Ali e Giulio Andreotti alla Biennale di Venezia 1990

51.
Salman Ali and Prime Minister Giulio Andreotti at the 1990 Venice Biennale

52. - 53.
Salman Ali, Alighiero Boetti, Achille Bonito Oliva, Piera Crovetti, Marilena e Alessandra Bonomo all'inaugurazione della mostra "Alighiero e Boetti" alla Galleria Christian Stein, Milano, 1987

52. - 53.
Salman Ali and Alighiero Boetti, Achille Bonito Oliva, Piera Crovetti, Marilena and Alessandra Bonomo at the opening of the *Alighiero e Boetti* exhibition at the Galleria Christian Stein, Milan, 1987

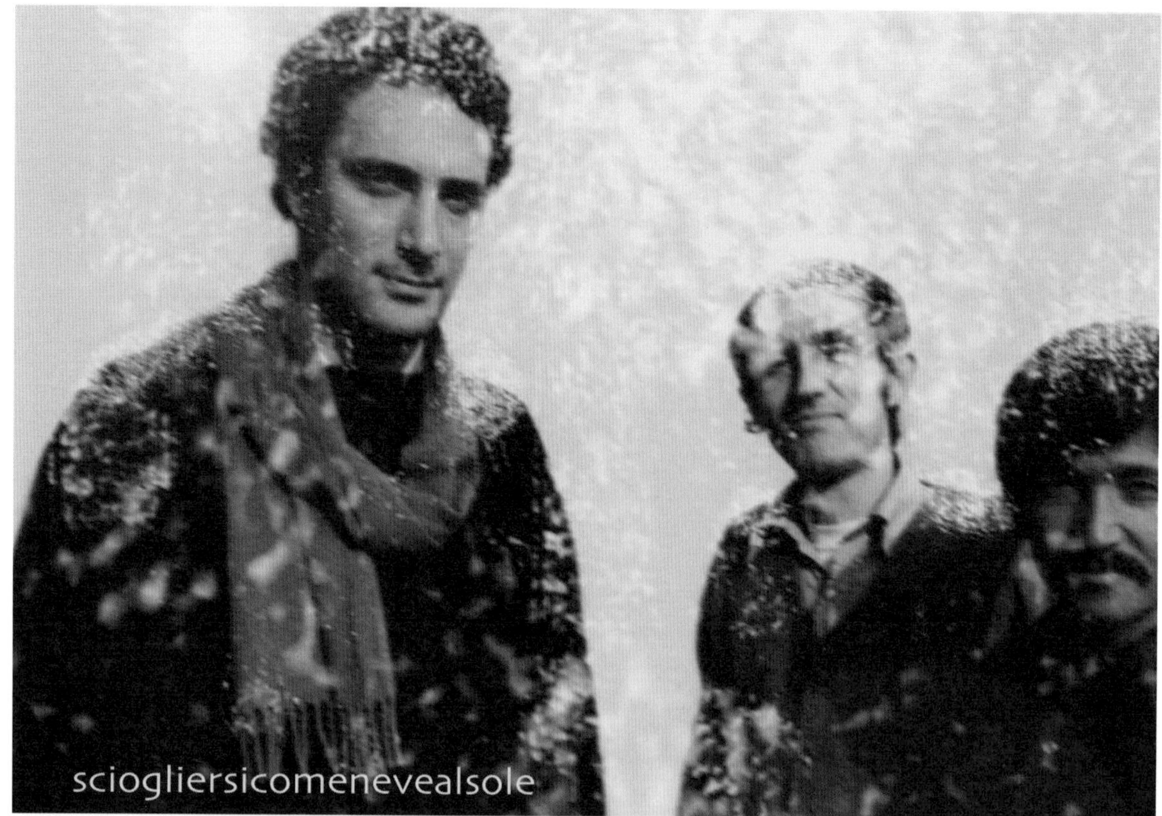

54.

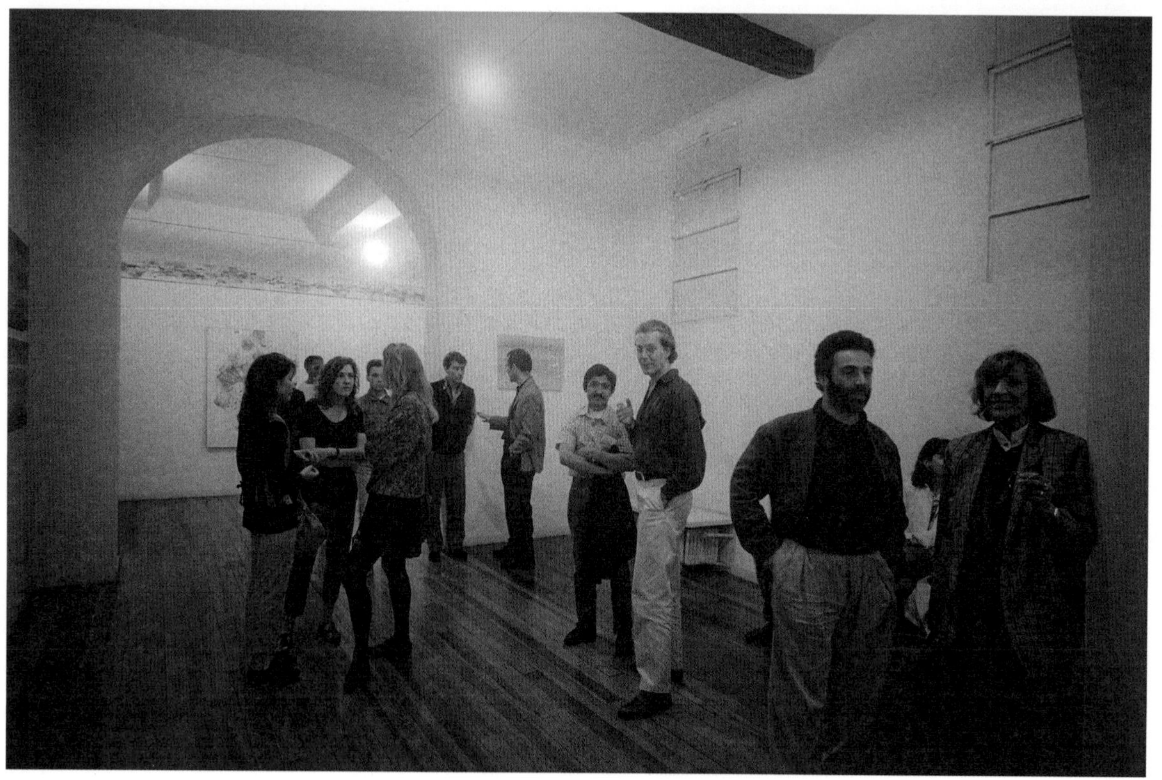

55.

54.
Rosemarie Trockel, *Ohne Titel. 12.2014, sciogliersi come neve al sole*, (Pasquale Leccese, Alighiero Boetti e Salman Ali fotografati da Fosco Valentini, Roma 1984)

54.
Rosemarie Trockel, *Ohne Titel. 12.2014, sciogliersi come neve al sole*, (Pasquale Leccese, Alighiero Boetti and Salman Ali photographed by Fosco Valentini, Roma 1984)

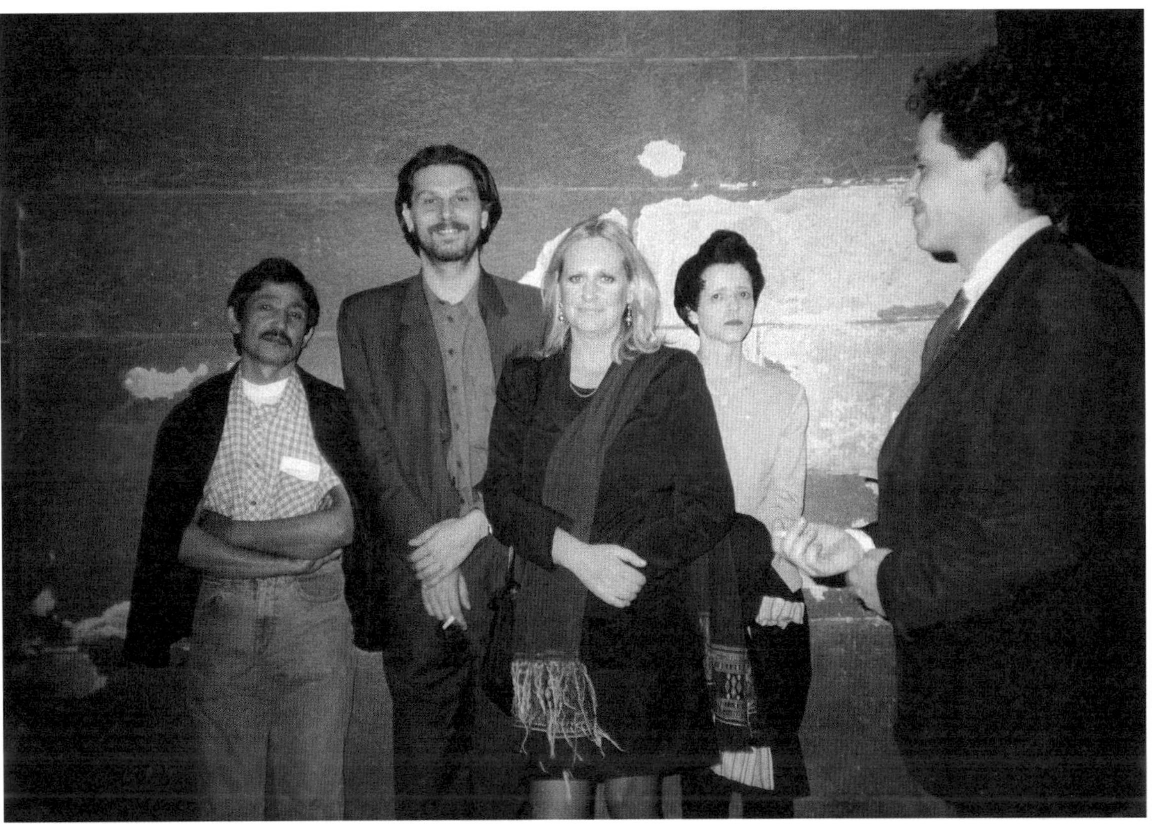

56.

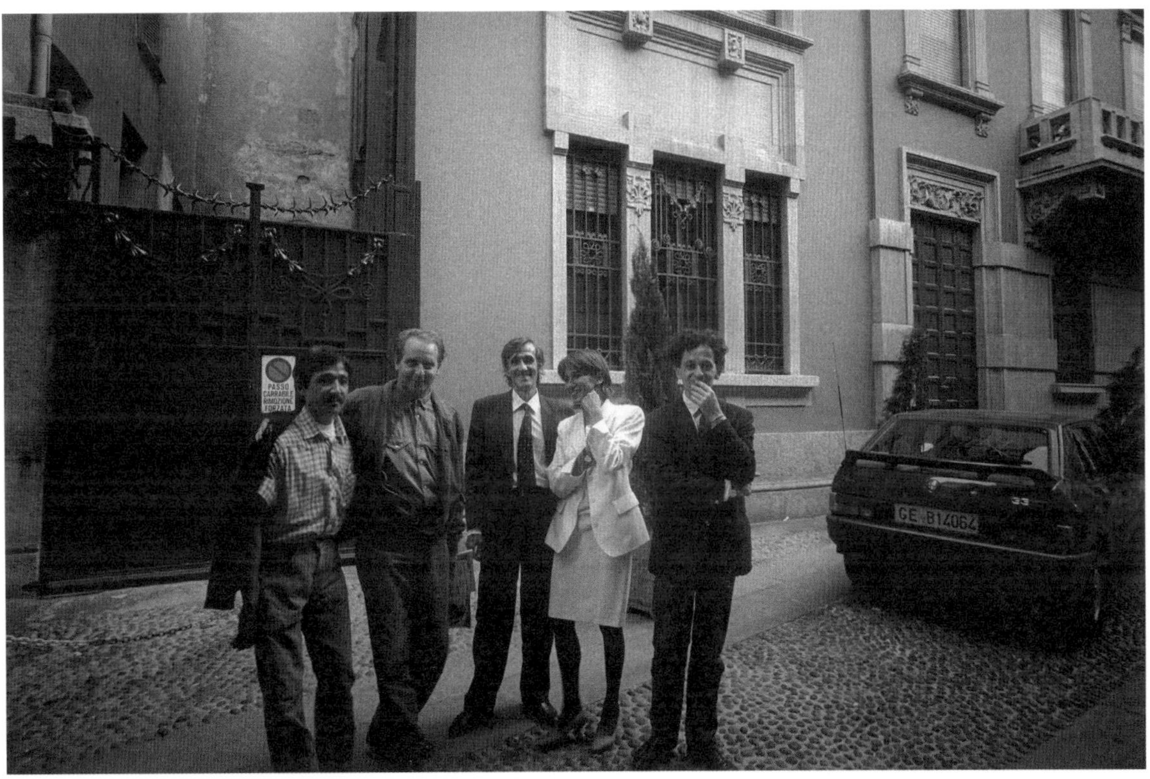

57.

55. - 57.
Salman Ali, Alessandra Bonomo, Guido Fuga, Giovan Battista Salerno, Ambra Ceriani, Andrea Marescalchi (Bobo) e Fosco Valentini all'inaugurazione della mostra "Alighiero Boetti – Cieli ad alta quota" alla galleria Franco Toselli a Milano, 1989

55. - 57.
Salman Ali, Alessandra Bonomo, Guido Fuga, Giovan Battista Salerno, Ambra Ceriani, Andrea "Bobo" Marescalchi and Fosco Valentini at the opening of the exhibition *Alighiero Boetti – High altitude skies* at the Franco Toselli gallery in Milan, 1989

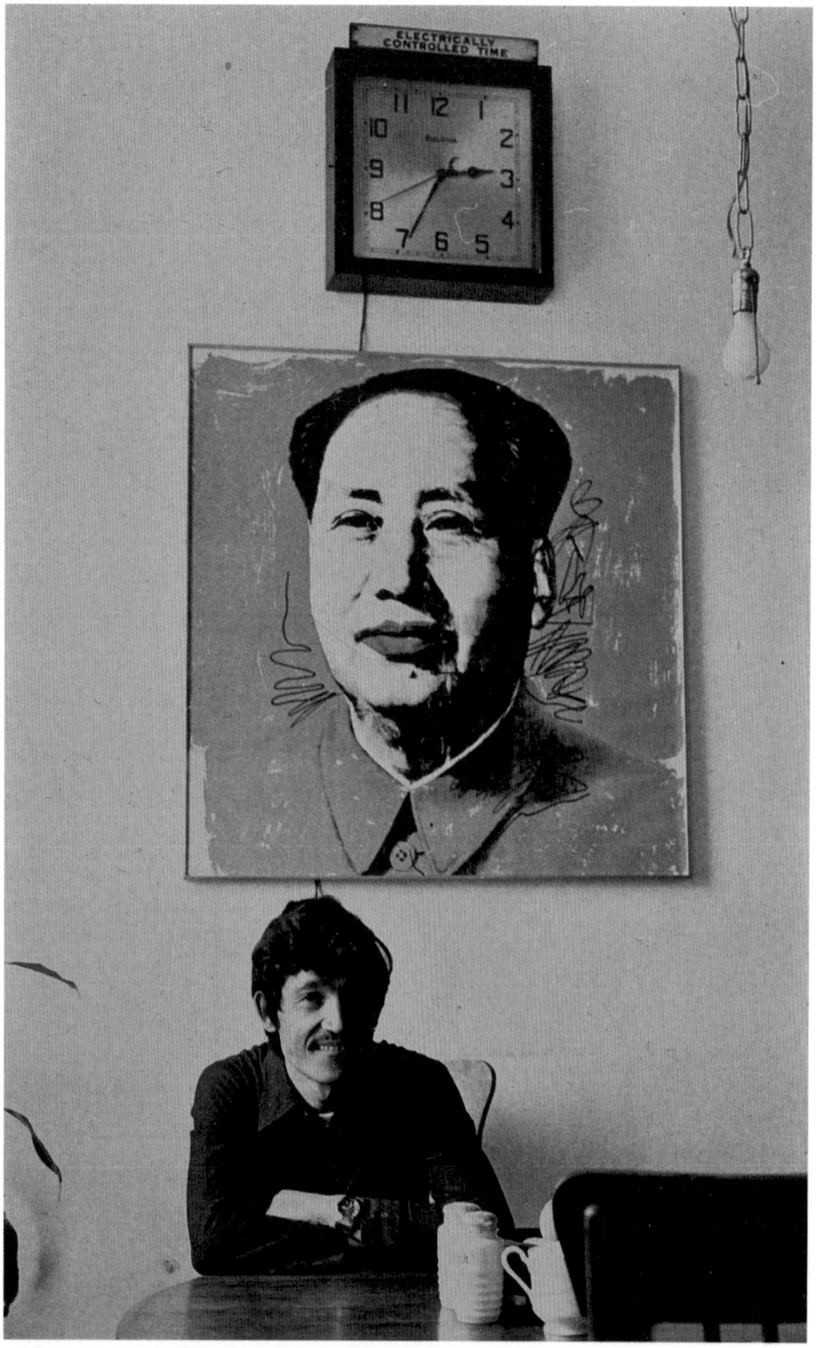

58.

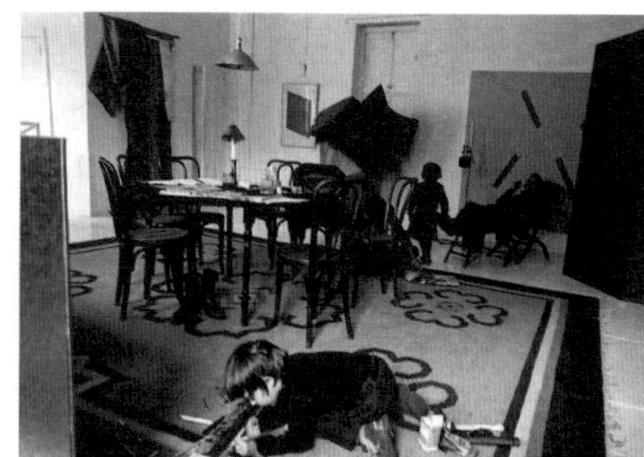

59.

58.
Salman Ali a New York, 1975

58.
Salman Ali in New York, 1975

59.
Alighiero Boetti, Agata e Matteo Boetti con Salman Ali a New York nel 1975

59.
Alighiero Boetti, and Agata and Matteo Boetti with Salman Ali, New York, 1975

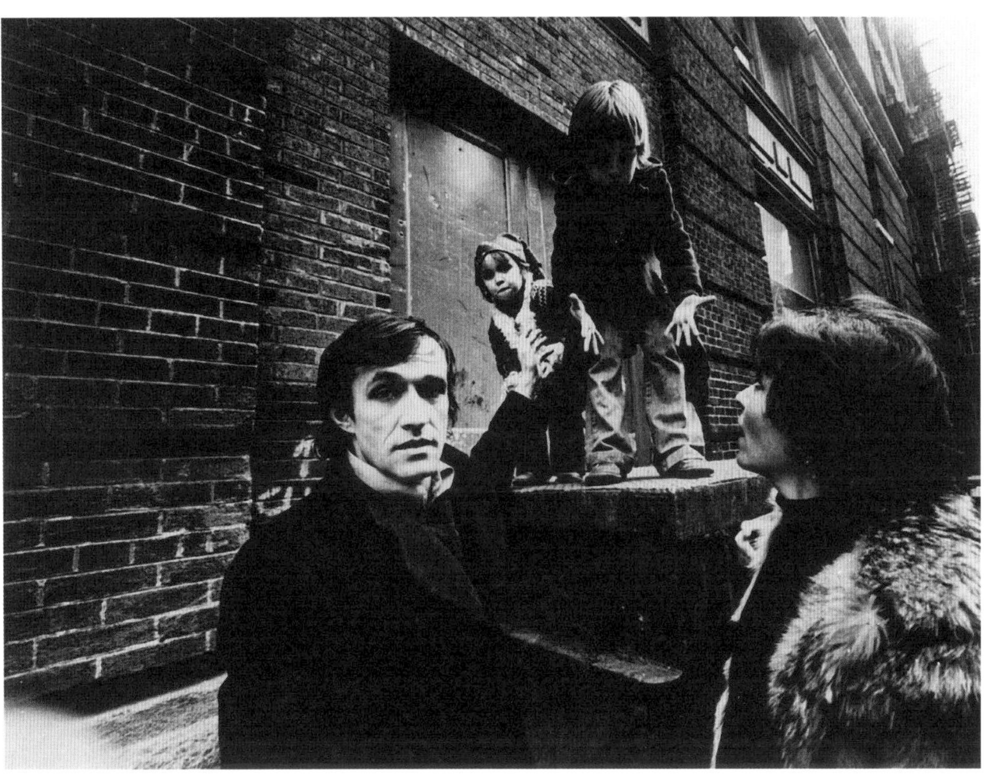

60.

Il più bel viaggio in assoluto che ho fatto con Alighiero è quando siamo andati a New York nel 1975 per tre mesi. Eravamo noi cinque ma era venuto con noi anche Bruno (Corà). Alighiero faceva una mostra da John Weber e John aveva prestato un bell'appartamento ad Alighiero per poter lavorare qualche mese prima della mostra e stare con la famiglia. Era l'inverno e c'era molta neve a New York. I bambini andavano in un asilo qualche giorno a settimana, Annemarie scriveva e aveva tanti appuntamenti per i suoi libri e faceva anche l'assistente di Alighiero ed io lo aiutavo. Il pomeriggio andavamo a spasso e guardavamo i grattacieli. John ci aveva anche prestato una casa in campagna tutta di legno. La sera cenavamo tutti insieme, anche con Bruno. Gianfranco (Gorgoni) veniva spesso a fare delle foto. È il più bel viaggio che ho fatto perché era il più lungo, poi c'era tutta la famiglia, eravamo tutti e cinque insieme.

Se penso al mio periodo preferito con Alighiero e per le sue opere era quando stava in studio a Santa Maria. Faceva cose belle con Marco Tirelli e Fosco. C'era piu allegra. Poi c'è anche stato un po' all'inizio al Pantheon con il tavolo da ping pong.
Ma gli anni più belli che ho passato con Alighiero sono stati quando c'era Annemarie e Alighiero. Con Annemarie c'era la regola. La vita era più stabile. Eravamo una vera famiglia. Alighiero mi diceva che un giorno ero entrato nella famiglia e facevo parte della famiglia. E non ne sono mai restato fuori.

The best trip I ever went on with Alighiero was when we went to New York for three months in 1975. There were the five of us, and Bruno [Corà] came too. Alighiero was putting on an exhibition at John Weber's and John had lent Alighiero a nice apartment so he could work there for a few months before the exhibition and be with his family. It was winter and there was a lot of snow in New York. The children went to a kindergarten a few days a week, Annemarie wrote and had many appointments for her books, and was also Alighiero's assistant, and I helped him too. In the afternoons we went out for a stroll and looked at the skyscrapers. John had also lent us a house in the country, all made of wood. In the evening we all had dinner together, with Bruno. Gianfranco [Gorgoni] often came to take photos. It was the best trip I went on, because it was the longest, and the whole family was there. We were all five of us together.

When I think about my best time with Alighiero, and with his works, it was when he was in the studio in Santa Maria. He made some beautiful things with Marco Tirelli and Fosco. It was all very cheerful. Then there was also the time early on at the Pantheon, with the ping-pong table. But the best years I spent with Alighiero were when Annemarie and Alighiero were there. There was order when Annemarie was there. Life was more stable. We were a real family.
Alighiero used to say that one day I'd joined the family and I was part of the family. And I was never left out.

60.
Alighiero Boetti, Annemarie Sauzeau Boetti, Agata e Matteo Boetti, New York, 1975

60.
Alighiero Boetti, Annemarie Sauzeau Boetti, and Agata and Matteo Boetti, New York, 1975

Dal 1973 non sono mai tornato in Afghanistan. Ero felice di stare in Italia e facevo tanti viaggi con Alighiero e la famiglia. Avevo trovato il mio posto. L'Afghanistan mi mancava solo un po' per la mia famiglia. Allora Alighiero mi ha proposto di andare con lui a Kabul. Certamente non per tornare a vivere a Kabul, ma per fare un viaggio insieme per un mese e mezzo. Lui aveva tante cose da fare a Kabul ed io potevo approffitare per stare un po' con la mia famiglia perché c'erano stati dei grandi problemi con la politica. Quando siamo partiti, non avrei mai pensato che quando sarei tornato, anni e anni dopo, più niente sarebbe stato uguale.

Fino a quel soggiorno, per i ricami, Alighiero faceva direttamente con Dastaghir. Poi quando siamo andati insieme questa volta, Alighiero mi ha detto che dovevo parlare io con Dastaghir e fare l'intermediario. Da quel momento ero io a spiegare a Dastaghir le regole per ogni serie di ricami, come si dovevano comportare con le ricamatrici, quanto tempo ci dovevano mettere e se dovevano comprare i fili. Seguivo io tutte le lavorazioni dei ricami. In quegli anni, Alighiero non lavorava più con Fatima e Abiba per fare i ricami. Dava i ricami a Dastaghir da fare e ci pensava lui. La moglie di Dastaghir ricamava molto per Capo e si faceva aiutare dalle donne della sua famiglia, amiche e vicine di casa.

È da quel momento che Alighiero ha cominciato a far lavorare anche la mia famiglia per fare i ricami. Certi ricami erano fatti dalla famiglia di Dastaghir e conoscenze di Dastaghir, certi dalla mia.
Durante quel soggiorno, io e Alighiero siamo andati a casa della mia famiglia, in campagna fuori Kabul. Alighiero ha domandato a Iqbal e a mio padre se le mie quattro sorelle e le altre donne della nostra famiglia volevano lavorare per lui e fare i ricami. Ovviamente erano d'accordo. Allora Alighiero ha spiegato a Iqbal e a mio padre come si facevano i ricami e quali erano le regole. Poi Iqbal e mio padre lo dovevano spiegare alle mie sorelle e alle altre donne.
Alighiero aveva portato dei tessuti già disegnati e pronti per essere ricamati. C'erano delle mappe e dei ricami con le lettere.
Capo li ha dati a Iqbal da ricamare. Alighiero dava sempre un po' di soldi prima. Alighiero ha detto che sarebbe stata la mia famiglia ad occuparsi di trovare i fili. Lui dava il nome della marca e il nome della scatoletta dei colori e loro li compravano con i soldi che Capo gli lasciava. All'inizio quando portava i tessuti da ricamare, portava anche già dei fili. Ma poi non erano mai abbastanza dunque ne dovevano ricomprare. Per quello Alighiero lasciava il nome della marca e dei colori.

Quando Alighiero ed io parlavamo dei ricami da fare con Iqbal e mio padre, abbiamo pensato tutti insieme che la regola che ogni diversa lettera ha un colore era un po' scomoda. Di certi colori, restavano troppi fili e che c'era

I never went back to Afghanistan after 1973. I was happy to be in Italy and went on lots of trips with Alighiero and his family. I'd found my place. I only missed Afghanistan a bit because of my family. So Alighiero suggested I go with him to Kabul. Certainly not to go back and live in Kabul, but rather to travel around for a month and a half. He had so many things to do in Kabul, so I'd have time to be with my family for a while because there'd been some big political problems.
When we left, I never thought that, all those years later, everything would be so different.

Until that stay, Alighiero had dealt directly with Dastaghir for the embroideries. Then, when we went together that time, Alighiero told me that I was to talk to Dastaghir myself as an intermediary. From that moment on, it was I who gave Dastaghir the instructions for each set of embroideries, how they were to behave with the embroiderers, how long they were to take and if they should buy the threads. I followed the entire work of the embroidery. In those years, Alighiero no longer worked with Fatima and Abiba on the embroideries. He gave the embroidery that needed to be done to Dastaghir and he took care of it. Dastaghir's wife did a lot of embroidery for Capo and had the women in her family, and her friends and neighbours help her.

That was when Alighiero also began to have my family work on the embroidery. Some works were made by Dastaghir's family and acquaintances, and others by mine.
During that stay, Alighiero and I went to my family's home in the countryside outside Kabul. Alighiero asked Iqbal and my father if my four sisters and the other women in our family wanted to work for him and do embroidery. And, of course, they agreed. So Alighiero explained to Iqbal and my father how to do the embroidery and what the rules were. Then Iqbal and my father explained it all to my sisters and the other women.
Alighiero had brought fabrics that were already drawn and ready to be embroidered. There were some maps and embroideries with letters.
Capo gave them to Iqbal to have them embroidered. Alighiero always gave some money up front. Alighiero said that my family would be responsible for finding the threads. He gave the name of the brand and the name of the box of colours, and they bought them with the money that Capo left them. Initially, when he was brought the fabrics to be embroidered, he also brought the threads. But then there were never enough so they had to buy more. That's why Alighiero left the name of the brand and of the colours.

When Alighiero and I talked with Iqbal and my father about the embroidery to be done, we all decided that the rule that each letter should have its own was a bit unwieldy. Too many threads of some colours remained and there was too much waste! So at that point Alighiero said: "We'll leave it

61.
A casa di Salman Ali in Afghanistan, anni '80

61.
At Salman Ali's home in Afghanistan, 1980s

troppo spreco! Allora a quel punto Alighiero ha detto: "Lasciamo fare a loro per scegliere i colori per i ricami con le lettere e le lettere dei bordi delle *Mappe*!". Da quel giorno, non c'era più la regola per i colori delle lettere. (questa regola era che ogni lettera aveva lo stesso colore in tutto il ricamo. Tutte le A di un colore, tutte le M di un altro per esempio) Le lettere avevano adesso i colori a caso, scelti dalle donne che ricamavano (a parte certi ricami molto precisi che Alighiero voleva con la regola).

La maggior parte delle *Mappe* avevano i bordi ricamati a metà in italiano e metà in farsi. Per la scritta in farsi, certe volte chiedeva direttamente quando era in Afghanistan di scriverla quando Alighiero veniva a controllare; ma invece le altre scritte Alighiero la faceva fare a Roma, spesso da Bijan, un suo amico artista iraniano. In certi bordi di *Mappe*, Capo parlava di me! In una mappa, sopra c'è scritto: Alighiero Boetti spense la sua sigaretta nell'anno 1363. Sotto c'è scritto: Salman Ali, giovane, intelligente e allegro, ricorda la Mappa del mondo.
In un'altra mappa sopra c'è scritto: Salman Ali non vide mai sua madre e a volte la rammenta.
Ancora in un'altra mappa, sopra c'è scritto: Alighiero Boetti era accanto a Salman Ali nel 1363. A sinistra c'è scritto: Salman Ali era accanto ad Alighiero nel 1983.
Nei bordi di certe mappe, ci sono i ricordi...

Durante quel viaggio, Alighiero aveva portato i due grandi ricami *I mille fiumi più lunghi del mondo* da ricamare. Uno tutto in bianco, l'altro tutto in verde. Molto belli. Erano molto particolari questi due ricami e Alighiero ha voluto subito affidarli alla mia famiglia. Prima di partire per Kabul, mi aveva fatto vedere e regalato un libro dei fiumi. La copertina del libro era un ricamo di Alighiero. Non avevo capito perché avevano fatto questo grosso lavoro con Annemarie ma il libro era molto bello.

to them to choose the colours for the embroideries with the letters and for the letters on the edges of the *Maps*!" From then on, there was no longer any rule about the colours of the letters. (this rule had been that each letter should be of the same colour throughout the embroidery. All the A's in one colour, all the M's in another, for example). The letters now had random colours, chosen by the women who embroidered them (apart from some very precise embroideries for which Alighiero wanted the rule to be respected).

Most of the *Maps* had borders embroidered half in Italian and half in Farsi. For the writing in Farsi, he sometimes asked directly when he was in Afghanistan to write it when Alighiero came to check; but Alighiero had the other writings done in Rome, often by Bijan, an Iranian artist friend of his. On the edges of some *Maps*, Capo mentioned me!
In one map, at the top it says: Alighiero Boetti put out his cigarette in the year 1363. And below: Salman Ali, young, intelligent and cheerful, remembers the Map of the world.
On another map, at the top it says: Salman Ali never saw his mother and at times remembers her.
On yet another, a top it says: Alighiero Boetti was next to Salman Ali in 1363. And on the left: Salman Ali was next to Alighiero in 1983. On some maps, there are memories along the edges...

On that trip, Alighiero had brought two large embroideries, *The Thousand Longest Rivers in the World*, to be embroidered. One all in white, the other all in green. Really beautiful. These two embroideries were very special, and Alighiero immediately wanted to entrust them to my family. Before leaving for Kabul, he showed me and gave me a book on rivers. The cover of the book was one of Alighiero's embroideries. I hadn't understood why they did all this work with Annemarie, but the book was gorgeous.

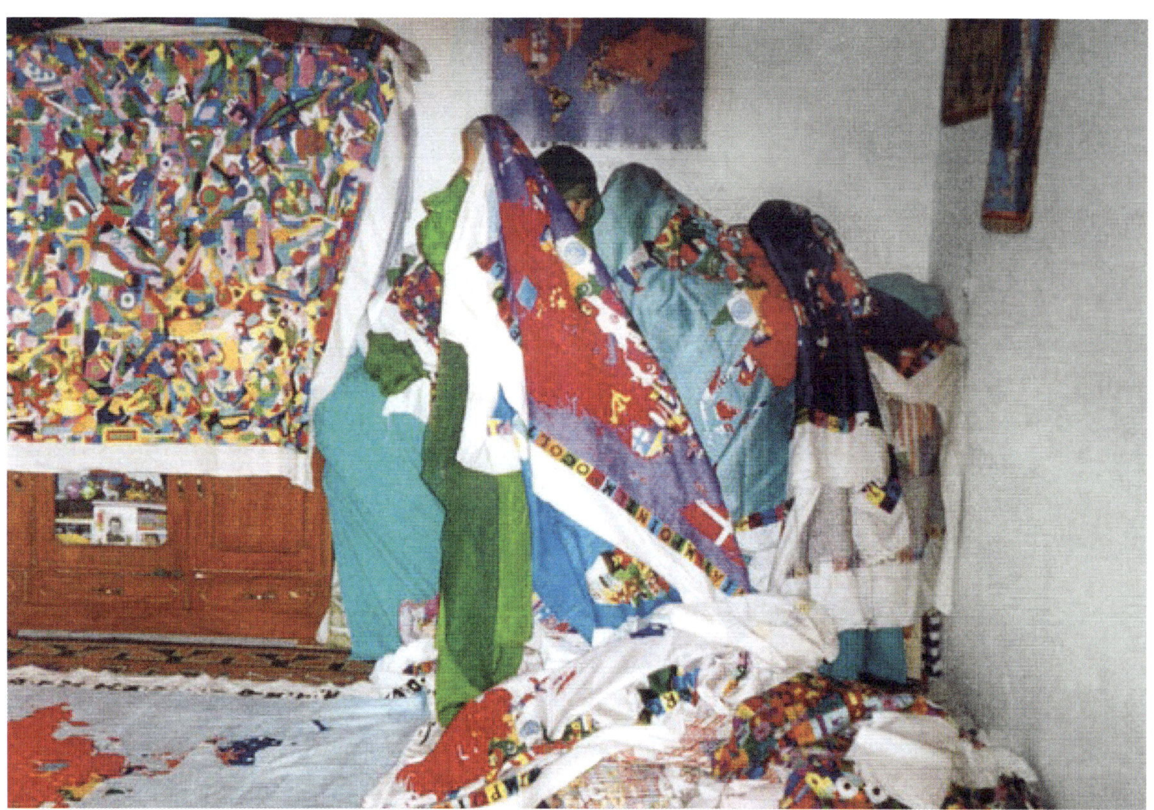

61.

Alighiero affidava alla mia famiglia anche delle mappe da ricamare. Le regole per ricamare le mappe erano uguali a quelle che Alighiero aveva dato a Fatima e Abiba e poi a Dastaghir. Anche le donne della mia famiglia avevano ricevuto un planisfero colorato con i pennarelli per potere vedere e capire meglio con che colore ricamare ogni forma di paese.
Per le donne, che non conoscevano il planisfero e le carte geografiche, e che dunque non riconoscevano i paesi in quei disegni, c'erano due grandi macchie: la blu e la rossa. Il mare e la Russia. Su una delle mappe, l'unico colore non indicato con il pennarello era il colore del mare. Avevano già ricamato delle mappe e sempre questa macchia (il mare) era disegnata in blu. Siccome nessun colore era indicato, avranno sicuramente pensato che potevano, anche in questo caso, loro scegliere il colore come per i ricami con le lettere. Allora in una mappa hanno fatto il mare rosa! Quando Alighiero ha scoperto la *Mappa* con il mare rosa, ho avuto paura che si voleva arrabbiare con la mia famiglia perché avevano fatto un grande errore. Invece no. Alighiero ha fatto una faccia strana. Era stupito e poi anche contento. Lui non ci avrebbe mai pensato! La *Mappa* era bella così! Tutti gli uomini fanno errori, solo Allah non ne fa!

Era strano tornare a Kabul dopo così tanti anni. Io ero cambiato, in sei anni avevo imparato e visto tantissime cose. A Kabul ero diventato importante per la mia famiglia e i vicini di casa. Erano tutti venuti a vedere "quello che era tornato a casa ma che viveva all'estero e che manda sempre soldi per tutta la famiglia"!

A Kabul, Alighiero doveva mettere a posto dei problemi con il One Hotel. Bisognava metterlo a norma del governo. Allora Alighiero era andato dal proprietario del palazzo per parlargli di questo problema. Prima di andarci, Alighiero aveva fatto fare dei preventivi. Ci volevano 2.000 dollari per rimettere a posto il One Hotel. Quando Alighiero ne ha parlato con il proprietario, lui non ha volute dare i soldi. Allora Alighiero ha proposto di anticipare i soldi per fare i lavori poi il proprietario le poteva scalare dai prossimi affitti. Ma il proprietario non ha voluto sapere nulla. Allora il One Hotel ha chiuso perché non poteva più ricevere dei clienti senza fare questi lavori.
Alighiero era triste.

Durante quel soggiorno, si sentiva che l'atmosfera in Afghanistan non era più la stessa. Dopo l'ultimo colpo di stato, c'era molta tensione. In poco tempo, abbiamo capito che il pericolo e la guerra arrivavano. Io ero molto preoccupato. Alighiero era disperato. C'era tanto casino. Annemarie aveva chiamato Alighiero per dirgli che l'ambasciata a Roma gli aveva detto che doveva tornare velocemente perché la situazione diventava pericolosa. Infatti è rimasto meno del previsto.

Alighiero also entrusted some maps to my family to be embroidered. The rules for embroidering the maps were the same as those he had given to Fatima and Abiba, and later to Dastaghir. Also the women in my family had received a planisphere coloured with felt tip pens, so they could see exactly which colour to use for each country.
For the women, who didn't know about planispheres and maps, and so didn't recognise the countries in them, there were two large patches: blue and red. The oceans and Russia. On one of the maps, the only colour and not indicated with the felt tip pen was that of the sea. They had already embroidered some maps and this patch (the sea) had been blue. Since no colour had been indicated, they must have thought that, here too, they could choose the colour themselves, like for the letters. So in one map, they coloured the sea pink! When Alighiero found the *Map* with the pink sea, I was afraid he'd be angry with my family because they made a great mistake. But not at all. Alighiero made a strange face. He was surprised, but also pleased. He would never have thought of that! The *Map* was just beautiful! All humans make mistakes – only Allah doesn't.

It was strange going back to Kabul after so many years. I'd changed, in six years I'd learnt and seen so much. In Kabul, I'd become important for my family and neighbours. They all came out to see "the one who's come back home but who lived abroad and always sends money for the whole family"!

In Kabul, Alighiero had to sort out some problems at the One Hotel. It had to be brought up to official government code. So Alighiero went to the owner of the building to discuss the matter. Before going, he'd had some estimates made. It would cost 2000 dollars to do the work When Alighiero told the owner, he didn't want to put up the money. So Alighiero offered to advance the money himself, and the owner could deduct it from the next rental payments. But the owner didn't want anything to do with the idea. So the One Hotel closed down, because it couldn't take in guests without doing these works.
Alighiero was sad.

During their stay, one could feel the atmosphere in Afghanistan had changed. After the last coup, there was great tension. We soon realised that danger and war were coming. I was really worried. Alighiero was desperate. It was a real mess. Annemarie called Alighiero to tell him the embassy in Rome had told him he had to get back quickly because the situation was precipitating. And indeed, he cut his stay short.

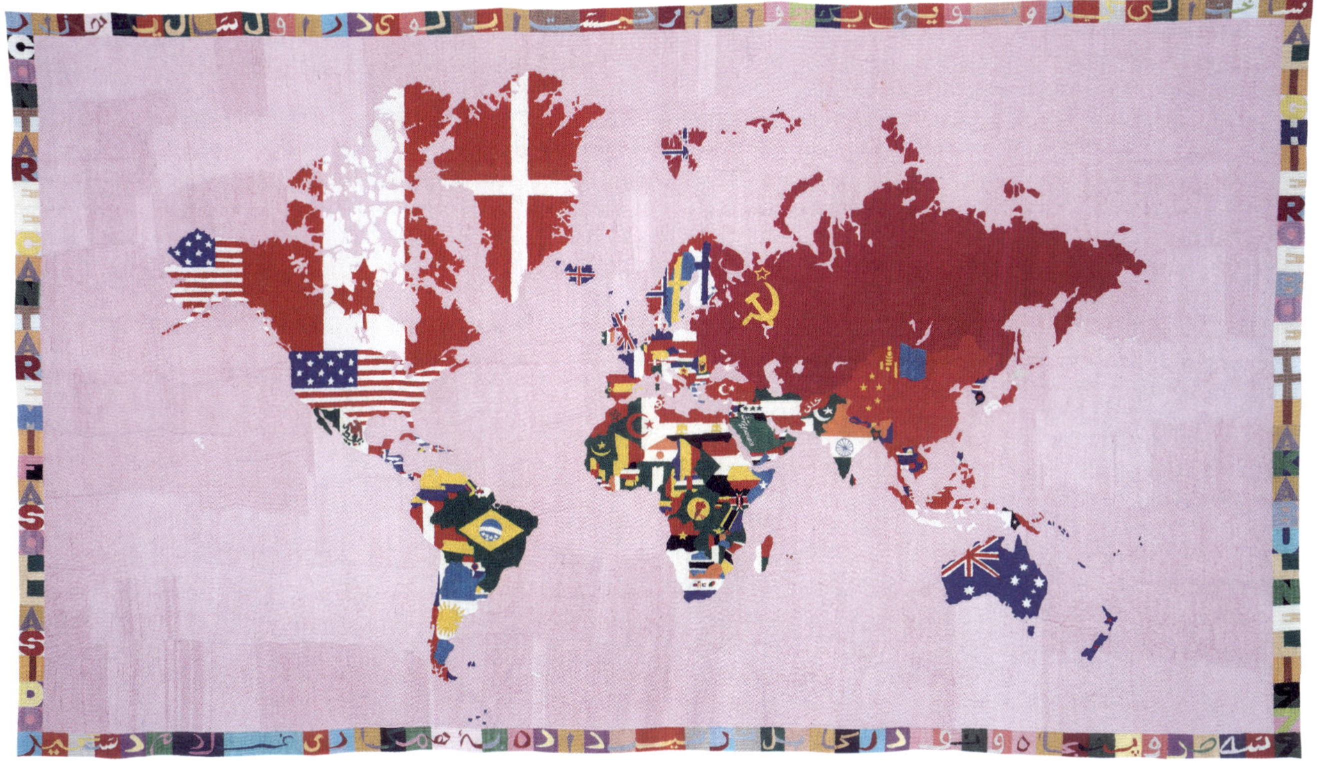

62.

62.
Alighiero Boetti,
***Mappa*, 1979**

62.
Alighiero Boetti,
Mappa, 1979

Io dovevo aspettare per fare il visto e dei documenti. Avevo paura per la mia famiglia e volevo restare per rassicurare la mia famiglia e sopratutto mio padre. Purtroppo, un giorno mi hanno detto che non c'erano più i voli all'aeroporto e che gli afghani non potevano più uscire dal paese. Avevano chiuso le frontiere. Alighiero mi diceva che dovevo scappare in un'altra maniera. Era molto preoccupato per me.
Alighiero non riusciva a farmi fare i documenti per uscire dal paese senza permessi. Aveva chiamato tanta gente ma non era possibile. Per due anni, ho aspettato dei nuovi voli per ripartire in Italia. Speravo che andava meglio e che potevo uscire da Kabul normalmente. Ma c'era la guerra. Questa guerra non era ancora organizzata dunque ognuno proteggeva la propria casa, villaggio o regione. Io per qualche tempo in campagna, proteggevo la casa di mio padre con il fucile da caccia. Ero molto triste.
Alighiero mi mancava. Anche Annemarie, Agata, Matteo, Roma, la mia nuova vita in Italia mi mancava tanto. Volevo tornare.
Era molto difficile parlare con Alighiero al telefono. Non c'era il telefono da mio padre e bisognava andare da un'altra parte per telefonare. Era pericoloso. Un giorno, sono riuscito a parlare con Alighiero e mi ha dato tanto coraggio per partire. Mi aveva detto che dovevo raggiungere l'Iran e poi aveva organizzato tutto. Ho capito che era l'unica possibilità e che lo dovevo fare e non potevo più aspettare. È quello che ho fatto.
Quando sono partito qualche mese dopo, ero molto triste e preoccupato per la mia famiglia. Eravamo quasi alla fine del 1981. Mio padre aveva paura ma era rassicurato che avrei ritrovato Alighiero. Era Dio che mi aveva mandato Alighiero nella mia vita.
Sono andato in Iran in autobus. Degli autobus non ufficiali. Kabul-Teheran in autobus. A Teheran, Alighiero mi aveva

I had to wait to get my visa and documents. I was afraid for my family and wanted to stay, to reassure them, and my father in particular. Unfortunately, one day they told me there were no more flights out and Afghans could no longer leave the country. They'd closed the borders. Alighiero told me I had to escape by some other route. He was very worried for me.
Alighiero couldn't manage to get me my documents to leave the country without a permit. He'd called lots of people but it wasn't possible. But two years, I waited for new flights so I could go back to Italy. I hoped things would get better and I'd be able to leave Kabul normally. But there was a war on. The wall wasn't yet organised, so everyone sought safety in their own home, village, or region. For some time, I protected my father's house in the countryside with a shot gun. I was very sad.
I missed Alighiero. And Annemarie, Agata, Matteo, and Rome too, and I missed my new life in Italy terribly. I wanted to go back.
It was very difficult talking with Alighiero on the phone. There was no phone at my father's house and I needed to go out to make a call. It was dangerous. I did manage to talk with Alighiero one day, and he gave me lots of courage to leave. He told me I'd have to get to Iran and then he'd organise everything. I realised that was my only chance – I had to go, and couldn't wait any longer. And that's what I did.
I was very sad, and worried for my family, when I left a few months later. This was almost at the end of 1981. My father was afraid, but he was reassured by the fact that I'd be with Alighiero again. It was God who sent Alighiero into my life.
I went to Iran by bus. Unofficial buses. Kabul-Tehran by bus. In Teheran, Alighiero had given me the phone

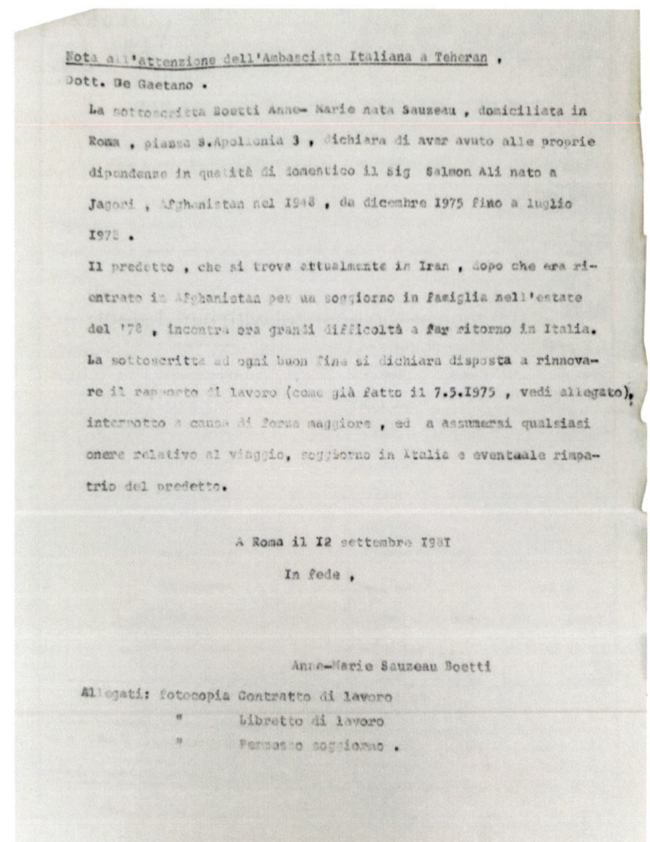

Nota all'attenzione dell'Ambasciata Italiana a Teheran .

Dott. De Gaetano .

La sottoscritta Boetti Anne- Marie nata Sauzeau , domiciliata in Roma , piazza S.Apollonia 3 , dichiara di aver avuto alle proprie dipendenze in qualità di domestico il sig Salmon Ali nato a Jagori , Afghanistan nel 1948 , da dicembre 1975 fino a luglio I978 .

Il predetto , che si trova attualmente in Iran , dopo che era rientrato in Afghanistan per un soggiorno in famiglia nell'estate del '78 , incontra ora grandi difficoltà a far ritorno in Italia. La sottoscritta ad ogni buon fine si dichiara disposta a rinnovare il rapporto di lavoro (come già fatto il 7.5.1975 , vedi allegato), interrotto a causa di forza maggiore , ed a assumersi qualsiasi onere relativo al viaggio, soggiorno in Italia e eventuale rimpatrio del predetto.

A Roma il I2 settembre I98I

In fede ,

Anne-Marie Sauzeau Boetti

Allegati: fotocopia Contratto di lavoro
" Libretto di lavoro
" Permesso soggiorno .

63.

dato il numero di telefono di Carlo, il fratello di Mariangela (De Gaetano). Lavorava all'Ambasciata Italiana a Teheran. Alighiero lo aveva chiamato diversi mesi prima e gli aveva spiegato tutto. Ho dovuto aspettare nove mesi per fare i documenti a Teheran. Poi, Carlo mi ha fatto il visto e comprato il biglietto con i soldi che Annemarie e Alighiero gli avevavo mandato.
Prima di salire sull'aereo, pensavo che ero venuto a Kabul solo per qualche mese di vacanza e tornavo da questo soggiorno a luglio 1982... tre anni dopo.
Da Kabul, non ero riuscito a chiamare Alighiero per dirgli che stavo finalmente per partire da Teheran per poi arrivare a Roma.

A Teheran, Carlo mi aveva prestato il suo telefono per avvertire Alighiero. Avevo provato a chiamare tante volte sul numero di telefono di casa a Santa Maria per dire che stavo per partire dall'Iran ma nessuno rispondeva. Poi ho capito che eravamo a luglio e l'estate la famiglia stava a Vernazza.
Sono dunque finalmente partito dall'Iran e sono arrivato a Roma.

Nessuno sapeva che ero arrivato. Ero così felice! Avevo tanta voglia di rivedere Alighiero! Allora sono arrivato a Roma a Piazza Sant'Apollonia. Non avevo più le chiavi di casa e bussavo ma non c'era nessuno.
Allora sono andato da Mariangela che abitava molto vicino. Mi ha detto che la famiglia era a Vernazza. Mi ha detto sopratutto che Alighiero aveva avuto un gravissimo incidente di macchina e stava in ospedale a La Spezia. Ero contento di rivedere Mariangela. Anche lei. Poi ha chiamato Annemarie per dirgli che ero arrivato a Roma. Annemarie era molto stupita e felice! Annemarie ha detto a Mariangela di prestarmi i soldi per comprare il biglietto del treno per arrivare a La Spezia. Alighiero mi aspettava. Quando sono arrivato in ospedale, mi sono molto emozionato di rivedere Alighiero. Anche Alighiero era commosso. Mi ha detto che ha avuto paura che ero morto ed era felice di ritrovarmi. Era come ritrovare un fratello, mi diceva. Poveraccio, Capo era tutto rotto e tutto ingessato. Un gesso su tutto il corpo! Gli potevo massaggiare solo dei pezzi di corpo per fargli un po' di bene. Non stava bene né con il corpo né con la testa. Aveva molto male ed era anche molto triste. Annemarie non voleva più vivere con lui. Alighiero era molto molto triste di questo.
Appena ritrovato Alighiero, non lo lasciavo più. Stavo in ospedale tutto il tempo con lui. Dormivo in ospedale vicino a lui. Annemarie e i bambini erano già tornati a Roma. Quando è potuto uscire dall'ospedale, Alighiero ed io siamo partiti in ambulanza per andare in una clinica a Roma, in via Boccea. Annemarie aveva organizzato tutto. Dopo qualche giorno in clinica, Alighiero ha chiamato Fedele, il proprietario del suo nuovo appartamento in

number of Carlo, Mariangela [De Gaetano]'s brother. He worked at the Italian embassy in Tehran. Alighiero had called him some months before and had explained everything. I had to wait nine months to get my documents in Tehran. Then Carlo got a visa for me and bought a ticket with money that Annemarie and Alighiero had sent him.
Before getting on the plane, I thought about how I'd gone to Kabul for just a few months' holiday, and was returning in July 1982 and... three years later.
I hadn't managed to call Alighiero from Kabul to say I was finally leaving for Tehran, on my way to Rome.

In Tehran, Carlo lent me his friends so I could tell Alighiero. I'd tried calling the number at the house in Santa Maria countless times to say I was about to leave Iran, but got no reply. Then I realised it was July, and the family would be in Vernazza for the summer.
So at last I left Iran and arrived in Rome.

Nobody knew I was there. I was so happy. I couldn't wait to see Alighiero again! So I went to Piazza Sant'Apollonia in Rome. I no longer had the keys, and I knocked, but no one was there.
So I went to Mariangela who lived nearby. She told me the family were at Vernazza. And, especially, she told me Alighiero had had a terrible car accident and was in hospital in La Spezia. I was happy to see Mariangela again. She was, too. Then she called Annemarie to tell her I'd arrived in Rome. Annemarie was very surprised and happy! She asked Mariangela to lend me some money for the train ticket to La Spezia. Alighiero was waiting for me.
When I got to the hospital, I was so thrilled to see Alighiero again. Alighiero, too, was emotional. He told me he'd been afraid I was dead, and he was happy to see me again. Like finding a long-lost brother, he said. Poor fellow, Capo was all broken up and in plaster. His whole body in plaster! I could massage only some bits of his body to make him feel a bit better. He wasn't well in either body or mind. He was in great pain and was also very sad. Annemarie no longer wanted to live with him. That's why Alighiero was so, so sad.
Once I'd found Alighiero again, I wouldn't leave him. I spent all the time at the hospital with him. I slept near him in the hospital. Annemarie and the children were already back in Rome. When he was able to leave the hospital, Alighiero and I went by ambulance to the clinic in Via Boccea, in Rome. Annemarie had arranged everything.
After a few days in the clinic, Alighiero called Fedele, the owner of his new apartment in Via Fratelli Bandiera, in the old part of Monteverde. He'd found the apartment before leaving for Vernazza, but hadn't yet taken his stuff.

63.
Lettera inviata da Annemarie Sauzeau Boetti all'Ambasciata Italiana a Teheran, 1981

63.
Letter sent by Annemarie Sauzeau Boetti to the Italian Embassy in Tehran, 1981

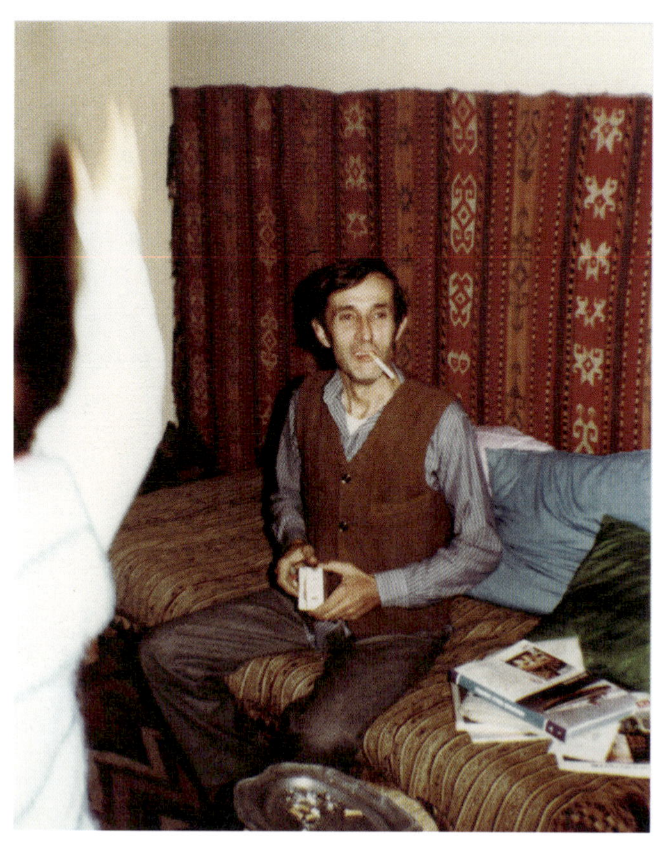

64.

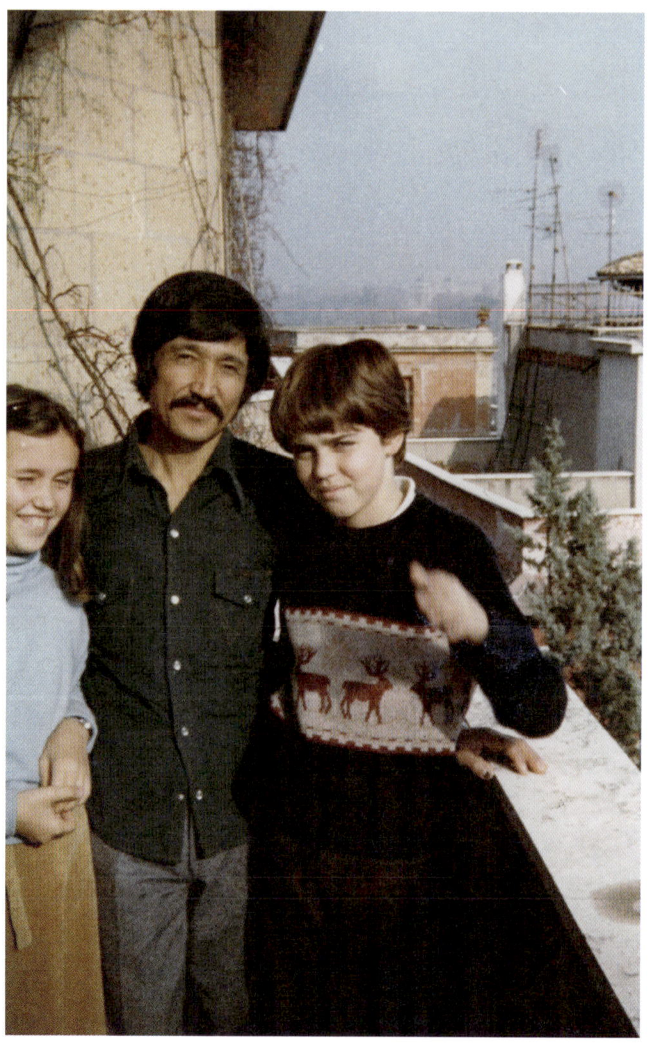

65.

64.
Alighiero Boetti nella sua nuova casa in via Fratelli Bandiera, Monteverde, Roma, 1983

64.
Alighiero Boetti in his new home in Via Fratelli Bandiera, Monteverde, Rome, 1983

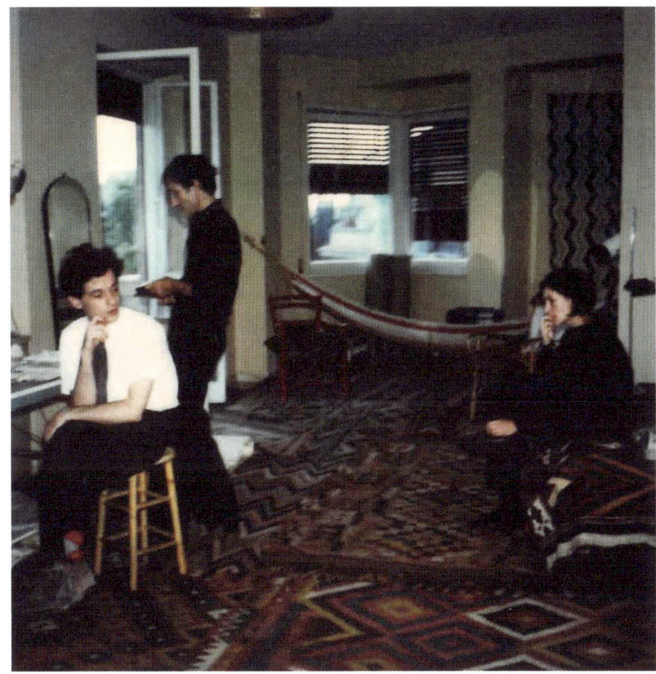

66.

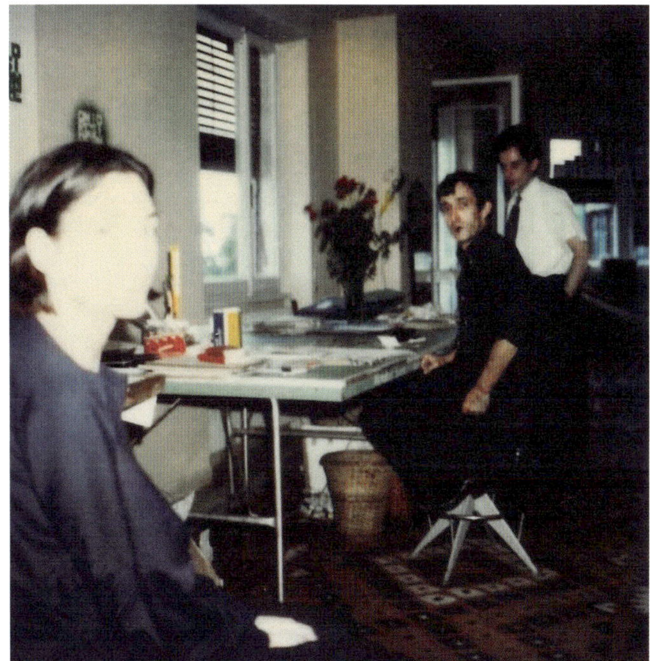

67.

via Fratelli Bandiera, a Monteverde Vecchio. Aveva trovato quest'appartamento prima di partire per Vernazza ma non aveva ancora portato le sue cose. Alighiero ha spiegato a Fedele che sarei andato io in quell'appartamento per cominciare a preparare la casa e che mi doveva dare le chiavi.
Quando ero partito per Kabul, avevo lasciato una bella situazione, una casa, una famiglia, con allegria e felicità. Da quando ero tornato, la situazione non era più la stessa. Era un brutto periodo per Alighiero. Era molto molto triste. Aveva pochissimi soldi. Prima di partire per l'Afghanistan, era anche morta sua madre Adelina. Era lontano da Annemarie e i bambini. Gli mancava tanto la famiglia.

Quando è uscito dalla clinica e arrivato nella nuova casa, abbiamo messo pian piano a posto. I bambini venivano spesso. In quel periodo non c'era nessuno che veniva a trovarlo. Tutto solo. Tutto vuoto. Solo (Franz) Paludetto a Torino lo chiamava e gli dava un po' di soldi.
In quel periodo Alighiero mi aveva detto che dovevo andare a Torino per portare i ricami dei mille fiumi a Paludetto per venderli.

Quando Alighiero e Alessandra (Bonomo) hanno trovato lo studio al Pantheon, Capo ha ritrovato il sorriso. Era molto bello quello studio. Alighiero ci stava bene. Era il posto giusto dopo il brutto periodo. In quel momento Alighiero era ancora rotto. In studio non riusciva molto a lavorare perché aveva troppo mal di schiena. Allora chiamava

Alighiero told Fedele that I'd be going to the apartment to start getting it ready, and that he was giving me the keys. When I'd left for Kabul, I left behind a wonderful situation – a home and a family – of great joy and happiness. When I came back, it wasn't like that any more. It was a tough time for Alighiero. He was very sad. He'd run out of money. Before leaving for Afghanistan, his mother Adelina had also died. He was far from Annemarie and the children. He missed his family so much.

When he left the clinic and came to the new apartment, we gradually fixed it up. The children often came. During that period, no one else came to see him. All alone, All empty. Only [Franz] Paludetto called him from Turin and gave him some money.
During that period, Alighiero told me he needed to go to Turin to take the embroideries with the thousand rivers to Paludetto to sell them.

When Alighiero and Alessandra [Bonomo] found the studio at the Pantheon, Capo found his smile again. It was a lovely studio and Alighiero was happy to be there. It was the right place after a tough time. Alighiero was still broken up in that period. He wasn't able to work much in the studio because he had such a bad back. So he called Rinaldo to have him prepare some maps. Then he rushed them to Kabul so my family could embroider them. For these works, at least, he didn't hurt his back too much.

65.
Salman Ali, Agata e Matteo Boetti nella casa in via Fratelli Bandiera, 1983

65.
Salman Ali, and Agata and Matteo Boetti in the house in Via Fratelli Bandiera, 1983

66. - 67.
Alighiero Boetti, Andrea Marescalchi (Bobo) e Serena Bencini nella nuova casa di Alighiero Boetti in via Fratelli Bandiera, 1983-84

66. - 67.
Alighiero Boetti, Andrea "Bobo" Marescalchi, and Serena Bencini in Alighiero Boetti's new home in Via Fratelli Bandiera, 1983-84

Rinaldo per preparare qualche mappa. Poi le mandava veloce a Kabul dalla mia famiglia da ricamare. Almeno per questi lavori non si faceva male alla schiena.
Io avevo ritrovato il mio posto normale vicino ad Alighiero. All'epoca era difficile avere dei contatti con l'Afghanistan. Alighiero mi domandava se pensavo all'Afghanistan e, se ero triste, mi portava al ristorante. Mi diceva di guardare le sue opere perché c'era molto dell'Afghanistan nelle sue opere. Da quel momento e fino alla fine, sono sempre restato vicino a lui. Non c'era più l'idea della famiglia ma io con Alighiero, sempre insieme, senza parlare. Lui diceva: "mi segui". Io lo seguivo. Non parlavamo, ma parlavamo con gli occhi. Continuavo a accompagnarlo per i viaggi e le mostre. Ero sempre in studio a controllare e aspettare se Alighiero aveva bisogno di qualcosa. Facevo le stesse cose che facevo nell'altro studio.
C'era tanta gente che passava. C'era di nuovo un po' di allegria, anche con il tavolo da ping pong. C'erano tanti assistenti, quelli di prima e anche dei nuovi e anche Massimo (Mininni) era venuto a lavorare in studio come segretario. Massimo lavorava nella stanzetta vicino all'entrata. Alighiero aveva domandato al falegname di fare un palco così sopra ci aveva messo un letto. Ci dormiva a volte. Massimo è stato molto bravo con Capo e fino alla fine. È per me una persona importante. In quegli anni, Alighiero non aveva più contatti con Dastaghir. Era riapparso solo gli ultimi anni di Alighiero. Continuava ancora a dare dei ricami da fare alla mia famiglia a Kabul, ma ne voleva fare molti di più. L'Afghanistan non era ancora sicuro.

I was back in my normal place, next to Alighiero.
It was hard to make contact with Afghanistan in those days. Alighiero asked me if I'd thought about Afghanistan and, when I was sad, he would take me to a restaurant. He told me to look at his works, because there was a lot of Afghanistan in them.
I stayed close to him from that moment on, right until the end. There was no longer the idea of a family, but just me and Alighiero, always together, without talking. He used to say: "follow me". And I followed him. We didn't speak, but we spoke with our eyes. I carried on going with him on trips and for exhibitions. I was always in the studio, waiting, and seeing if Alighiero needed something. I did the same things I'd done in the other studio.
Lots of people came by. There was some cheerfulness again, also around the ping-pong table. There were lots of assistants – the ones from before, and also new ones – and also Massimo [Mininni] came to work in the studio as a secretary. Massimo worked in the little room by the entrance. Alighiero had asked the carpenter to make an intermediate floor, and put a bed there. Sometimes he'd sleep there. Massimo was wonderful with Capo, all the way to the end. He's a very important person for me.
In those years, Alighiero no longer had contacts with Dastaghir. He reappeared only in Alighiero's final years. He continued giving my family in Kabul embroideries to make, but he wanted far more. Afghanistan wasn't safe yet.

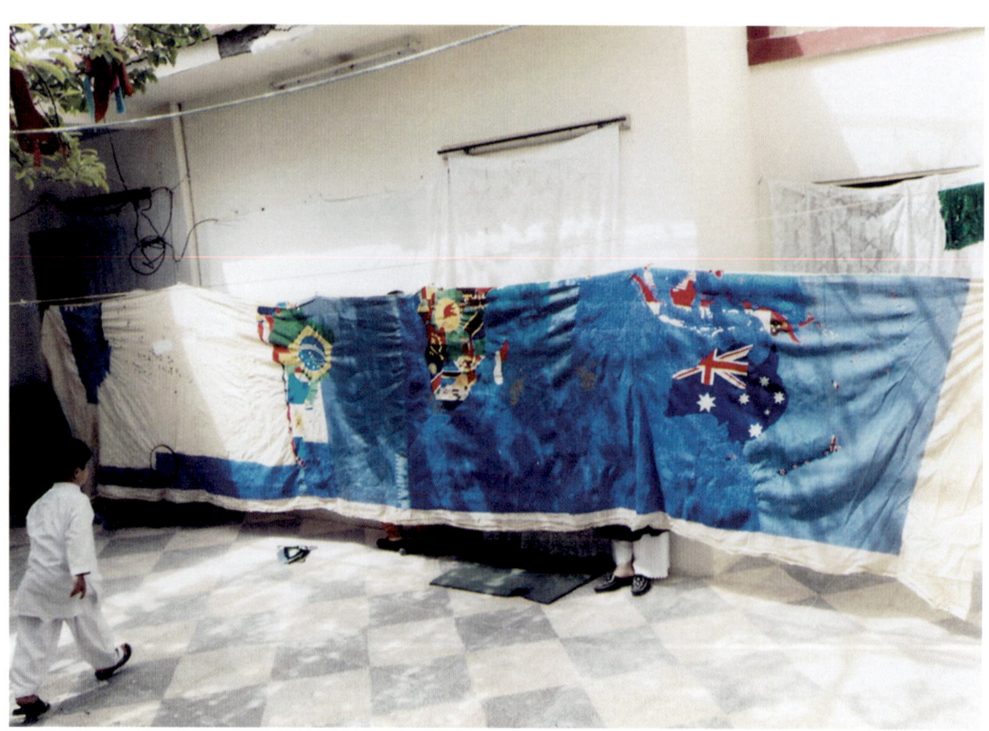

68.

68.
Una *Mappa* in preparazione nella casa di Salman Ali in Afghanistan, inizio anni '90

68.
A *Map* being prepared in Salman Ali's home in Afghanistan, early 1990s

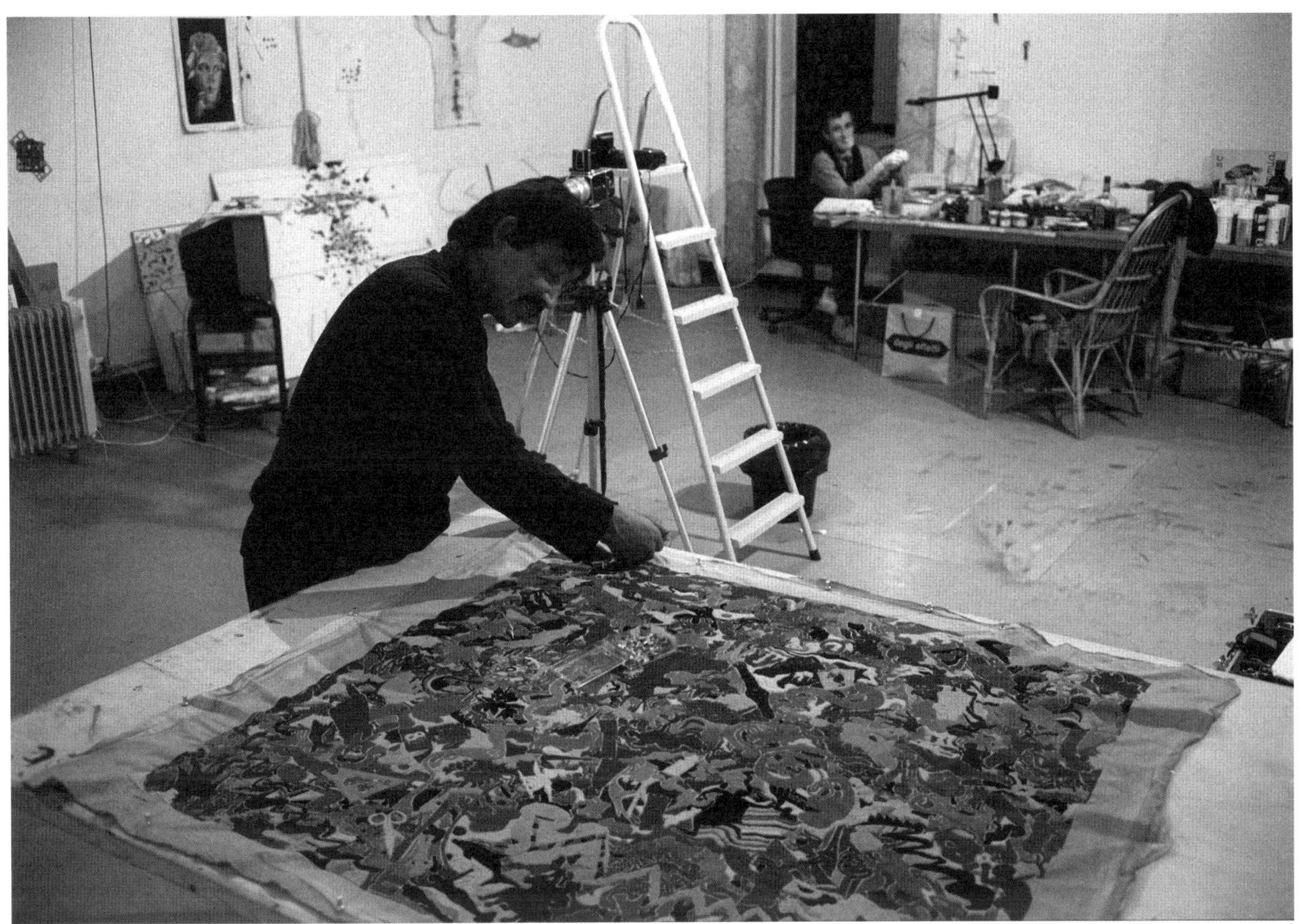

69.

69.
Salman Ali e Alighiero Boetti nello studio del Pantheon, 1988

69.
Salman Ali and Alighiero Boetti in the Pantheon studio, 1988

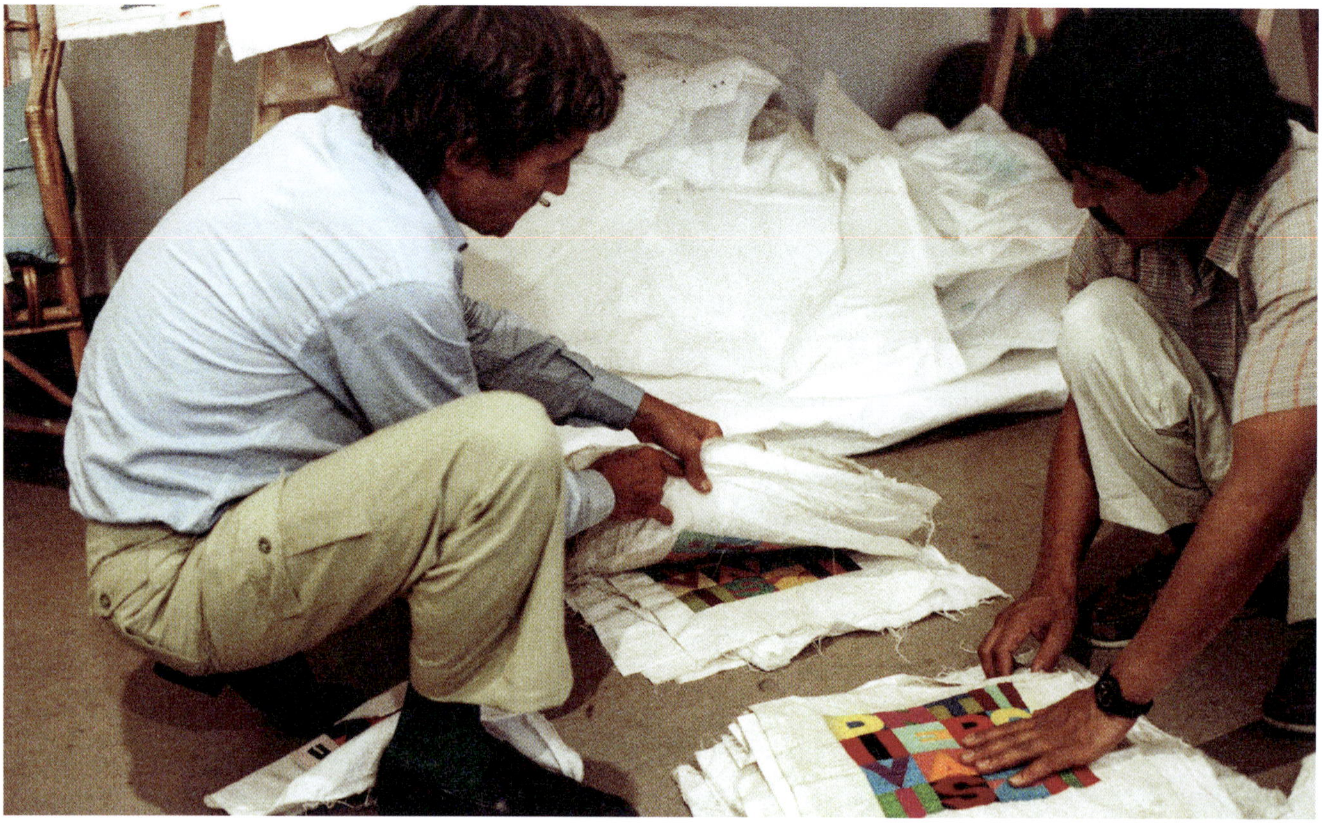

70.

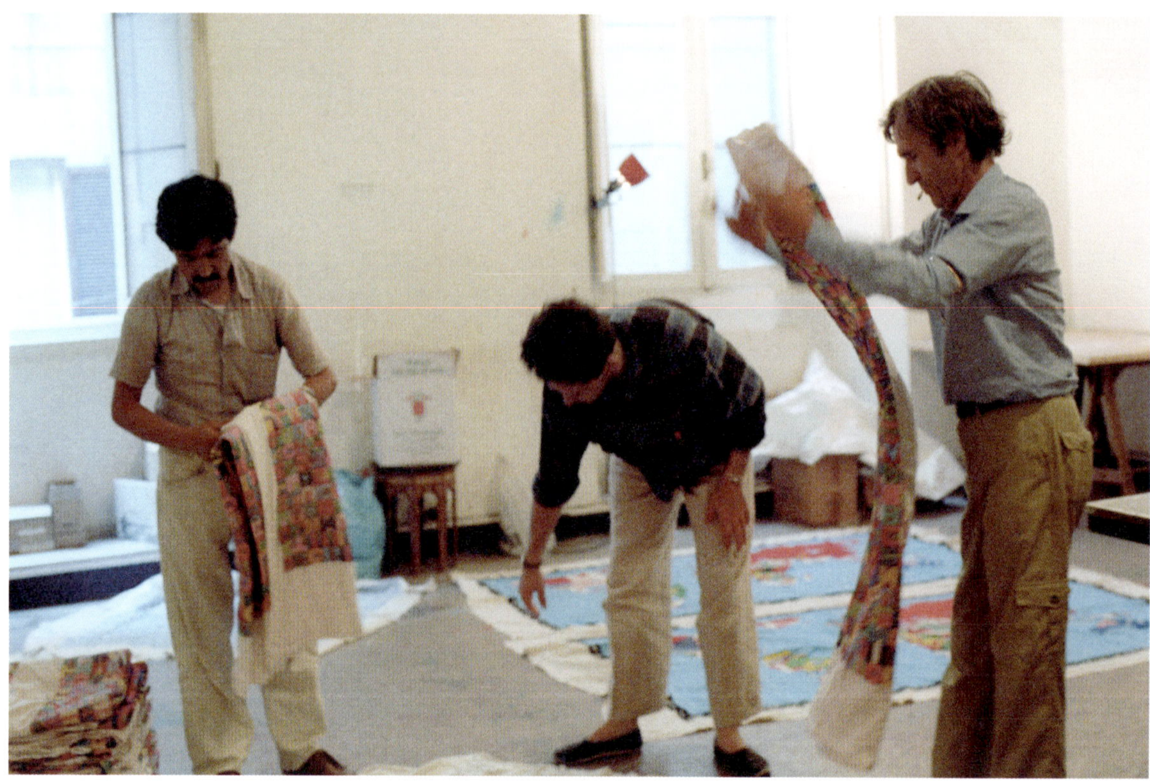

71.

70.
Salman Ali e Alighiero Boetti nello studio del Pantheon, 1989

70.
Salman Ali and Alighiero Boetti in the Pantheon studio, 1989

71. - 73.
Salman Ali, Andrea Marescalchi (Bobo) e Alighiero Boetti nello studio del Pantheon, 1989

71. - 73.
Salman Ali, Andrea (Bobo) Marescalchi, and Alighiero Boetti in the Pantheon studio, 1989

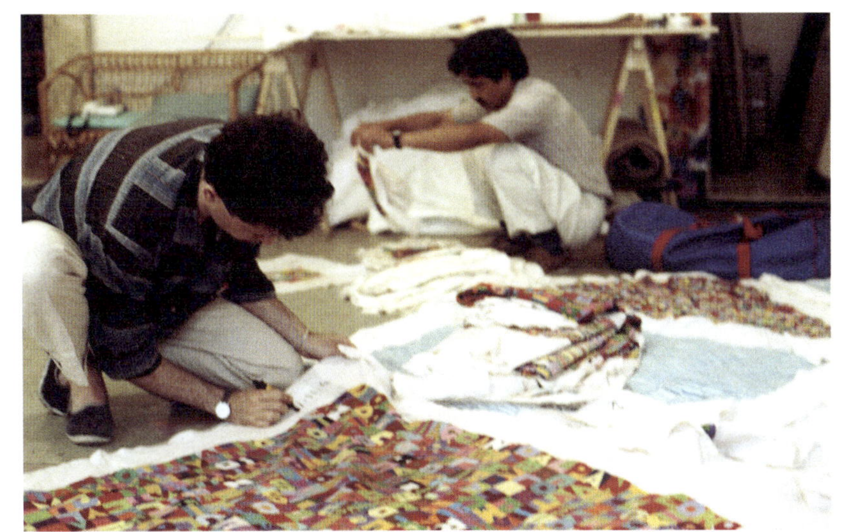

72.

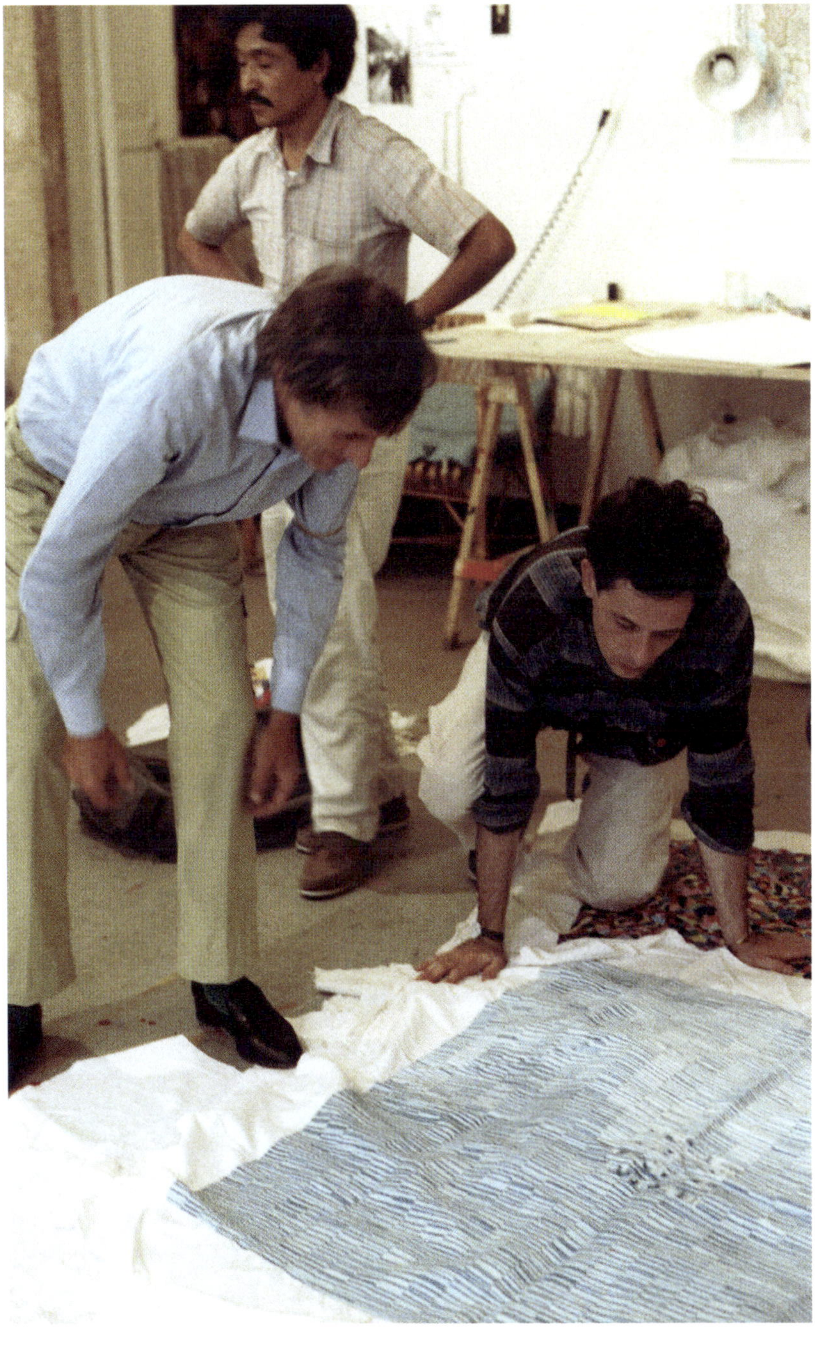

73.

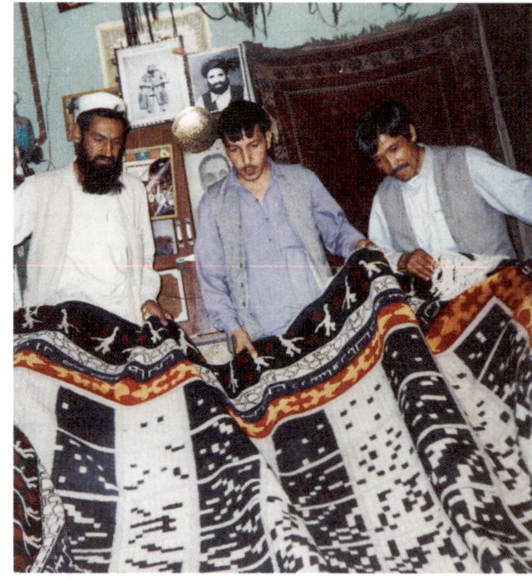

74.

Allora aveva scoperto Peshawar in Pakistan e ci andava spesso. A Peshawar, c'erano quasi solo afghani, dei profughi.

A Peshawar, c'erano tante donne che avevano bisogno di lavorare. Da quel momento Alighiero faceva fare tanti ricami lì. Dei ricami molto belli arrivavano dalla mia famiglia, ma le grosse valigie di ricami venivano da Peshawar. Quando arrivano le valigie di ricami, o con la posta o qualcuno le riportava, facevamo "la squadra". Alighiero, Bobo, Massimo ed io mettevamo a posto e facevamo le pile. Bobo metteva dei numeri con la penna su i grandi ricami. Io facevo le pile dei piccoli ricami e spesso Capo metteva da parte certi ricami per i bambini e certi per me. Questi regali erano perché ero della famiglia. I regali erano ricami o disegni. Le ho ancora tutti insieme come dei segni dell'amicizia tra Alighiero e me: la famiglia.

Ogni volta, Alighiero domandava a nuove persone di andare a Peshawar per portare dei ricami da fare e recupare quelli fatti. Alighiero non aveva voglia di andarci sempre allora domandava a chi voleva andarci. Alessandra (Bonomo), Bobo (Andrea Marescalchi), Salerno (Giovan Battista), Agata (Boetti), Randi (Malkin Steinberger), Caterina (Raganelli Boetti) e Benedetta (Luccherini), pure Massimo (Mininni) sono andati a Peshawar per portare i ricami di Alighiero. Anch'io ci sono andato più volte. Portavo i ricami da fare e una volta ero andato per controllare i kilim per la mostra di Adelina (Von Furstenberg) a Grenoble.
Se a Kabul c'era Dastaghir, a Peshawar c'era Jalil che controllava i ricami e le donne che ricamavano, ma non era molto simpatico. Amava troppo il business.
Quando Alighiero ci andava, lui preferiva non solo andare a controllare i lavori dei ricami ma andare in giro ed entrare in Afghanistan illegalmente. Poi aveva scoperto delle nuove religioni e gli piaceva molto.

But then he discovered Peshawar in Pakistan and often went there. There were only Afghans – refugees – in Peshawar.

There were lots of women in Peshawar who needed to work. From that moment on, Alighiero had lots of embroideries made there. Beautiful embroideries still came from my family, but the biggest suitcases of embroideries came from Peshawar.
When they arrived, either through the post or when someone brought them, we formed out "team". Alighiero, Bobo, Massimo and I arranged them into piles. Bobo used a pen to put numbers on the big embroideries. I made the piles of little embroideries and Capo would often put some of them aside for the children, and others for me. He gave me these presents because I was family. The presents were embroideries or drawings. I still have all of them, as signs of the friendship between Alighiero and me: family.

Alighiero was always asking new people to go to Peshawar with embroideries to be made, and to bring back completed ones. Alighiero didn't always want to go himself, so he asked those who did. Alessandra [Bonomo], Bobo [Andrea Marescalchi], Salerno [Giovan Battista], Agata [Boetti], Randi [Malkin Steinberger], Caterina [Raganelli Boetti] and Benedetta [Luccherini], and even Massimo [Mininni] went to Peshawar to take Alighiero's embroideries. I, too, went a number of times. I took embroideries to be made, and once I went to check the kilims for Adelina [Von Furstenberg]'s exhibition in Grenoble. Just as Dastaghir was in Kabul, so Jalil was in Peshawar, checking the embroideries and supervising the women who did the work, but he wasn't very nice. It was too much a matter of business for him.
When Alighiero went to Pakistan, he didn't just go to check the work but also to go around and enter Afghanistan illegally.

74.
Salman Ali mentre controlla la lavorazione dei kilim *Alternando da uno a cento e viceversa* a Peshawar, 1993

74.
Salman Ali checking the work being done on the *Alternando da uno a cento e viceversa* kilim in Peshawar, 1993

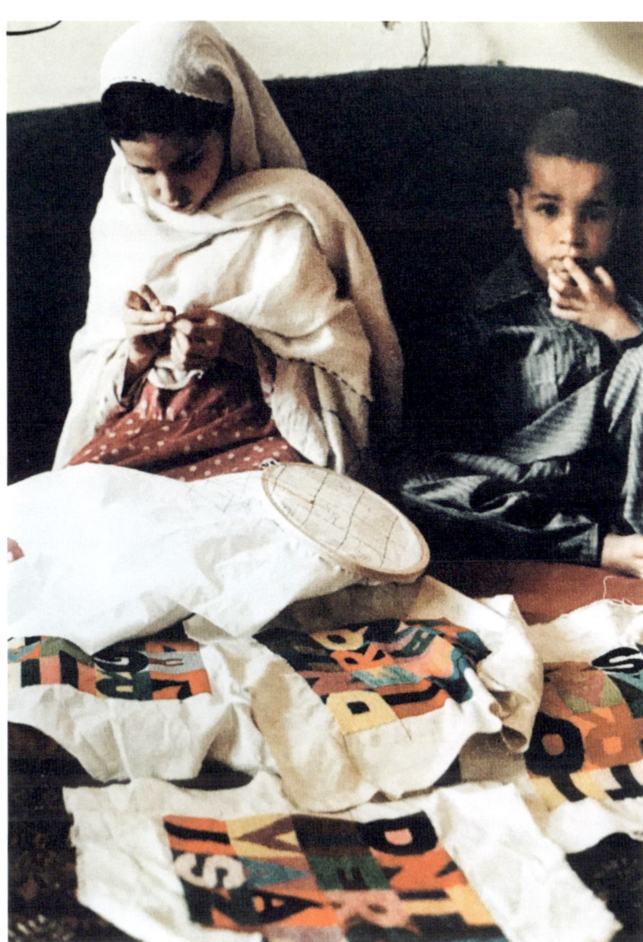

76.

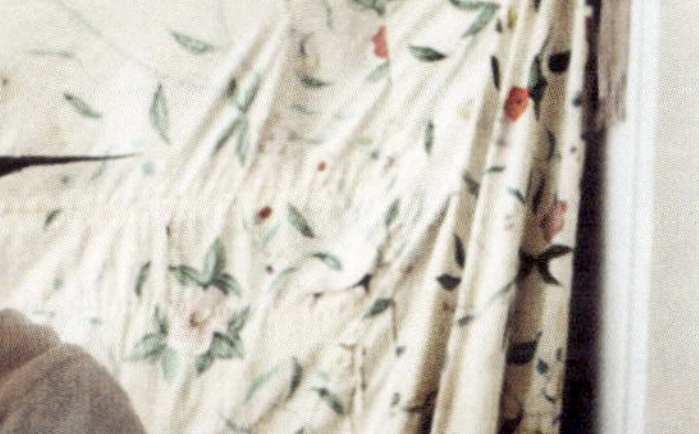

75.

75. - 76.
Le ricamatrici a Peshawar 1989

75. - 76.
The embroiderers in Peshawar, 1989

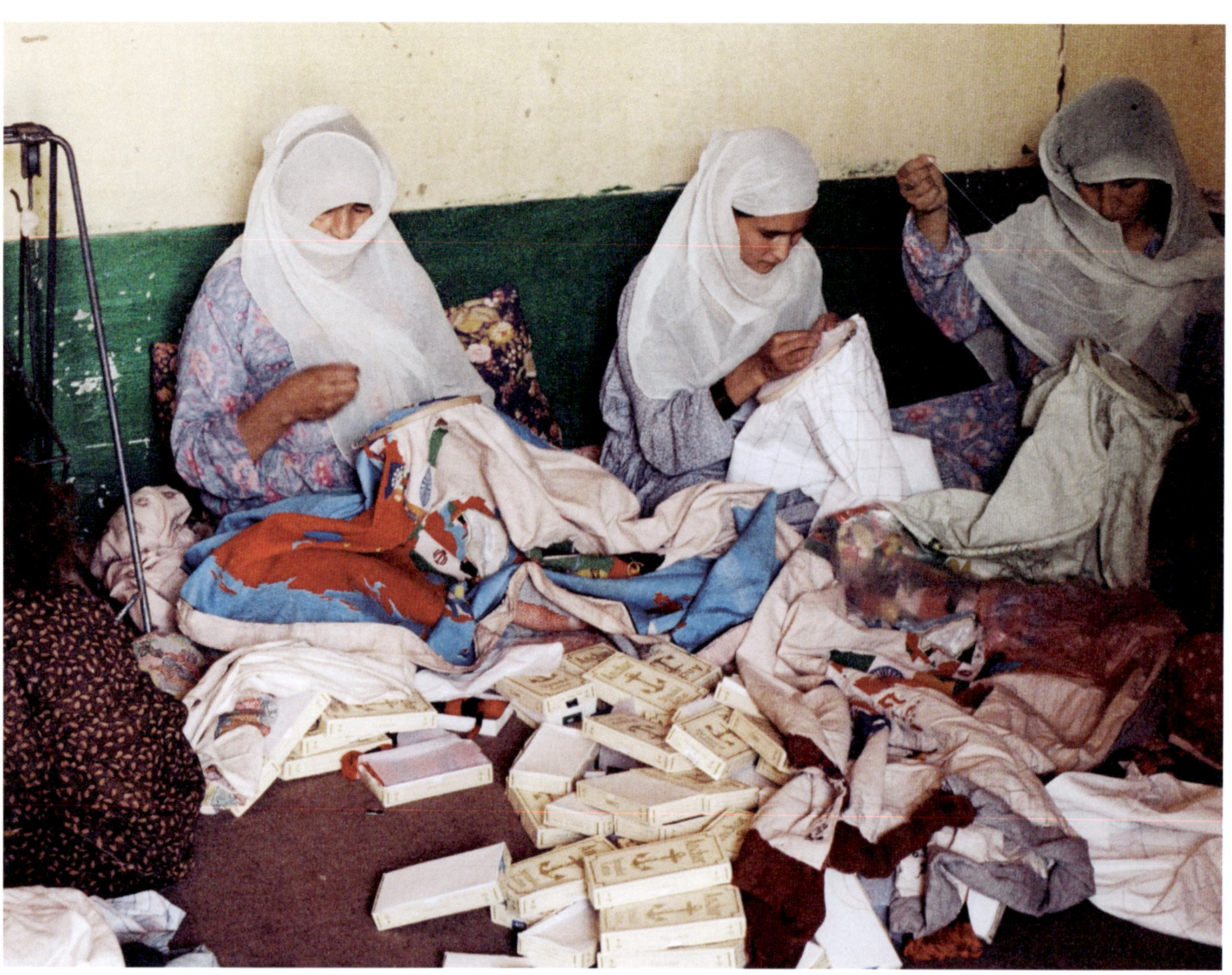

77.

77.
Le ricamatrici a Peshawar 1989

77.
The embroiderers in Peshawar, 1989

78.
Salman Ali nello studio del Pantheon, 1989

78.
Salman Ali in the Pantheon studio, 1989

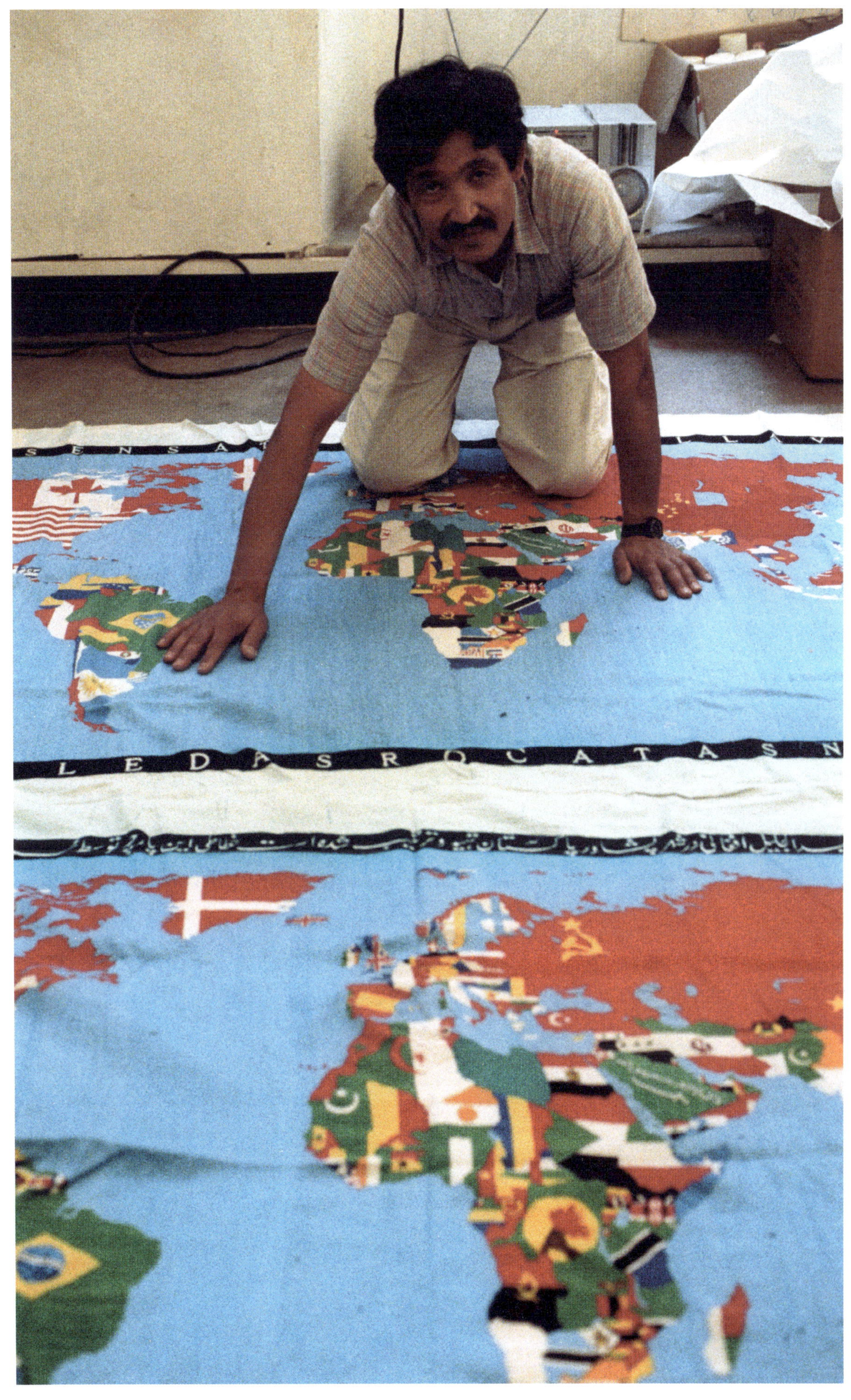

78.

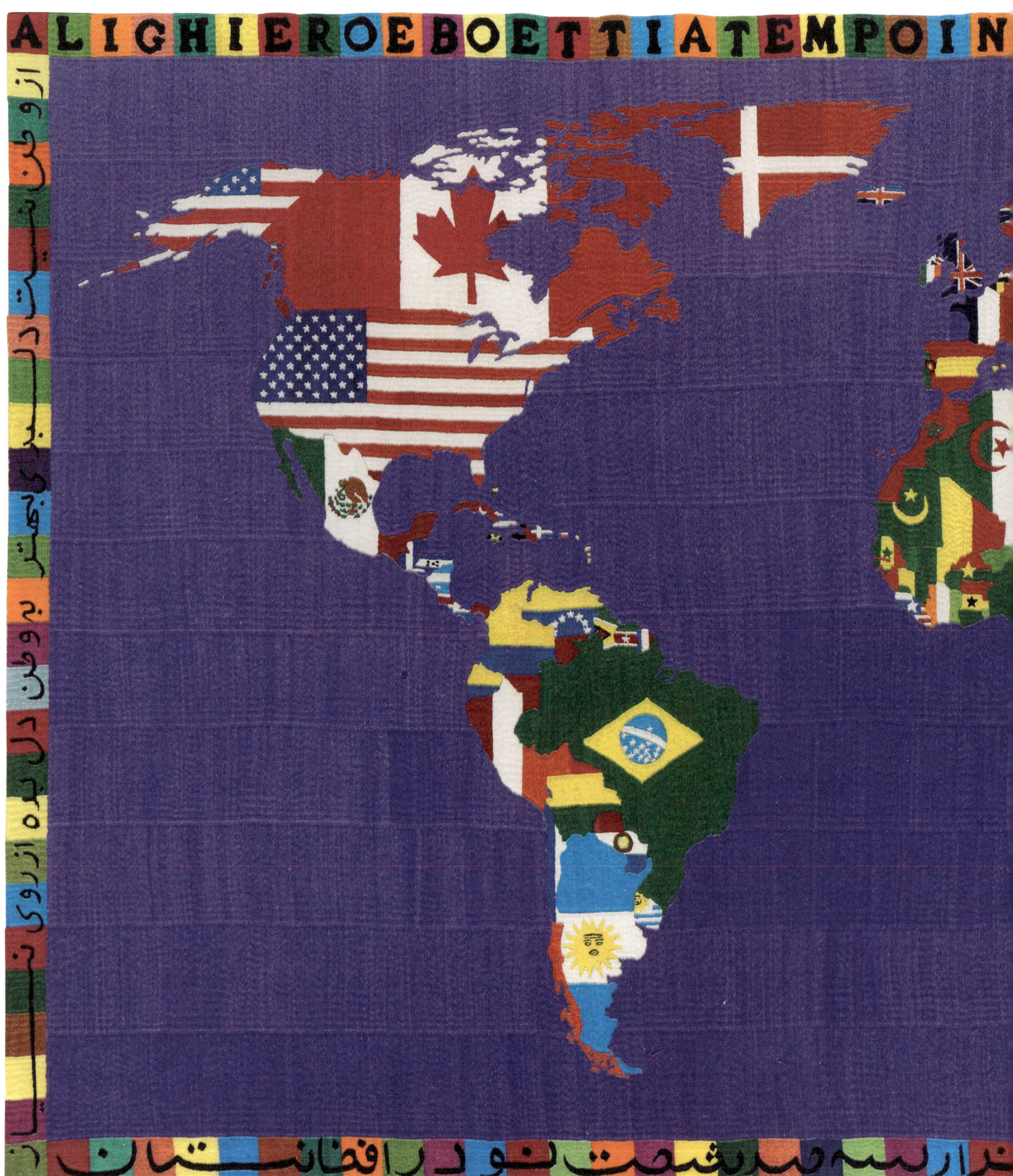

79.

79.
Alighiero Boetti,
***Mappa*, 1990**

79.
Alighiero Boetti,
Mappa, 1990

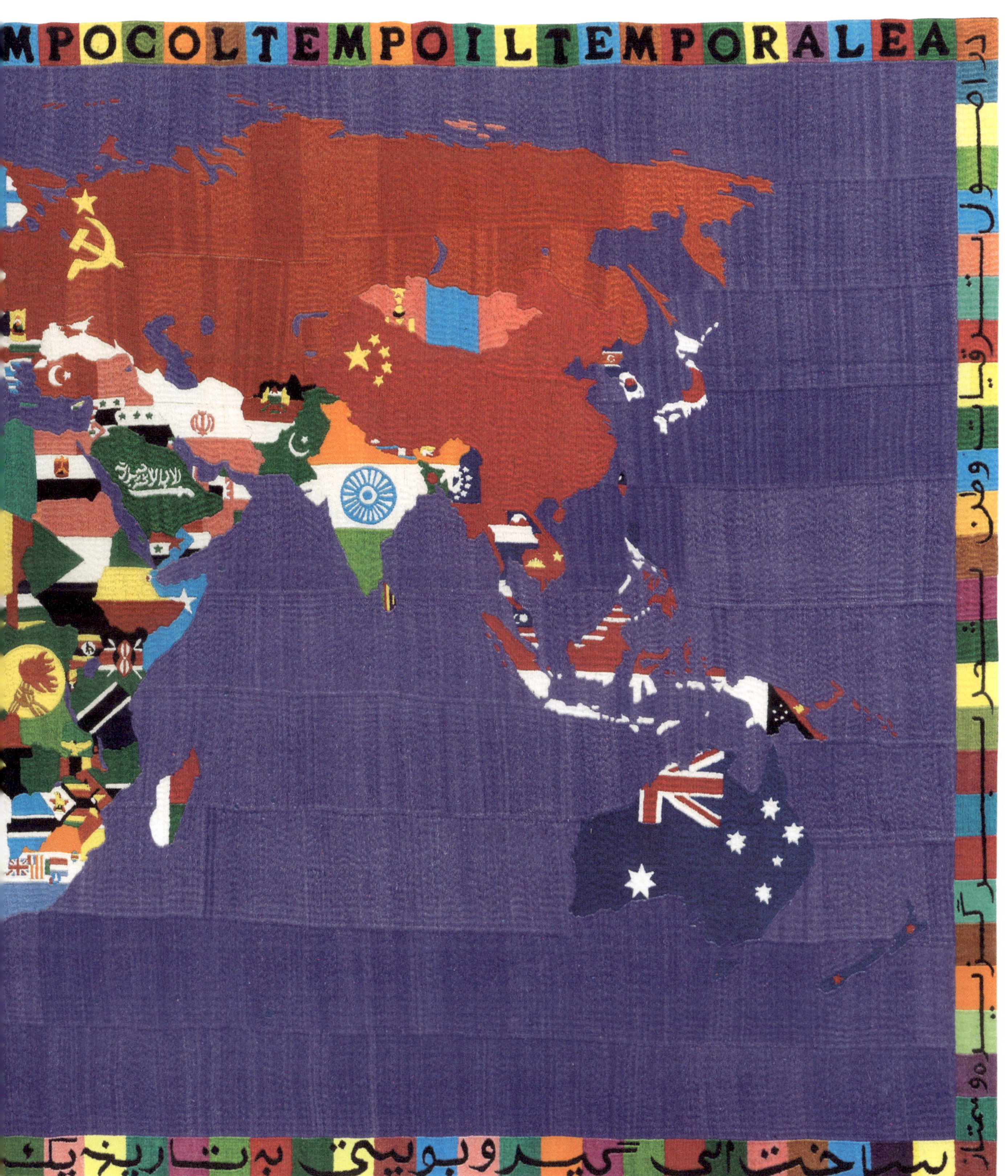
MPOCOLTEMPOILTEMPORALEA

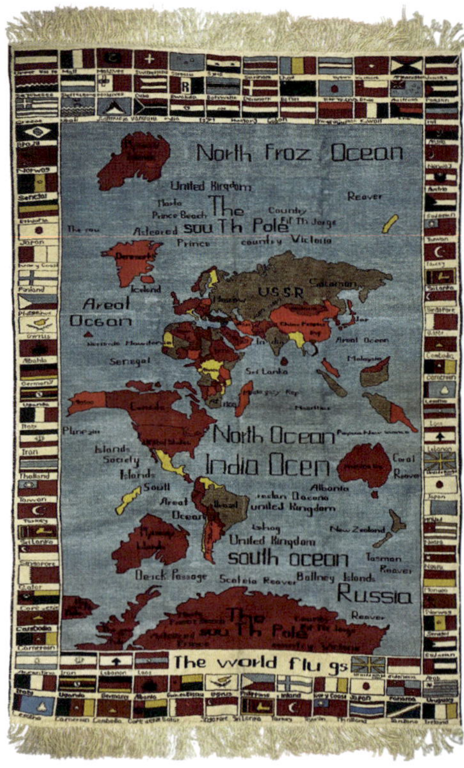

80.

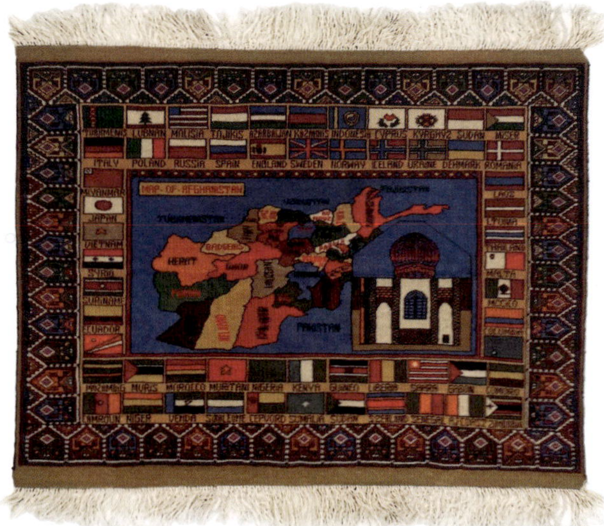

81.

In uno di quei viaggi, Alighiero aveva scoperto che gli afghani profughi a Peshawar facevano dei tappeti molto strani e nuovi. Dei "tappeti di guerra", con dei disegni molto particolari: dei carri armati, delle armi, degli elicotteri, delle bombe, del sangue e tante scritte che erano dei messaggi di guerra dei Mujahidin. Ad Alighiero gli erano molto piaciuti e voleva fare un grande business con questi tappeti in Europa. Poi non ne ha avuto il tempo. Anche Francesco (Clemente) ne ha voluto uno molto molto grande che ha messo a casa sua a New York.

Da diversi anni dopo la morte di Alighiero, in Afghanistan e in Pakistan, si trovano ormai dei tappeti che a volte si chiamano: "inspiration Alighiro Boetti". Anche Francesco (Clemente), che ama i tappeti, ha visto su internet un annuncio di un tappeto: "inspiration Alighiro Boetti"
Su questi tappeti, ci sono delle bandiere, dei paesi ricamati e certe volte i nomi dei paesi o delle città. Gli afghani hanno pensato a Capo prima di fare i loro tappeti per venderli al mercato! A tante persone questi tappeti fanno pensare ad Alighiero. Quando sarebbe stato felice e fiero di vedere queste cose! Quanto gli avrebbe piaciuto andare in giro per un mercatino a Kabul e potersi comprare un tappeto: "inspiration Alighiro Boetti" a cinquanta dollari! Ma peccato, Capo non ha mai potuto vedere questi tappeti. Sarebbe stato onorato e divertito.

Then he discovered new religions, and liked them a lot. On one of those trips, Alighiero discovered that the Afghan refugees in Peshawar were making some very strange new rugs. "War rugs", with very particular drawings of tanks, weapons, helicopters, bombs, blood and many writings that were Mujahideen war messages. Alighiero really liked them and wanted to do great business with these rugs in Europe. But he didn't have time. Francesco [Clemente] also wanted a very very large one, which he placed in his home in New York.

For many years after Alighiero's death, you can find rugs in Afghanistan and Pakistan that at times are called: "inspiration Alighiro Boetti". Francesco [Clemente], who loves rugs, also saw an ad for a rug on the internet, with "inspiration Alighiro Boetti" on it.
On these rugs, there are flags and embroidered countries, and sometimes the names of countries or cities. The Afghans thought of Capo before making their rugs to sell on the market! These rugs remind many people of Alighiero. How happy and proud that he would be to see these things! How he would have loved to go round a little street market in Kabul and buy a rug with the words "inspiration Alighiro Boetti" for fifty dollars! Sadly, Capo never got to see these rugs. He would have been honoured and amused.

80. - 81.
Tappeti artigianali afghani a volte chiamati "inspiration Alighiro Boetti"

80. - 81.
Handmade Afghan rugs sometimes known as "inspiration Alighiro Boetti"

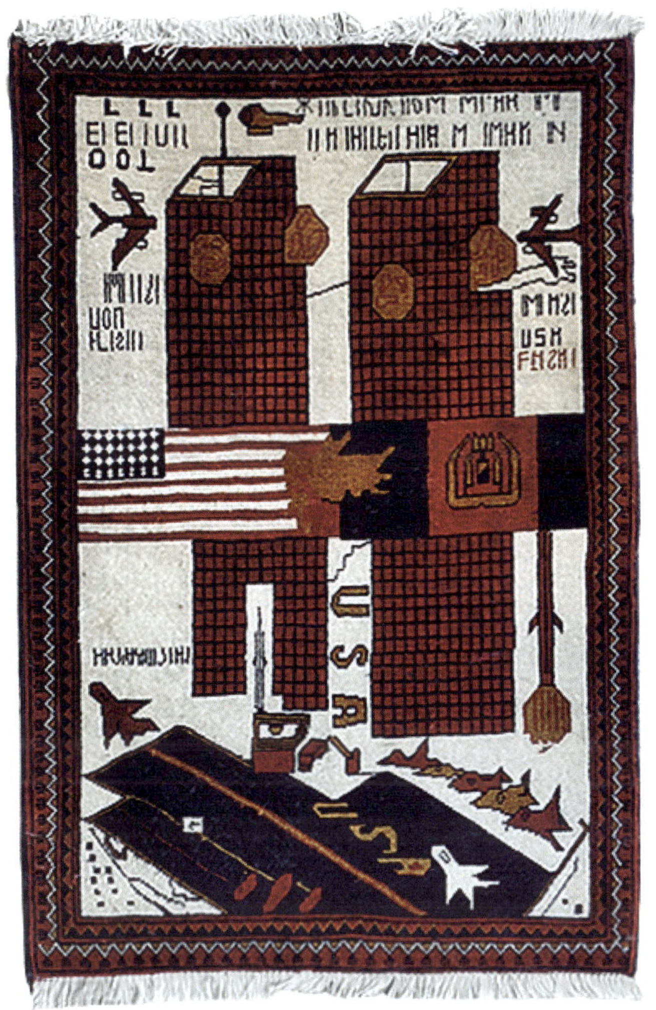

82.

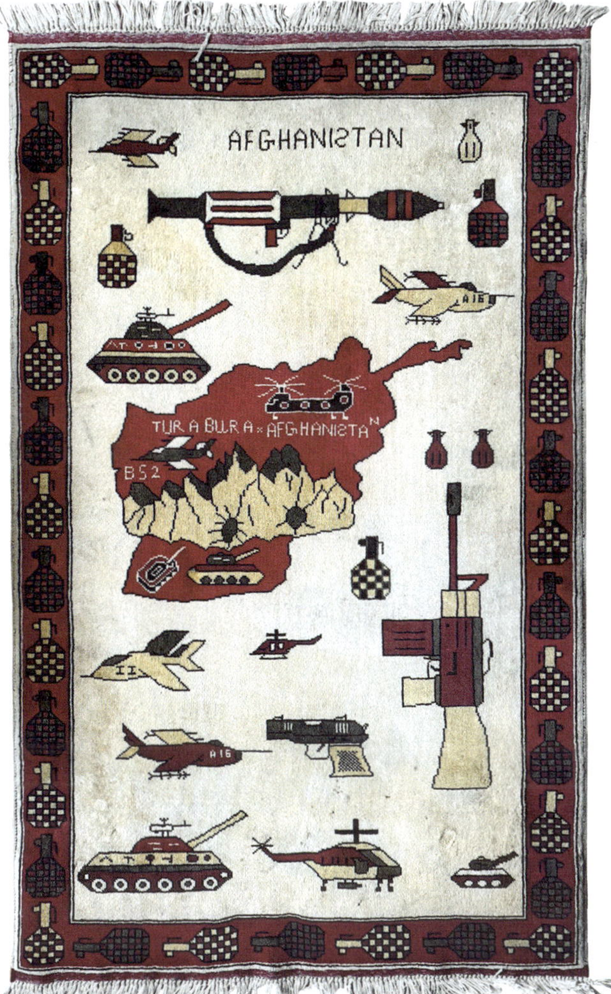

83.

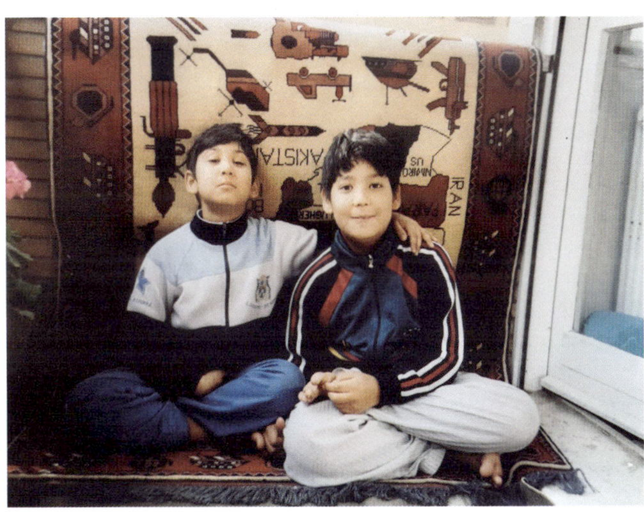

84.

82. - 83.
Tappeti artigianali di guerra afghani

82. - 83.
Handmade Afghan war rugs

84.
Mirwais e Meraj, i figli di Salman Ali, davanti ad un tappeto di guerra, Roma inizio anni 2000

84.
Mirwais and Meraj, Salman Ali's children, in front of a war rug, Rome early 2000s

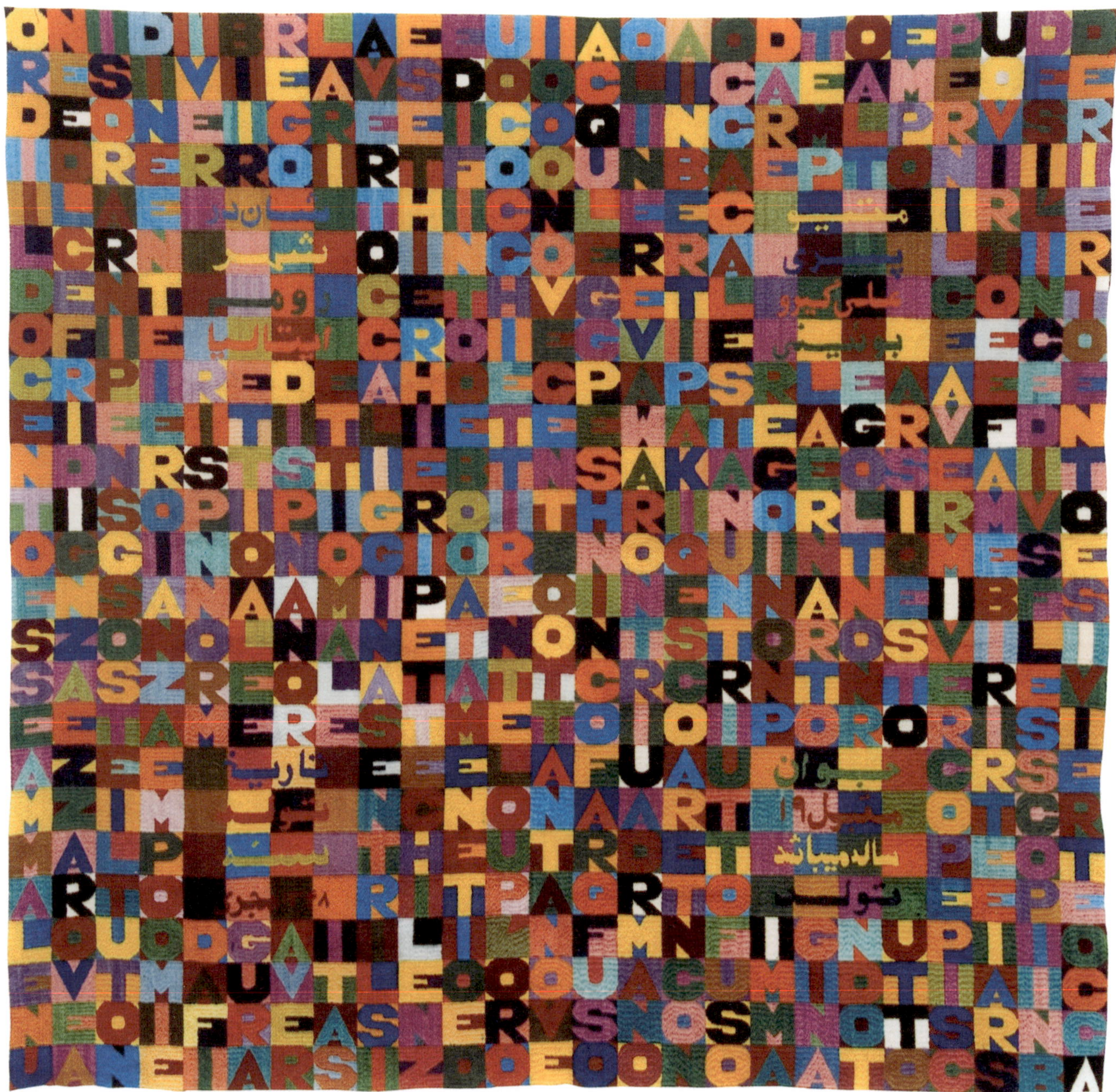

85.

85.
Alighiero Boetti,
***Oggi nono giorno quinto mese 1000novecento ottantanove*, 1989**

85.
Alighiero Boetti,
Oggi nono giorno quinto mese 1000novecento ottantanove, 1989

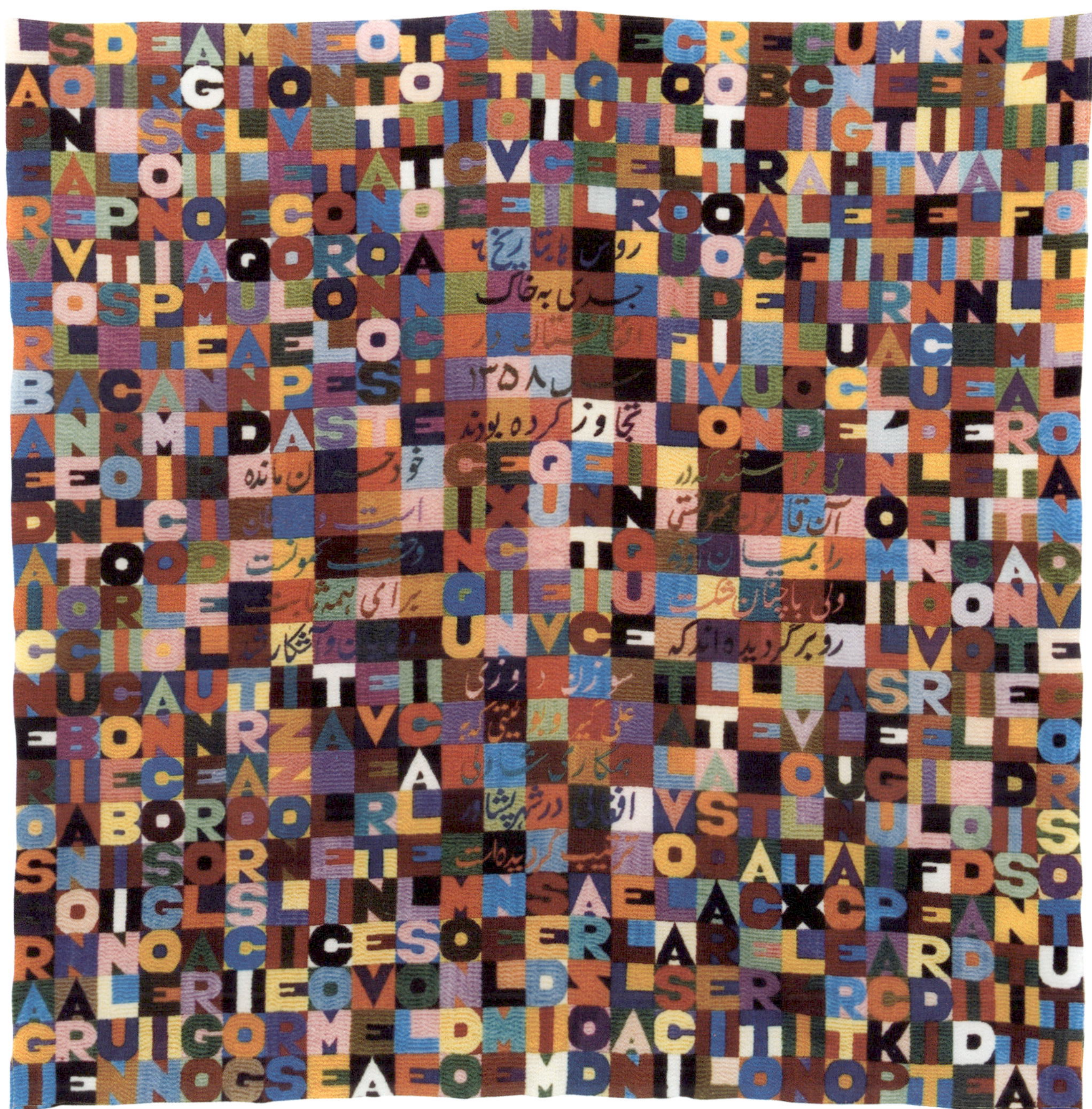

86.

86.
Alighiero Boetti,
***Seicentoventicinque lettere dai cento colori del mondo nel mese di marzo dell'anno mille*, 1989**

86.
Alighiero Boetti,
Seicentoventicinque lettere dai cento colori del mondo nel mese di marzo dell'anno mille, 1989

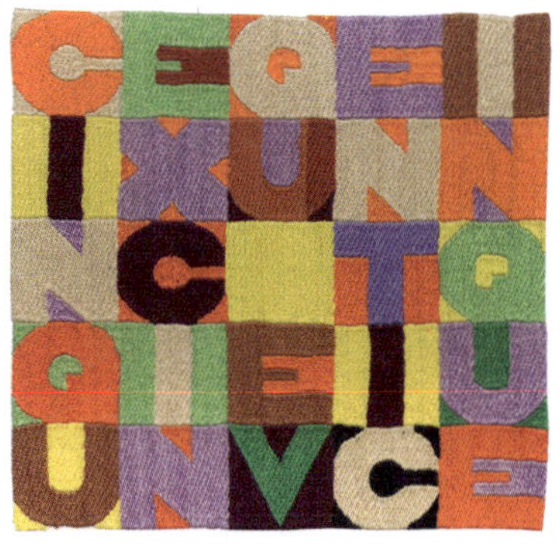
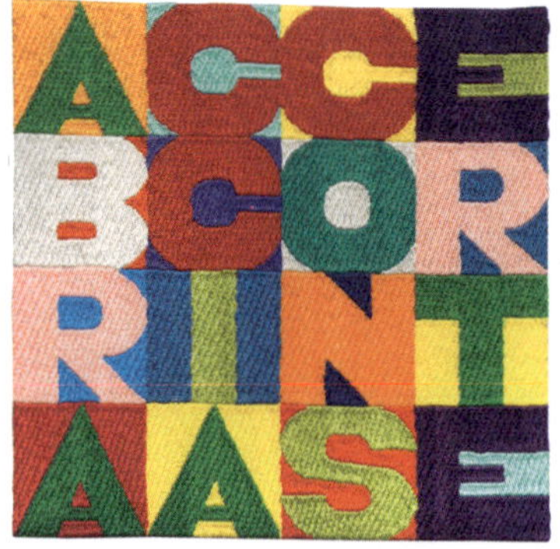
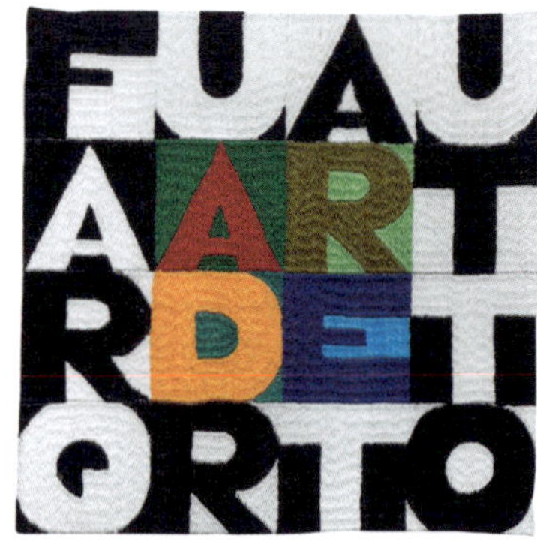
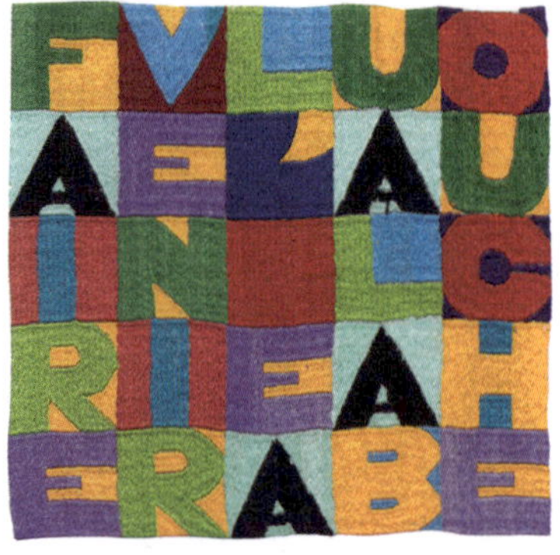
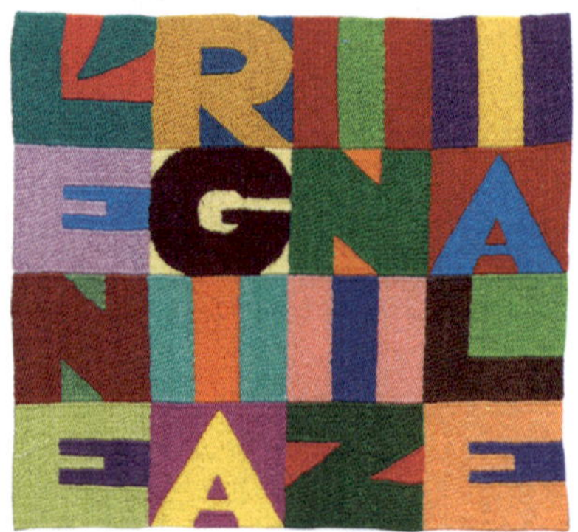
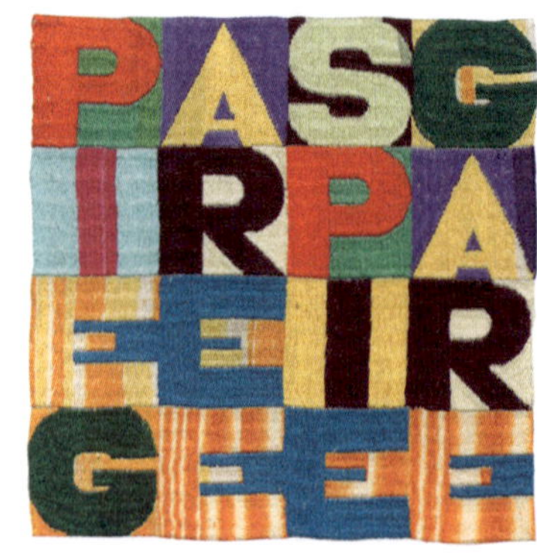
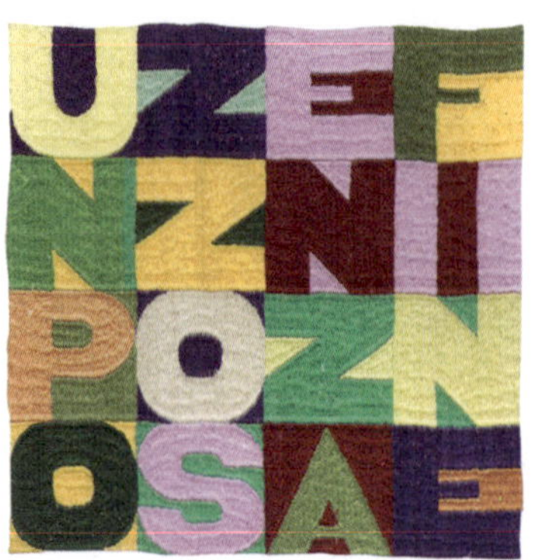
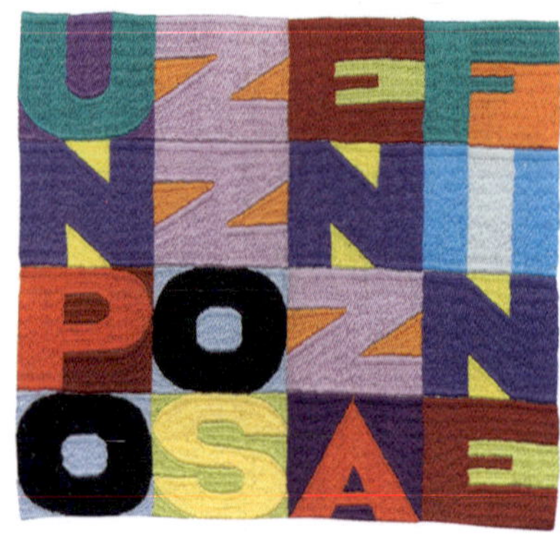
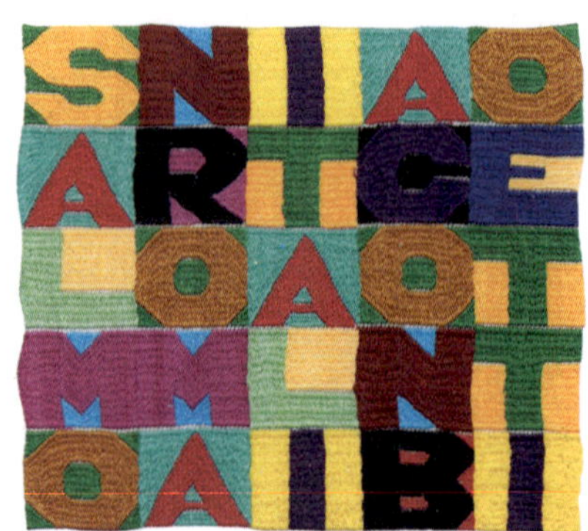

87.

In Afghanistan, si parla molto con piccole frasi che spiegano una situazione. Ce ne sono tantissime. Alighiero aveva subito notato questa abitudine afghana e diceva che queste frasi erano come le sue frasi dei piccoli ricami.

- Non mettere carne sul fuoco
- Soldi entrano non escono mai.
- Chiude rubinetto (non tirare più soldi fuori)
- Quando prendi il pesce dall'acqua, è sempre fresco
- Le vecchie scarpe nel deserto sono una benedizione
- Tutti devono essere guardati con lo stesso occhio

In Afghanistan, lots of little phrases can be used to explain a situation. There are loads of them. Alighiero immediately noticed this Afghan habit and said that these phrases were like his own for the little embroideries.

- Don't put meat on the fire.
- Money comes in but never out
- Turn off the tap (don't take out more money)
- When you take a fish from water, it's always fresh
- Old shoes in the desert are a blessing
- Look at everyone with the same eye

87.
Piccoli ricami di Alighiero Boetti appartenenti alla collezione di Salman Ali

87.
Small embroideries by Alighiero Boetti in Salman Ali's collection

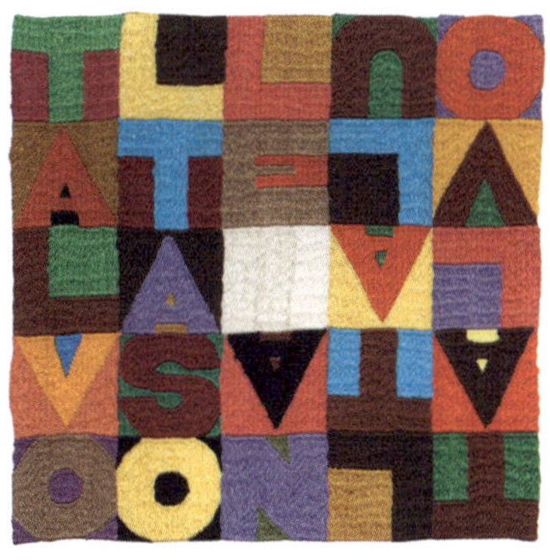

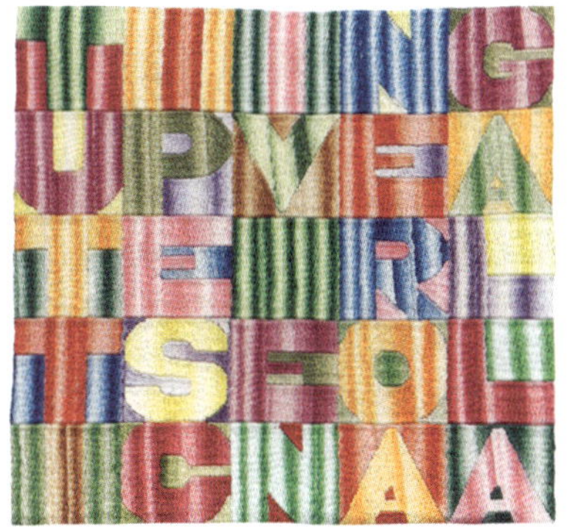

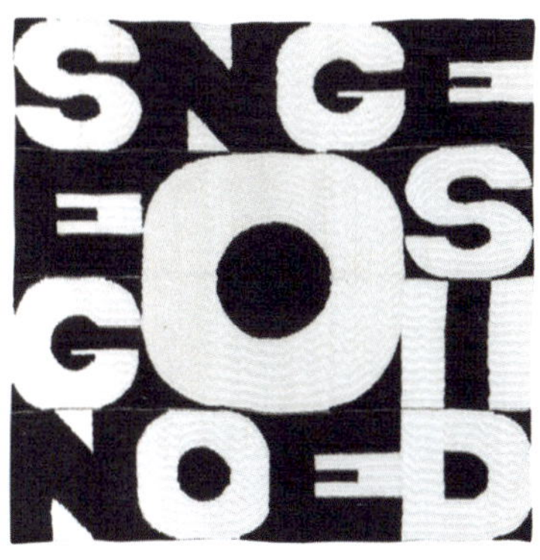

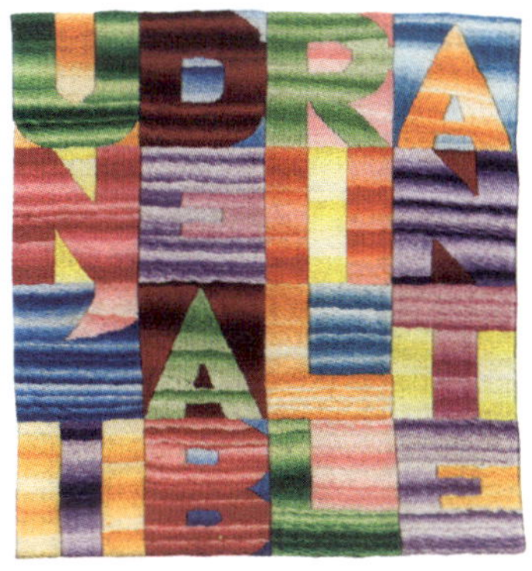

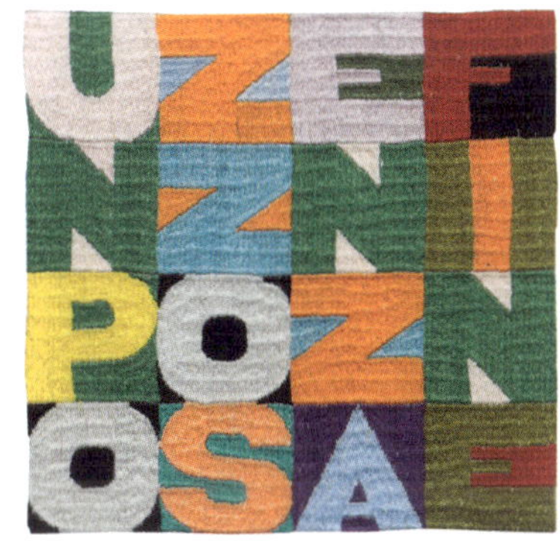

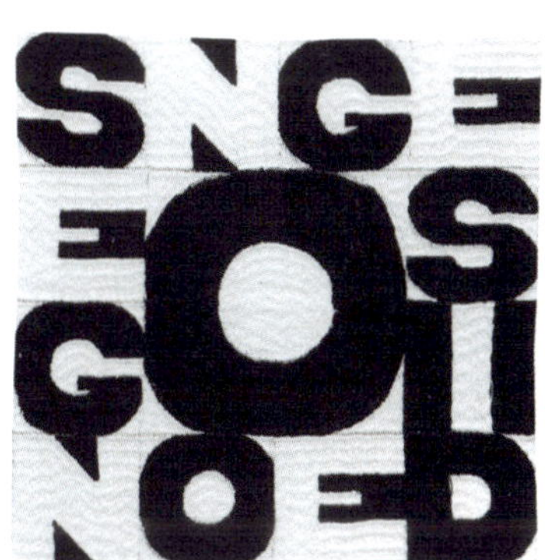

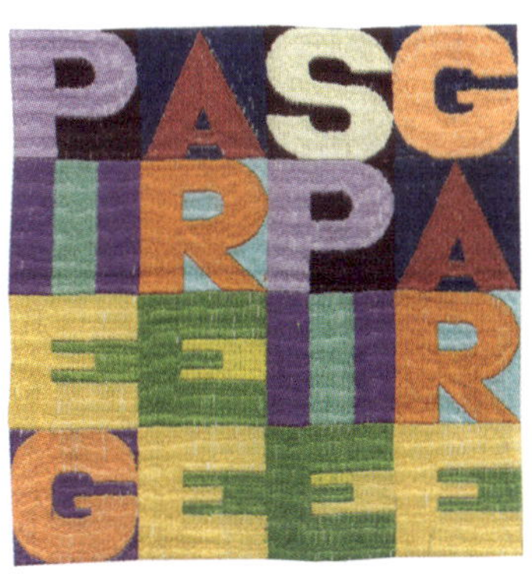

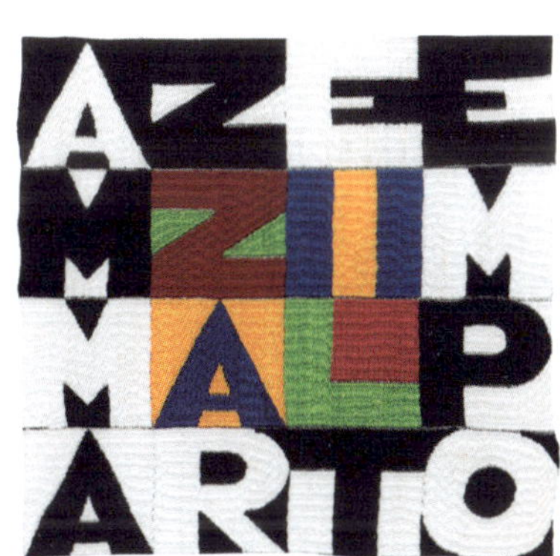

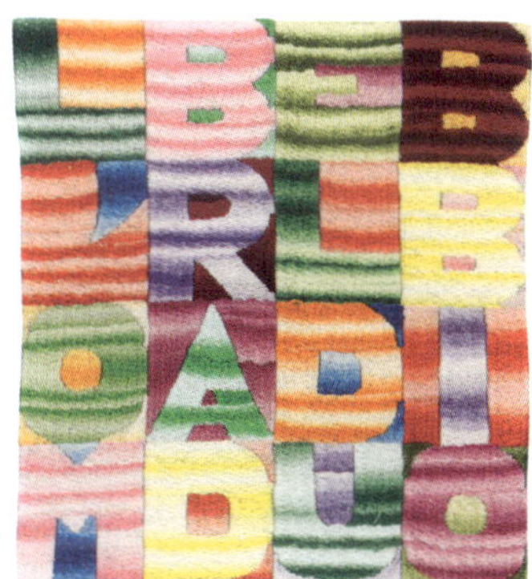

- Un tappeto nero non può diventare bianco con un lavaggio
- Dal tuo tetto non buttare la neve sui nostri
- Un asino veloce è meglio di un cavallo lento
- Dopo ogni ombra arriva la luce
- Il sole non può essere nascosto da due dita
- Non prendere una pala per riportare l'acqua
- Non dare un coltello affilato nelle mani di un pazzo
- Un fiore non fa primavera
- Bruciarsi la bocca senza aver mangiato la zuppa
- Un fiume è fatto goccia dopo goccia
- Se c'è vita nella tua testa, allora ci sono molti cappelli

- A black rug cannot be washed white
- Don't throw snow from your roof onto ours
- A fast donkey is better than a slow horse
- After a brief shadow comes light
- You can't hide the sun with two fingers
- Don't take a spade to carry water
- Don't give a sharp knife to a madman
- One flower doesn't make a summer
- Burning your mouth without eating your soup
- A river is made drop by drop
- If there's life in your head, there's hair on your head

Alighiero era molto contento di avere trovato un nuovo posto come Peshawar. Gli faceva pensare all'Afghanistan anche se non era uguale. Ma era in contatto con tanti afghani. Poi poteva fare di nuovo tanto lavoro e tanti ricami. Alighiero era anche contento perché aveva successo. C'era sempre tanta gente alle sue mostre e tanti in studio.
In quel momento, Alighiero aveva appena comprato una bella casa vicino a Piazza Navona. Una bella casa su tre piani. Ma ad Alessandra (Bonomo) non gli piaceva la casa. Allora Alighiero aveva fatto i lavori da solo e appena i lavori erano finiti, in una stanza Capo aveva messo due letti, uno per lui e uno per me.
Poi, nel 1990, Alighiero era contento perché si era sposato con Caterina (Raganelli Boetti) e stavano in quel nuovo appartamento. C'era un piccolo terrazzo dentro casa con le palme molto grandi. All'inizio, la cucina era nella mansarda e sulle scale per arrivarci, c'erano tantissime piante, tutte regalate da Marisa, la maestra di yoga di Alighiero e Alessandra. Anche Benedetta Luccherini aveva regalato un bel cactus che avevano messo nel piccolo terrazzo. Adesso il cactus fa più di due metri. Alighiero voleva sempre un grande mazzo di fiori in mezzo al grandissimo tavolo nel salotto. In un periodo dell'anno, voleva anche i fiori rossi di Eucalyptus che poi si poteva mettere sull'anello che aveva fatto. Questo grande mazzo di fiori dava molta allegria. Anch'io vivevo nel palazzo, al primo piano, prima da solo poi con Fatima quando è arrivata dall'Afghanistan. Ci sono restato anche qualche anno dopo che Capo ha chiusi gli occhi.
Il matrimonio a Romazzano di Alighiero e Caterina era molto bello, tanta gente! Io controllavo che i contadini del nostro villaggio non prendevano tutti i cuscini che Alighiero aveva fatto per la festa. Ne potevano prendere uno ognuno ma certi tornavano troppe volte per prendere troppi cuscini! Allora mi dovevo arrabbiare. Quei cuscini erano stati fatti come un regalo per gli invitati. Ti puoi sedere dove vuoi con questo cuscino durante il matrimonio poi te lo porti a casa. Tanti amici erano venuti, anche Pina e Gualtiero, il fratello di Alighiero e sua moglie.
Un po' dopo è nato Giordano (Boetti). Un bambino molto bello e molto bravo. Quando era neonato, me ne sono occupato come avevo fatto con Matteo e Agata. Capo era felice di questo. Portavo Giordano all'asilo la mattina ma era molto lontano! Durante la strada, gli parlavo sempre.
Alighiero mi diceva che mi dovevo sposare e avere dei bambini. Non potevo più restare solo e volevo anch'io avere dei figli. Aveva ragione. Fatima è arrivata da Kabul sette mesi prima che Capo ha chiuso gli occhi. Sono contento che si sono conosciuti. Alighiero era sicuro che avrei avuto una bella vita con Fatima e che avremmo avuto dei bravi figli.

Alighiero was very pleased to have found a new place like Peshawar. It reminded him of Afghanistan, even though it wasn't the same. But he was in contact with many Afghans. And, once again, he could do lots of work and make plenty of embroideries. Alighiero was also happy because he was successful. There were always crowds at his exhibitions and in his studio.
Alighiero had just bought a nice house just off Piazza Navona. A nice house on three floors. But Alessandra [Bonomo] didn't like it. So Alighiero did all the work alone and, as soon as it was finished, Capo put two beds in a room – one for him and one for me.
Then, in 1990, Alighiero was happy because he had married Caterina [Raganelli Boetti] and they lived in the new apartment. There was a little terrace in the apartment, with very tall palm trees. To begin with, the kitchen was in the attic and, on the stairs up to it, there were lots of plants, all given by Marisa, Alighiero and Alessandra's yoga teacher. Benedetta Luccherini, too, had given a beautiful cactus, which they'd put on the little terrace. That cactus is over two metres tall now. Alighiero always wanted a large bunch of flowers in the middle of the huge table in the living room. During one period of the year, he also wanted red eucalyptus flowers, which could then be put on the ring he'd made. That big bunch of flowers gave him great joy. I, too, lived in the building, on the first floor, first alone and then with Fatima, when she came from Afghanistan. I also stayed there for some years after Capo closed his eyes.
Alighiero and Caterina's wedding in Romazzano was lovely, with lots of people! I had to make sure the peasants in our village didn't take all the cushions Alighiero had made for the reception. They could take one each, but some came back too many times to take more! So I had to get angry. Those cushions had been made as presents for the guests. You can sit where you like on your cushion during the wedding, and then you take it home. Lots of friends came, as did Pina and Gualtiero, Alighiero's brother and his wife.
Shortly after, Giordano [Boetti] was born. A beautiful child and very good. I looked after him when he was a baby, as I had done with Matteo and Agata. This made Capo happy. I used to take Giordano to the kindergarten each morning, but it was a long way! I always used to talk with him as we walked.
Alighiero told me I should get married and have children of my own. I couldn't remain alone any more, and I too wanted to have children. He was right. Fatima arrived from Kabul seven months before Capo closed his eyes. I was glad they met. Alighiero was sure I'd have a wonderful life with Fatima and we'd have great kids.

88.
Salman Ali alla festa di matrimonio di Alighiero e Caterina nella casa di Romazzano, Todi, 1990

88.
Salman Ali at Alighiero and Caterina's wedding reception in the house in Romazzano, Todi, 1990

89.
Salman Ali, Alighiero Boetti, Andrea Marescalchi, Serena Bencini, Pasquale Leccese e altri amici al matrimonio di Alighiero e Caterina nella casa di Romazzano, Todi, 1990

89.
Salman Ali, Alighiero Boetti, Andrea Marescalchi, Serena Bencini, Pasquale Leccese, and other friends at Alighiero and Caterina's wedding in the house in Romazzano, Todi, 1990

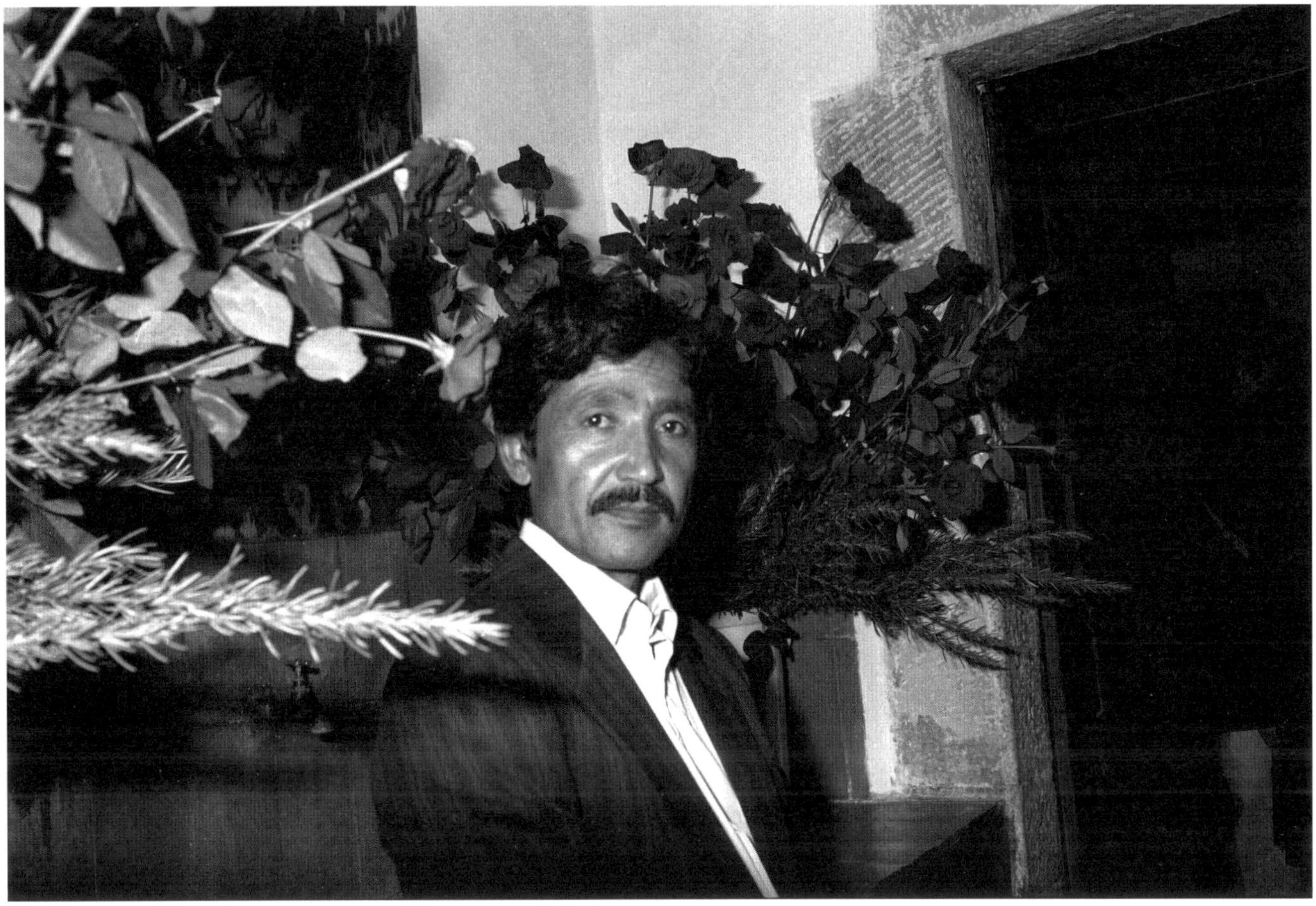

88.

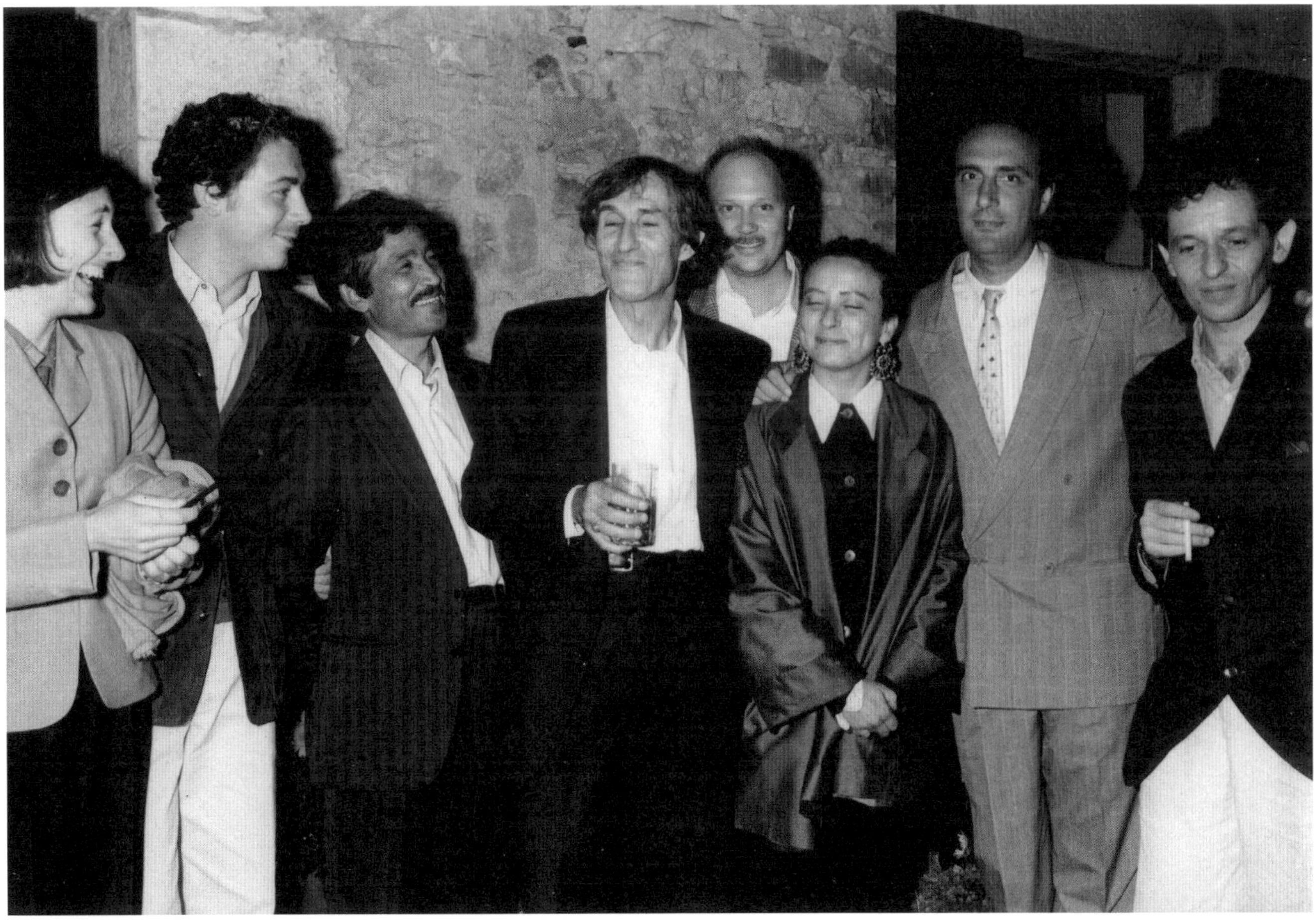

89.

Prima di morire, appoggiato con la sua canna con il cagnolino sul bordo, mi diceva che tutti erano convinti che andava meglio per lui, ma lui invece sapeva che non si sentiva bene e che stava per partire. Mi viene ancora da piangere.

Per Pasqua, la sua ultima Pasqua, Alighiero aveva deciso che voleva fare un grande pranzo con tutti. Eravamo veramente tanti sul tavolo del salotto. Alighiero aveva voluto tutte le persone importanti per lui. Era un bel pranzo. Giordano giocava con Arthur, il figlio di Agata. Io e Fatima ci davamo da fare. Caterina, Agata, Matteo, Annemarie, Bobo, Serena, Giovan Battista (Salerno), Laura (Cherubini) e qualcun altro parlavano e provavano a dimenticare la tristezza della malattia. Eravamo andati a prendere da mangiare da Fortunato, il ristorante sotto lo studio di Alighiero al Pantheon. Alighiero ci andava sempre.
A questo pranzo molto speciale, Alighiero aveva anche invitato Roberto Bisacco, il suo amico d'infanzia, che non aveva rivisto da vent'anni.
Di una cosa Alighiero era felice in quei mesi. Matteo veniva molto a trovarlo in quel momento e per un periodo, Matteo veniva tutte le notti. Alighiero era molto contento di stare con suo figlio.

Da quando Alighiero ha chiuso gli occhi, Capo è sempre con me. Quando viene nei miei sogni, come mio padre, il giorno dopo vado sempre in chiesa per accendere due candele; una per mio padre e una per Alighiero.

Anche se è partito, la mia famiglia è sempre quella di Capo. Annemarie, Agata, Matteo, Alessandra, Caterina e Giordano sono la mia famiglia e adesso anche quella di mia moglie Fatima e dei miei figli Mirwais e Meraj. Con Capo, la famiglia era ancora più grande! Mariangela, Bobo, Serena, Fosco, Salerno, Colombo, Massimo e tanti altri! Grande famiglia! Tutti attorno a Alighiero.
Andare alle inaugurazioni delle mostre di Capo fa sempre del bene. Sembra di tornare nel passato quando ci andavo con lui. Ci ritroviamo tutti. Ritroviamo tutta la famiglia e Clino (Castelli), Pasquale (Leccese), Gino(Gentile), Bruno (Corà), Gaia (Franchetti), Piera e Giorgio (Colombo), Laura (Cherubini), Achille (Bonito Oliva), Fosco (Valentini), Guido (Fuga), Angela (Vettese), e tanti altri!
L'anno dopo la scomparsa di Alighiero, alla Biennale di Venezia c'era stato un grande omaggio. Eravamo tutti insieme lì a pensare a Capo. Sembrava che Alighiero era andato a fare un giro e che tornava. Anche il piccolo Giordano era venuto e dormiva nelle mie braccia. Dopo che Capo ha chiuso occhi, siamo partiti a Quetta dalla mia famiglia con Caterina e Giordano. Era per essere ancora con Alighiero, Alighiero l'afghano.
Questo viaggio ha fatto molto del bene a tutti. Giordano era molto piccolino ma ha capito subito che era andato a casa sua, che la gente a Quetta era anche la sua famiglia. Caterina e Giordano stavano in un albergo non troppo lontano da

Before he died, he lent on his stick, with a little dog on the side, and told me they were all sure that things were going better for him, but he knew he wasn't feeling well and he was about to depart. It makes me weep even now.

For Easter – his last Easter – Alighiero decided he wanted to throw a great lunch party for everyone. There was a whole crowd of us around the living-room table. Alighiero had wanted all the people who were important for him. It was a splendid lunch. Giordano played with Arthur, Agata's son. Fatima and I did all we could. Caterina, Agata, Matteo, Annemarie, Bobo, Serena, Giovan Battista [Salerno], Laura [Cherubini] and others talked, trying to forget the sadness of the illness. We'd gone to get the food from Fortunato, the restaurant below Alighiero's studio at the Pantheon. Alighiero always used to go there. Alighiero also invited Roberto Bisacco – his childhood friend, whom he hadn't seen for twenty years – to this very special lunch.
Alighiero was happy about one particular thing in those months. Matteo often came to visit him at that time and, for a while, he came every night. Alighiero was very happy to be with his son.

Since Alighiero closed his eyes, Capo has always been with me. When he, like my father, comes in my dreams, I always go to church the next day to light two candles – one for my father and one for Alighiero.

Even though he's gone, my family is still Capo's. Annemarie, Agata, Matteo, Alessandra, Caterina, and Giordano are my family and now also that of my wife Fatima and my children Mirwais and Meraj. With Capo, my family was even bigger! Mariangela, Bobo, Serena, Fosco, Salerno, Colombo, Massimo, and many others! A great family! All around Alighiero.
Going to the openings of Capo's exhibitions always does me good. It's like going back to the past when I used to go with him. We all meet up. The whole family comes together, with Clino [Castelli], Pasquale [Leccese], Gino [Gentile], Bruno [Corà], Gaia [Franchetti], Piera and Giorgio [Colombo], Laura [Cherubini], Achille [Bonito Oliva], Fosco [Valentini], Guido [Fuga], Angela [Vettese], and many others!
The year after Alighiero departed, there was a great tribute to him at the Venice Biennale. We were all there together, thinking about Capo. It seemed as though Alighiero had just gone out for a while and would be back. Even little Giordano had come and he slept in my arms. After Capo closed his eyes, we went to see my family in Quetta with Caterina and Giordano. We went to be with Alighiero again, Alighiero the Afghan.
That trip did a lot of good to all of us. Giordano was still very little but he immediately understood that he was at his home, that the people in Quetta were also his family. Caterina and Giordano took a room at a hotel not that

casa nostra. Eravano venuti un pomeriggio a casa. Tutti gli avevano fatto grandi feste e fatto sentire che erano della nostra famiglia. Eravamo anche andati un giorno tutti insieme a fare una gita al lago. Ero contento che Giordano vedeva i paesaggi afghani. Piacevano tanto ad Alighiero e non ha avuto il tempo di parlarglene dunque gliene parlo io. Ho sempre tanto parlato di suo padre a Giordano. È importante. Adesso è diventato un grande ragazzo, molto in gamba, e continuo sempre a parlargli molto di Capo. A Roma, quando siamo insieme io e lui, lo porto spesso nei luoghi di Alighiero e quando incontro gente che conosceva Capo, gliele presento. Così capisce ancora di più. A Milano, abbiamo visto insieme Giorgio Colombo e Pasquale Leccese, così Giordano conosce gli amici di Alighiero. Adesso Giordano è anche amico dei figli di Alessandra e quelli di Agata e certo è sempre molto amico dei miei figli. Sono molto contento. È la famiglia.

far from our house. They came over one afternoon and everyone made a big fuss of them and made them feel they were part of our family. One day all we all went together on a trip to the lake. I was glad Giordano could see our Afghan landscapes. Alighiero loved them so much but he didn't have time to tell him about them, so I tell him about them. I've always talked a lot to Giordano about his father. It's important. He's a big boy now, very smart, and I always keep talking to him a lot about Capo. In Rome, when he and I are together, I often take him to Alighiero's favourite places and I introduce him to the people who knew Capo. Like that, he understands better. We saw Giorgio Colombo and Pasquale Leccese in Milan, so Giordano gets to know Alighiero's friends. Now Giordano is also friends with Alessandra's children and Agata's too, and he's certainly always been great friends with my children. I'm really happy about that. It's family.

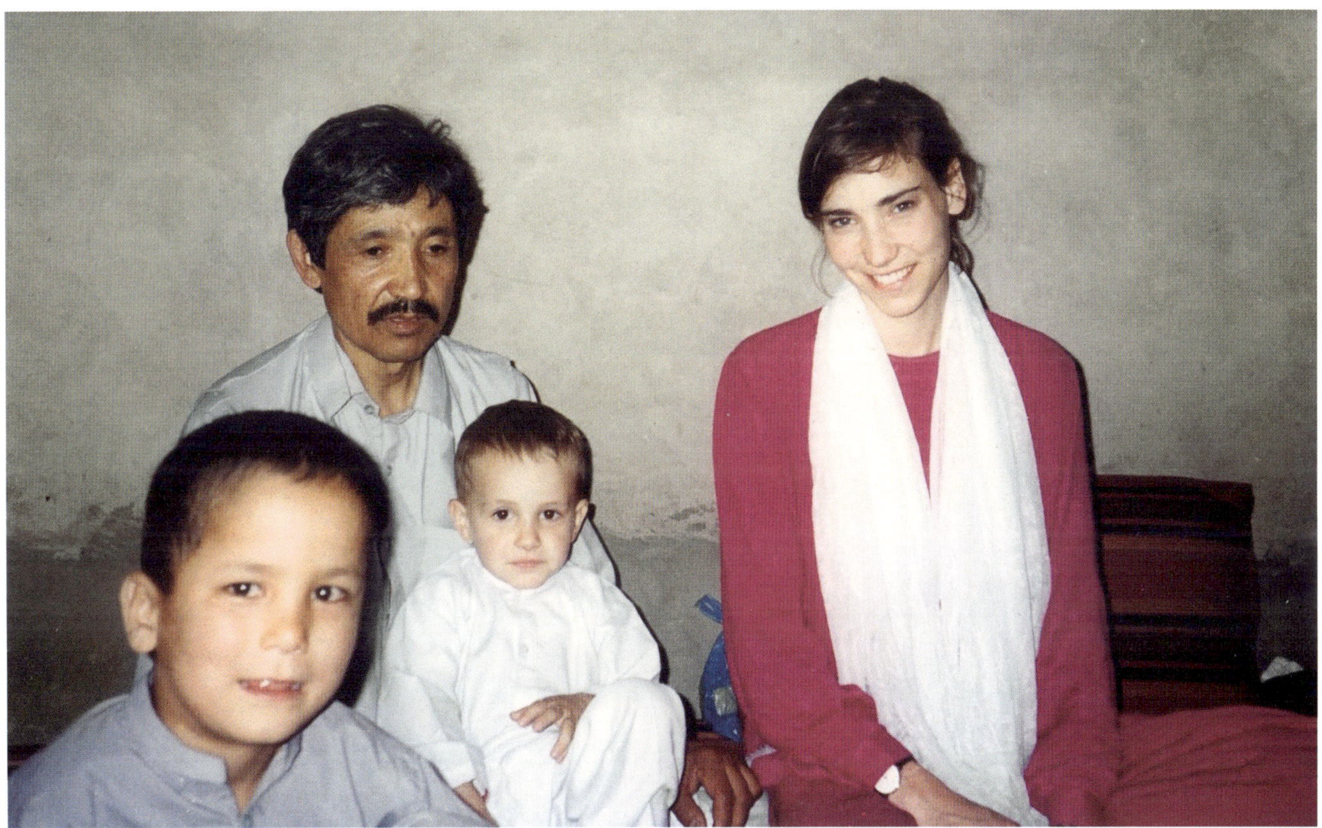

90.

90.
Salman Ali, Giordano Boetti e Caterina Raganelli Boetti a Quetta, Pakistan, 1994

90.
Salman Ali, Giordano Boetti, and Caterina Raganelli Boetti in Quetta, Pakistan, 1994

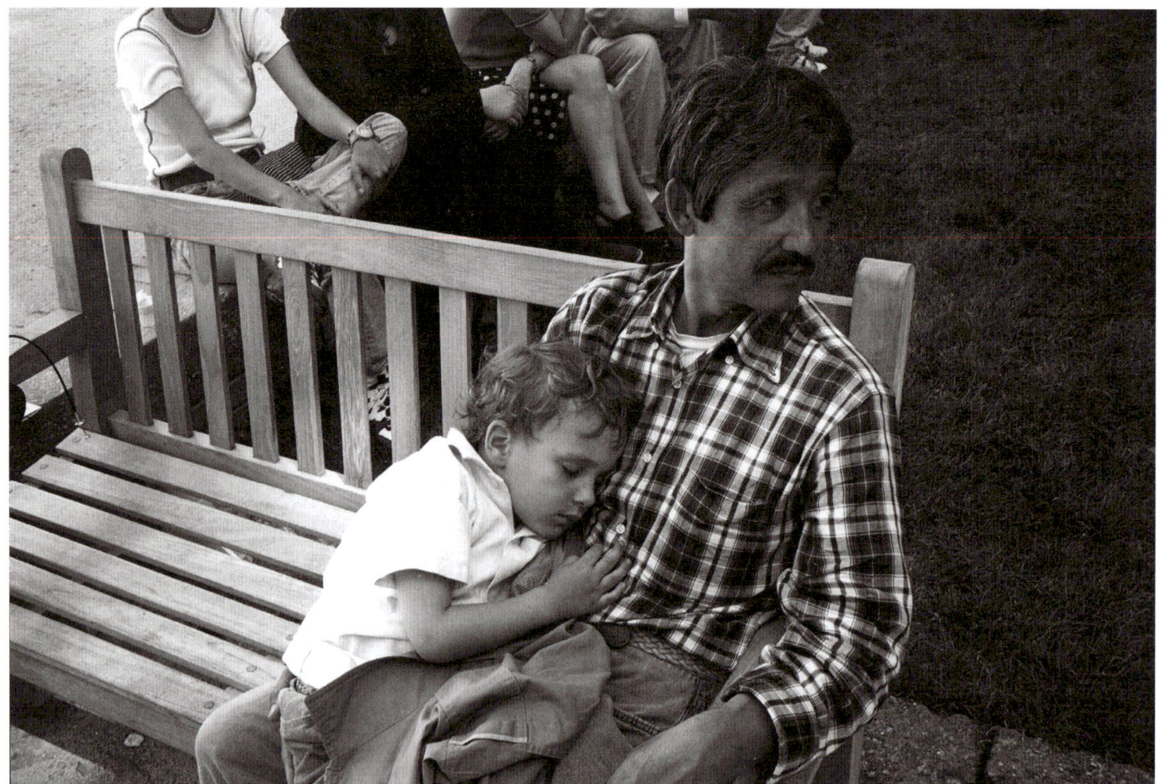

91.

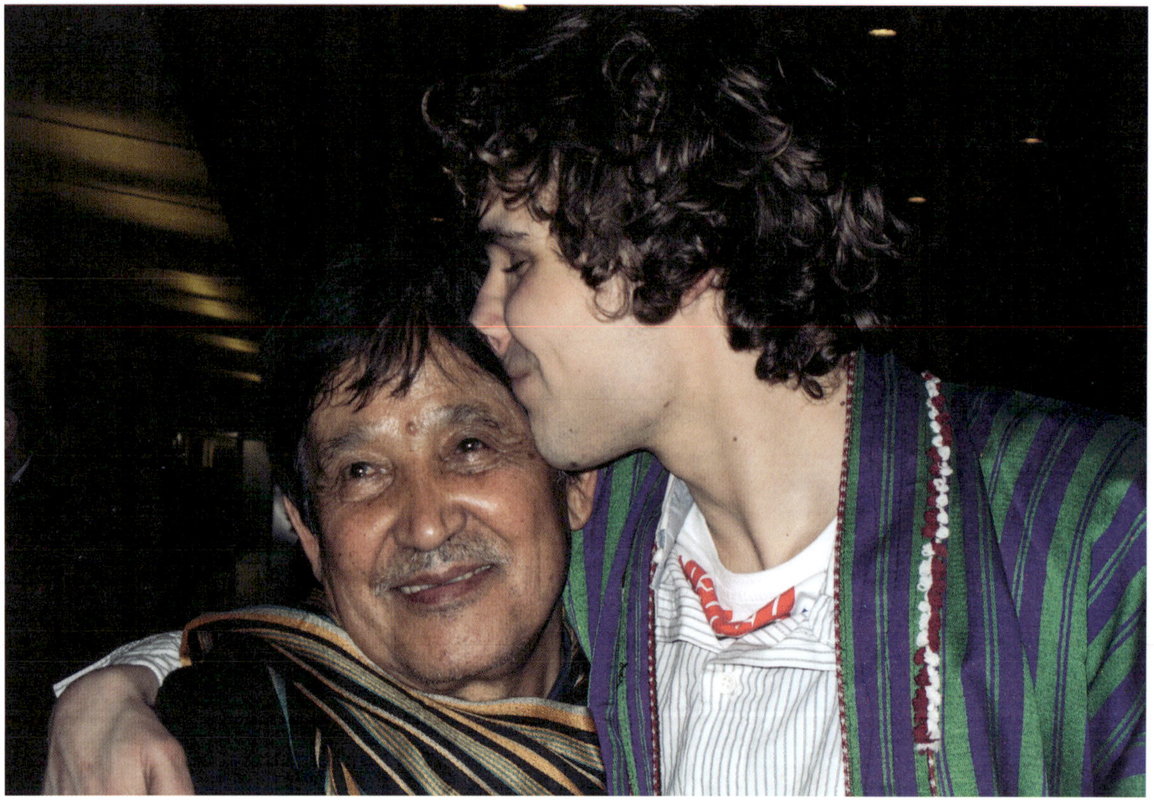

92.

91.
Salman Ali e Giordano Boetti alla Biennale di Venezia 1995

91.
Salman Ali and Giordano Boetti at the 1995 Venice Biennale

92.
Salman Ali e Giordano Boetti all'inaugurazione della mostra, "Alighiero e Boetti: Game Plan" alla Tate Modern a Londra, 2012

92.
Salman Ali and Giordano Boetti at the opening of the exhibition *Alighiero and Boetti: Game Plan* at Tate Modern, London, 2012

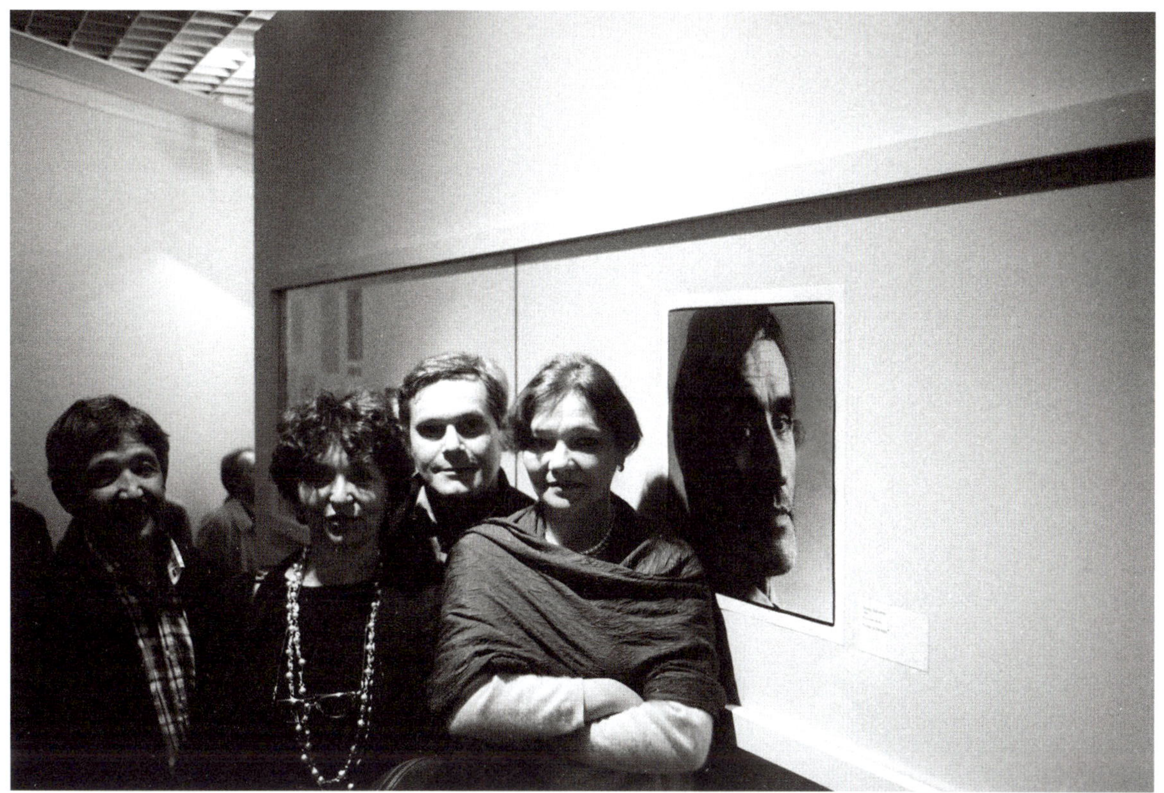

93.

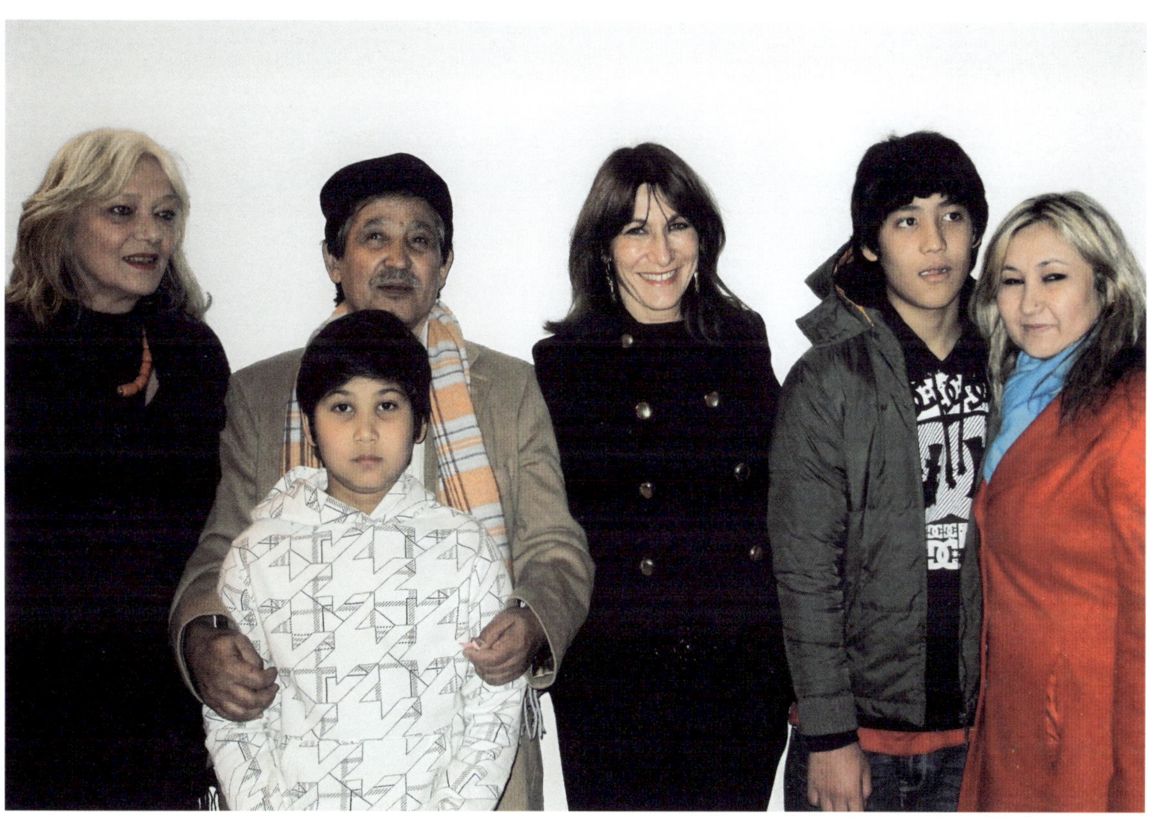

94.

93.
Salman Ali, Annemarie Sauzeau Boetti, Piera Crovetti e Giorgio Colombo all'inaugurazione della mostra "Alighiero Boetti 1965-1994" alla Galleria Civica d'Arte Moderna e Contemporanea a Torino, 1996

93.
Salman Ali, Annemarie Sauzeau Boetti, Piera Crovetti, and Giorgio Colombo at the opening of the exhibition *Alighiero Boetti 1965-1994* at the Galleria Civica d'Arte Moderna e Contemporanea in Turin, 1996

94.
Salman Ali, Fatima, Mirwais, e Meraj Salman, Alessandra Bonomo e Piera Crovetti, all'inaugurazione della mostra "Alighiero e Boetti. Mettere all'arte il mondo", al museo MADRE, Napoli, 2009

94.
Salman Ali, Fatima, Mirwais and Meraj Salman, Alessandra Bonomo, and Piera Crovetti at the opening of the exhibition *Alighiero e Boetti. Mettere all'arte il mondo*, at MADRE, Naples, 2009

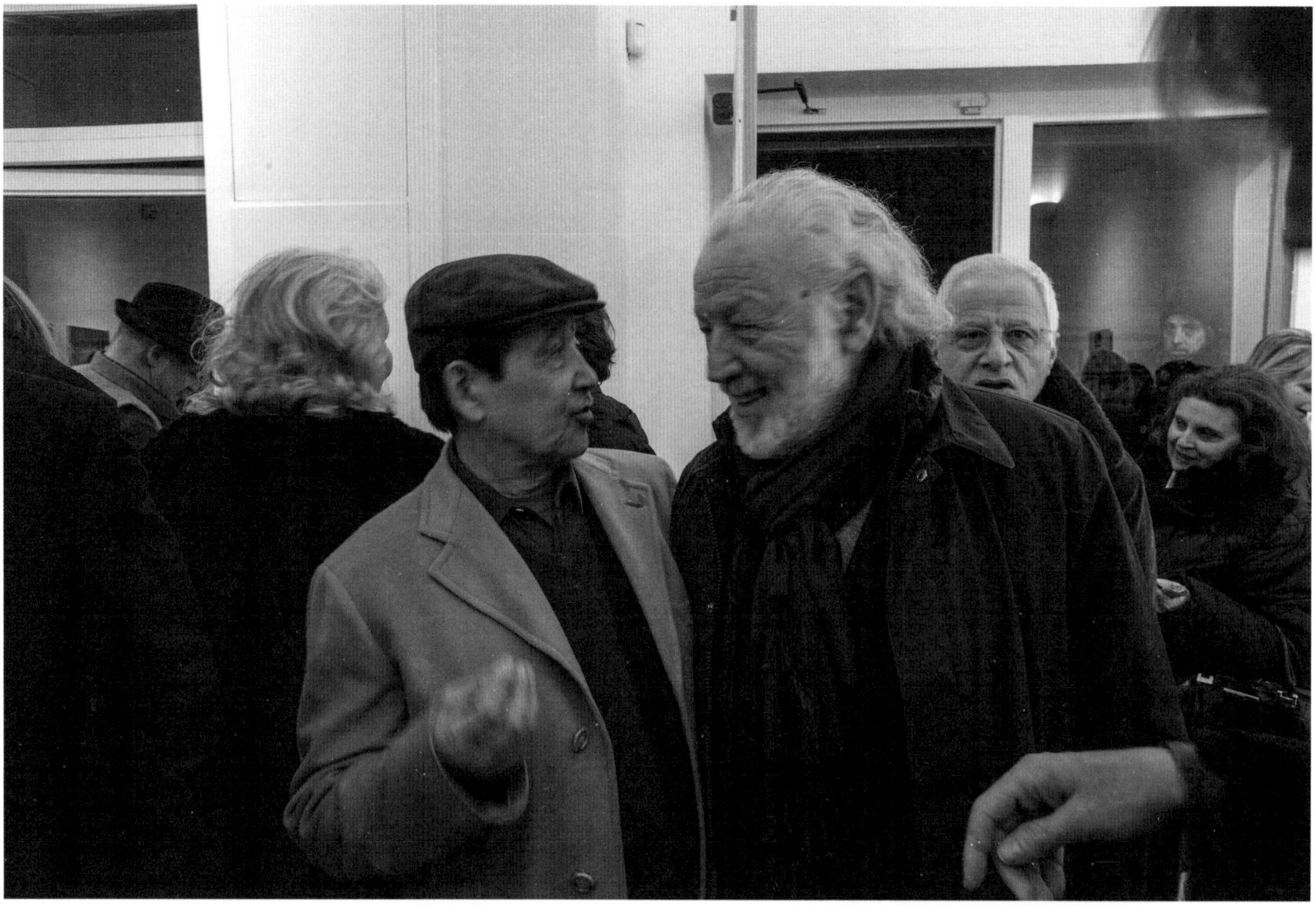

95.

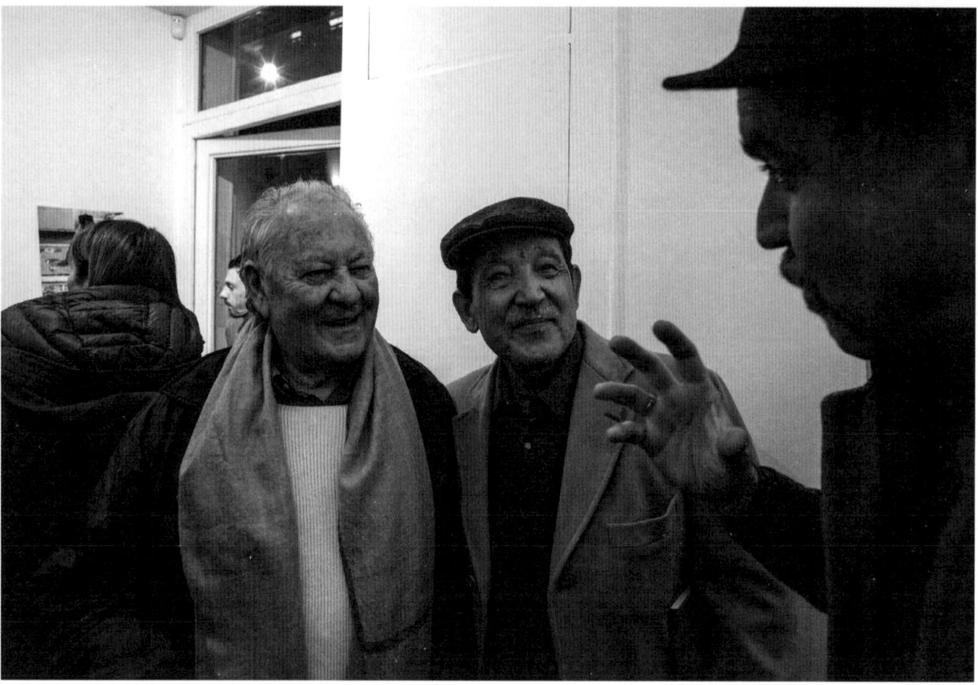

96.

95.
Salman Ali, Bruno Corà e Gino Gentile alla mostra "Salman Ali, i suoi primi 70 anni", alla galleria Bibo's Place, Roma, 2018

95.
Salman Ali, Bruno Corà and Gino Gentile at the exhibition *Salman Ali, i suoi primi 70 anni*, at the Bibo's Place gallery, Rome, 2018

96.
Salman Ali, Gianni Franzi e Matteo Boetti alla mostra "Salman Ali, i suoi primi 70 anni", alla galleria Bibo's Place, Roma, 2018

96.
Salman Ali, Gianni Franzi, and Matteo Boetti at the exhibition *Salman Ali, i suoi primi 70 anni*, at the Bibo's Place gallery, Rome, 2018

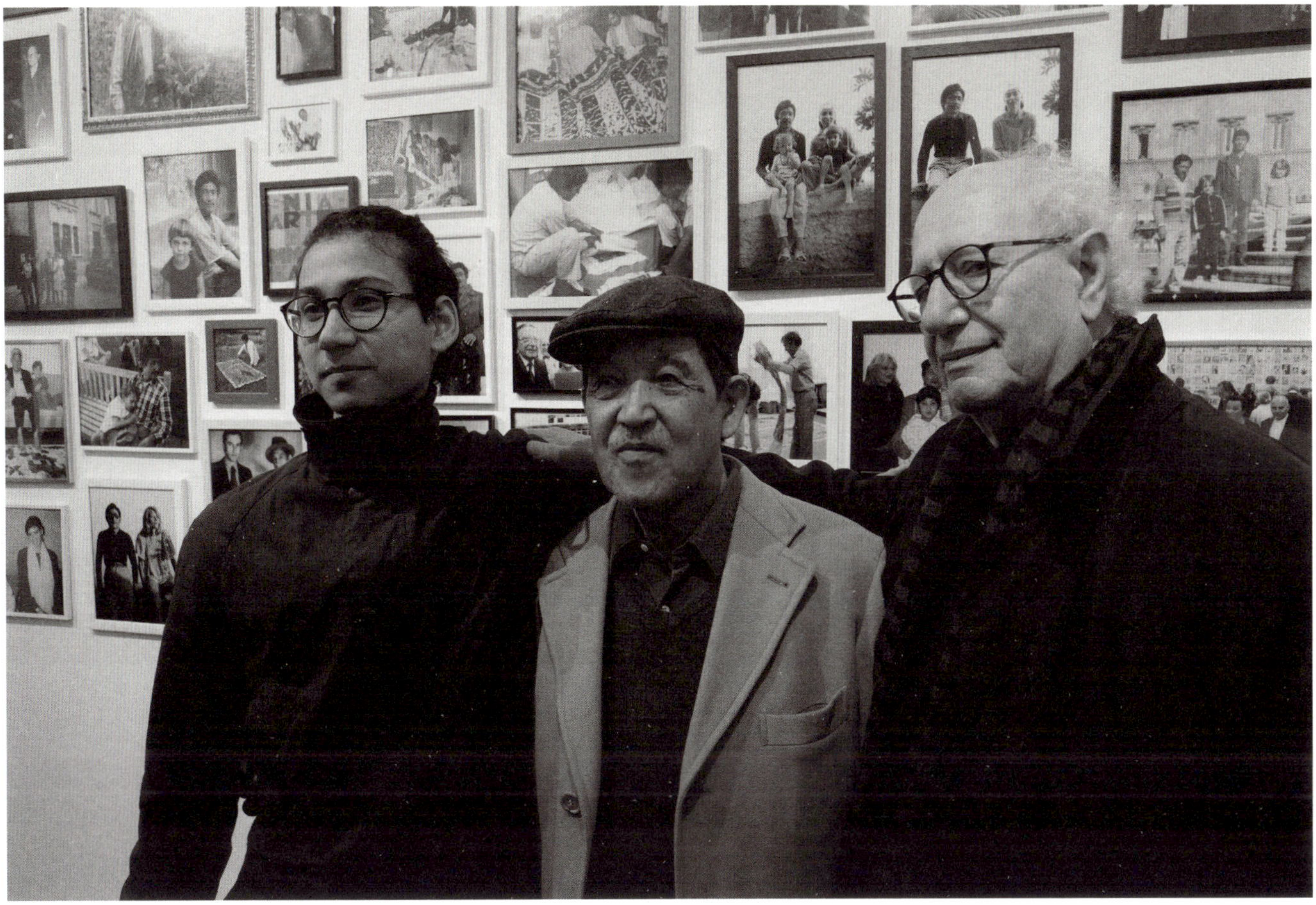

97.

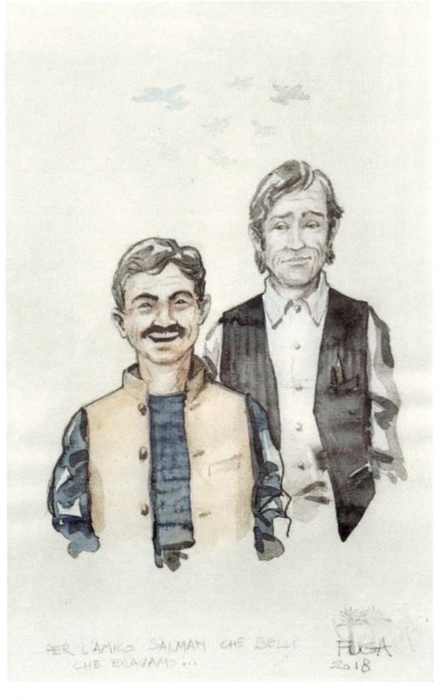

98.

97.
Salman Ali, Meraj Salman e Clino Trini Castelli alla mostra "Salman Ali, i suoi primi 70 anni", alla galleria Bibo's Place, Roma, 2018

97.
Salman Ali, Meraj Salman, and Clino Trini Castelli at the exhibition *Salman Ali, i suoi primi 70 anni*, at the Bibo's Place gallery, Rome, 2018

98.
Il regalo di Guido Fuga, disegnatore degli *Aerei* di Alighiero, per i 70 anni di Salman

98.
The gift from Guido Fuga, the designer of Alighiero's *Aerei*, for Salman's 70th birthday

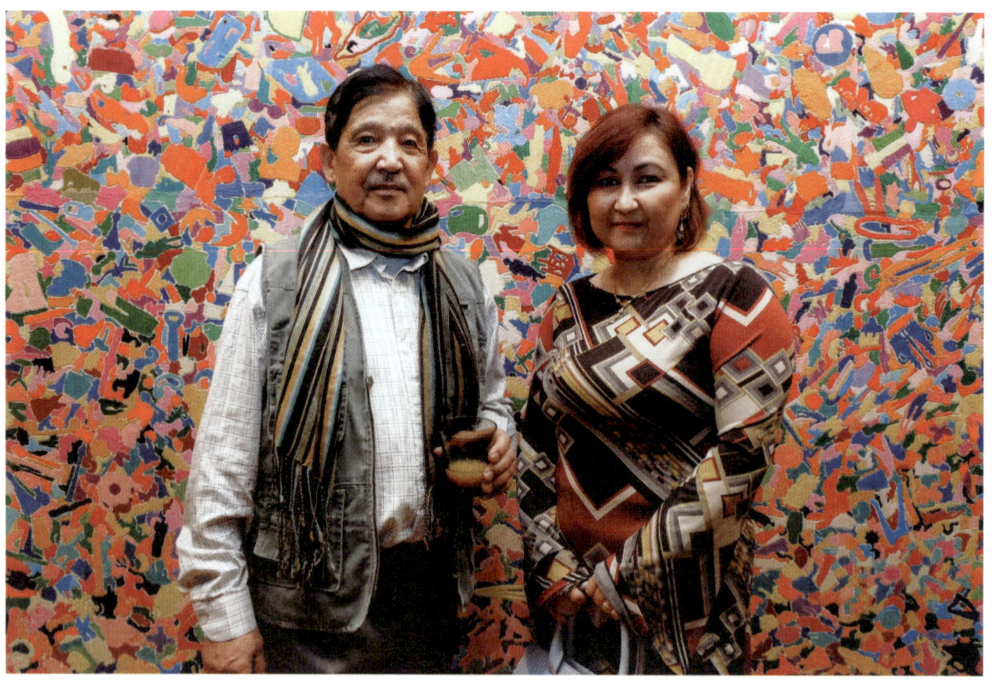

99.

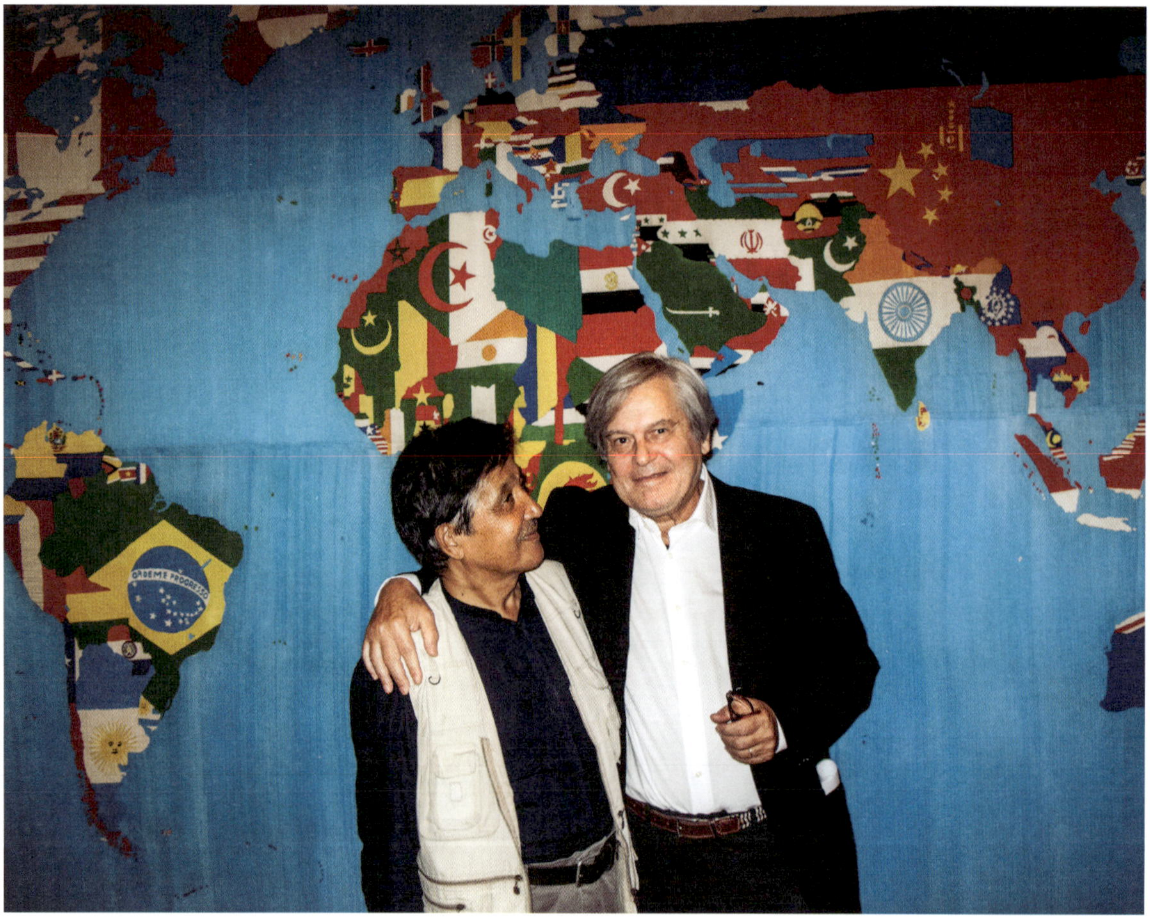

100.

99.
Salman Ali e sua moglie Fatima all'opening della mostra "Alighiero & Boetti" alla galleria Tornabuoni Art Paris, 2010

99.
Salman Ali and his wife Fatima at the opening of the *Alighiero & Boetti* exhibition at the Tornabuoni Art Paris gallery, 2010

100.
Salman Ali e Giorgio Colombo all'inaugurazione della mostra "Alighiero e Boetti. Estrategia de juego" al Reina Sofia di Madrid, 2011

100.
Salman Ali and Giorgio Colombo at the opening of the exhibition *Alighiero e Boetti. Estrategia de juego* at the Reina Sofia in Madrid, 2011

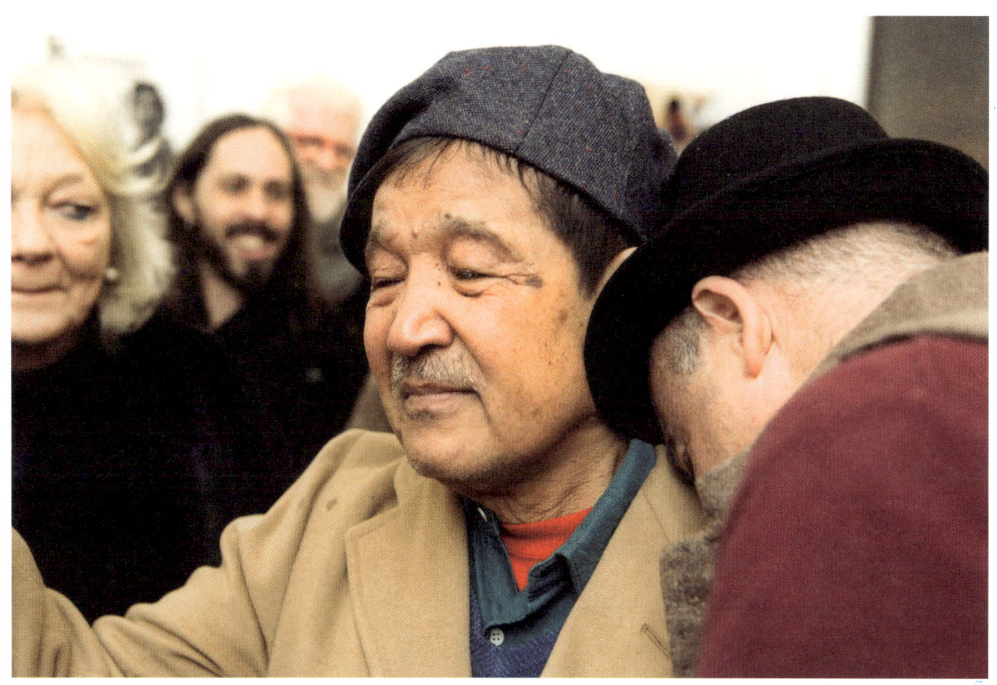

101.

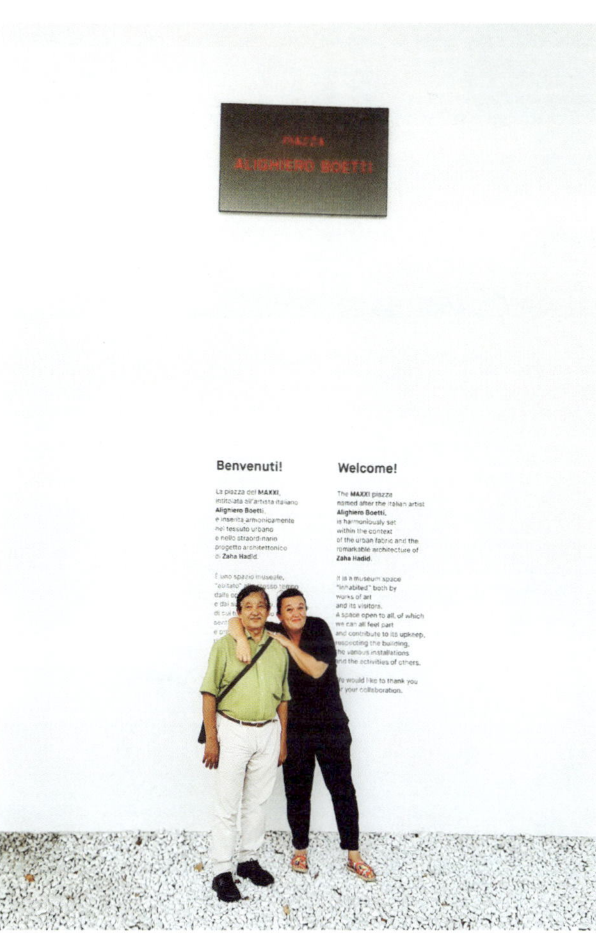

102.

101.
Salman Ali e Matteo Boetti alla mostra alla galleria Bibo's Place a Todi, 2018

101.
Salman Ali and Matteo Boetti at the exhibition at Bibo's Place gallery in Todi, 2018

102.
Salman Ali e Agata Boetti nella piazza Alighiero Boetti a Roma, 2016

102.
Salman Ali and Agata Boetti in Piazza Alighiero Boetti, Rome, 2016

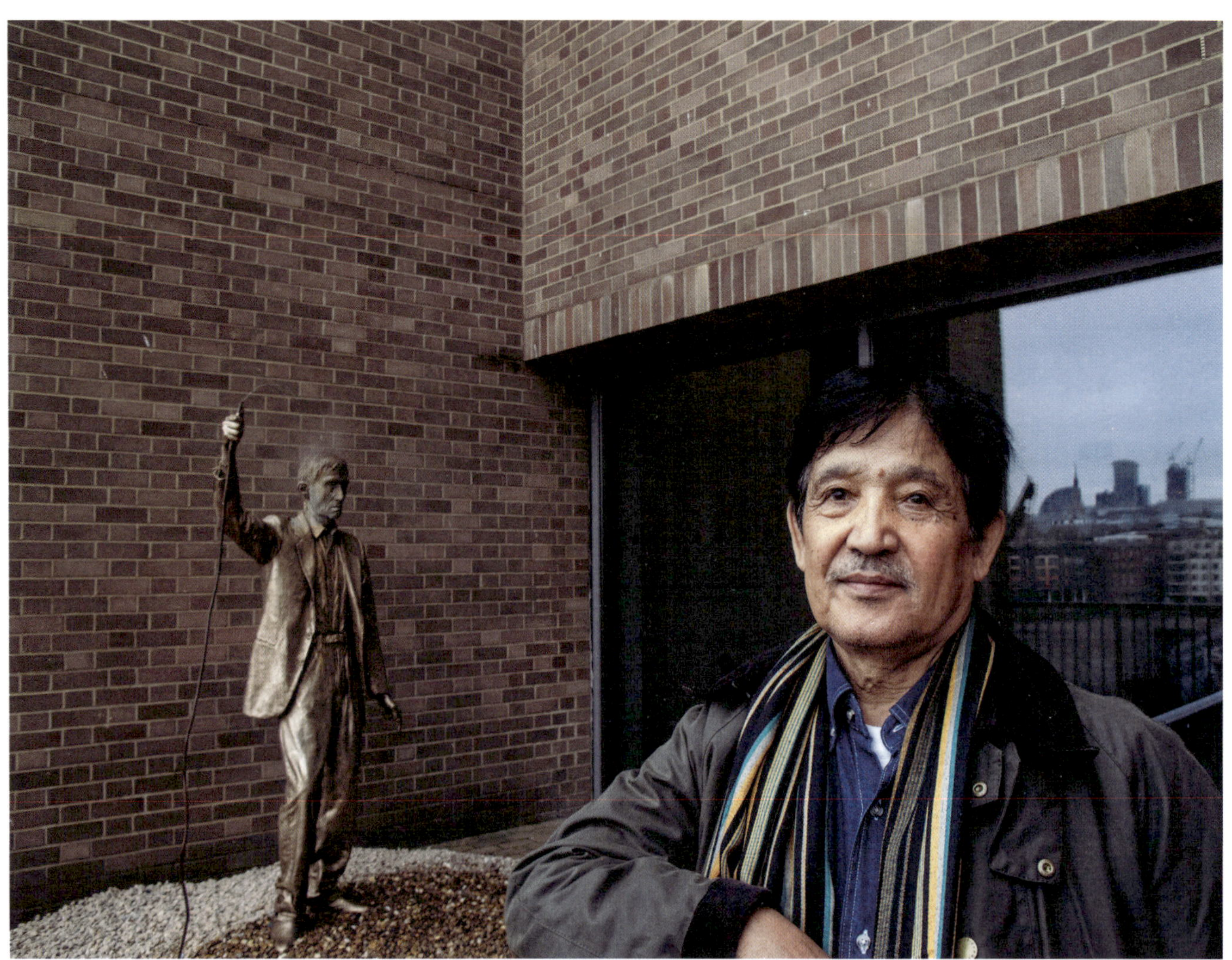

103.

103.
Salman Ali davanti a *Autoritratto* (1993) all'inaugurazione della mostra "Alighiero e Boetti: Game Plan" alla Tate Modern a Londra, 2012

103.
Salman Ali in front of *Autoritratto* (1993) at the opening of the exhibition *Alighiero e Boetti: Game Plan* at Tate Modern, London, 2012

104.
Salman Ali guarda *Io che prendo il sole a Torino il 19 gennaio 1969* alla Biennale di Venezia, 1995

104.
Salman Ali looking at *Io che prendo il sole a Torino il 19 gennaio 1969* at the 1995 Venice Biennale

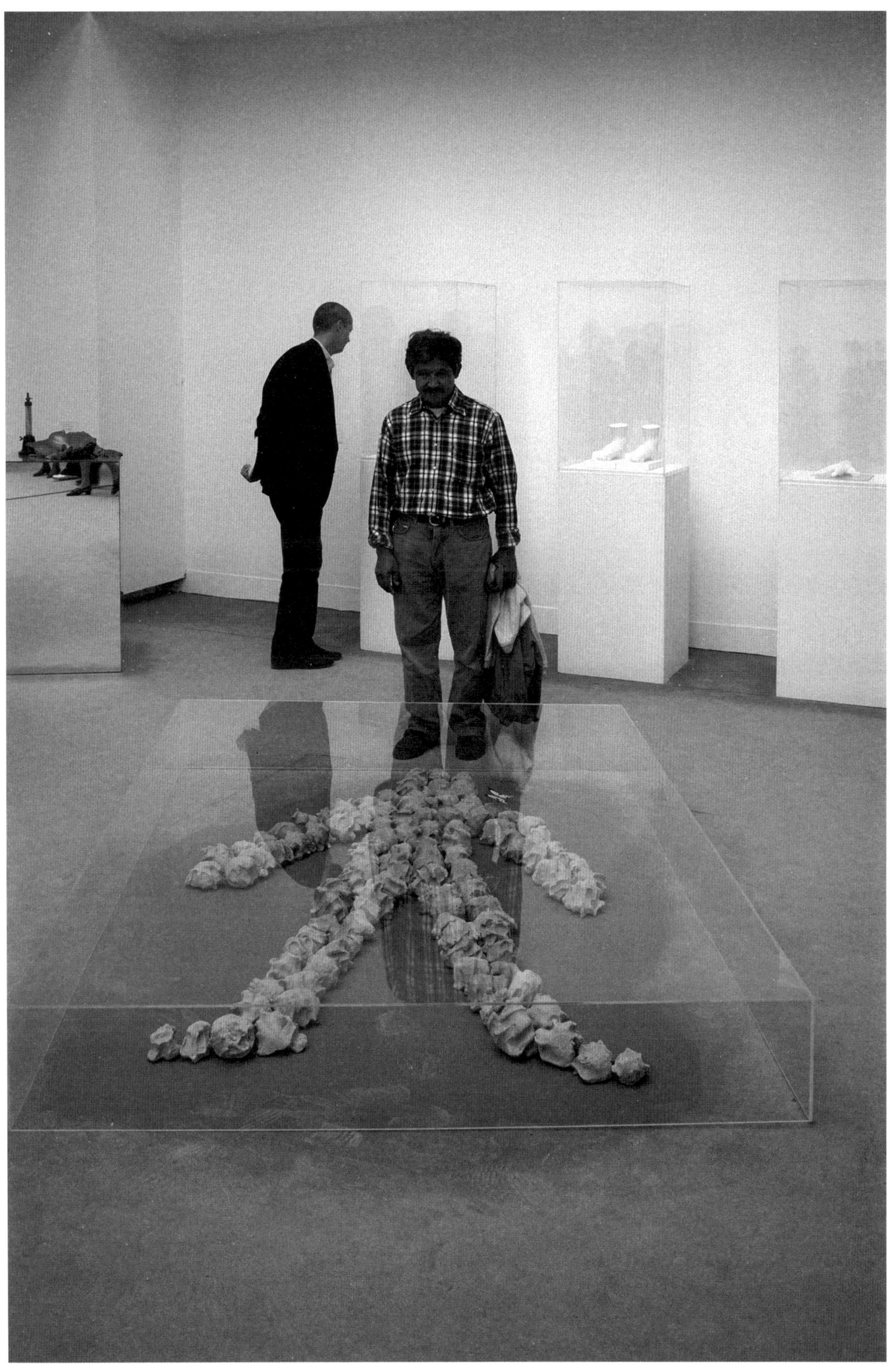

104.

A casa mia, Alighiero è dappertutto. Foto, poster dedicati da Capo, vecchi oggetti di Alighiero, come un suo portacenere, una sua maglietta, un suo costume da bagno o la sua schiuma da barba con ancora un po' di schiuma secca sul beccuccio!
A Mirwais e a Meraj, parliamo molto di Alighiero come di un nonno per loro. Ne parliamo normalmente. È tutta la mia vita. È anche grazie ad Alighiero che loro due sono italiani. Infatti fino dal primo contratto di lavoro che mi aveva fatto Annemarie all'inizio nel 1973, fino a quello in Archivio, sono arrivato pian piano ad avere la nazionalità italiana! Sono ormai italiano, e dunque anche mia moglie e i miei figli che sono nati qui in Italia!
È anche grazie a Capo che i miei figli vivono a Roma, bene, che sono felici e non mancano di niente. Anche loro gli vogliono bene anche se non lo hanno conosciuto.

Adesso, nelle mie giornate, quasi sempre c'è Capo. Quando passo in Fondazione (Fondazione Alighiero e Boetti) e incrocio Giordano, ci prendiamo un caffè. Se una sera c'è un'inaugurazione da Alessandra, sto lì a controllare che tutto va bene. Stare in Archivio (Archivio Alighiero Boetti) per me è come stare nello studio di Alighiero. Controllo un po' tutto, aspetto che mi dicono se devo fare qualcosa di preciso. Sennò faccio quello che faccio da sempre: rispondo al citofono, faccio entrare la gente e davanti alle foto attaccate al muro del corridoio dell'Archivio, spiego ogni foto di Capo. Spesso la gente non vuole credere quando guardano le foto storiche di Alighiero sul muro, che sono io Salman Ali! Poi capiscono e sono molto impressionati!

Alighiero is everywhere in my home. Photos, posters with dedications by Capo, Alighiero's old things, such as an ashtray, a T-shirt, a bathing costume of his, or his shaving foam still with a bit of dried foam on the spout! We talk a lot about Alighiero with Mirwais and Meraj, who's like a grandfather to them. We talk about him quite normally. He's my whole life. It's also thanks to Alighiero that they are Italian. Right from the first employment contract that Annemarie wrote for me in early 1973, up to the one for the Archive, I eventually managed to have Italian citizenship! I'm Italian now, so my wife is too, and so are my children, who were born here in Italy! And it's thanks to Capo that my children live in Rome, and they live well, and they're happy and have all they need. They, too, love him even though they never met him.

Now, Capo is almost always part of my day. When I go to the Foundation [Fondazione Alighiero e Boetti] and I meet Giordano, we have a coffee together. When there's an evening opening at Alessandra's, I'm there to make sure everything's fine. Being at the Archive [Archivio Alighiero Boetti] is like being in Alighiero's studio for me. I make sure everything's all right, and I wait for them to tell me if there's something in particular that I need to do. Otherwise, I do what I've always done: I answer the interphone and let people in, and I explain all Capo's photos on the wall of the archive corridor. When they see the historical photos of Alighiero on the wall, people often don't want to believe it's me, Salman Ali! Then they understand and they're very impressed!

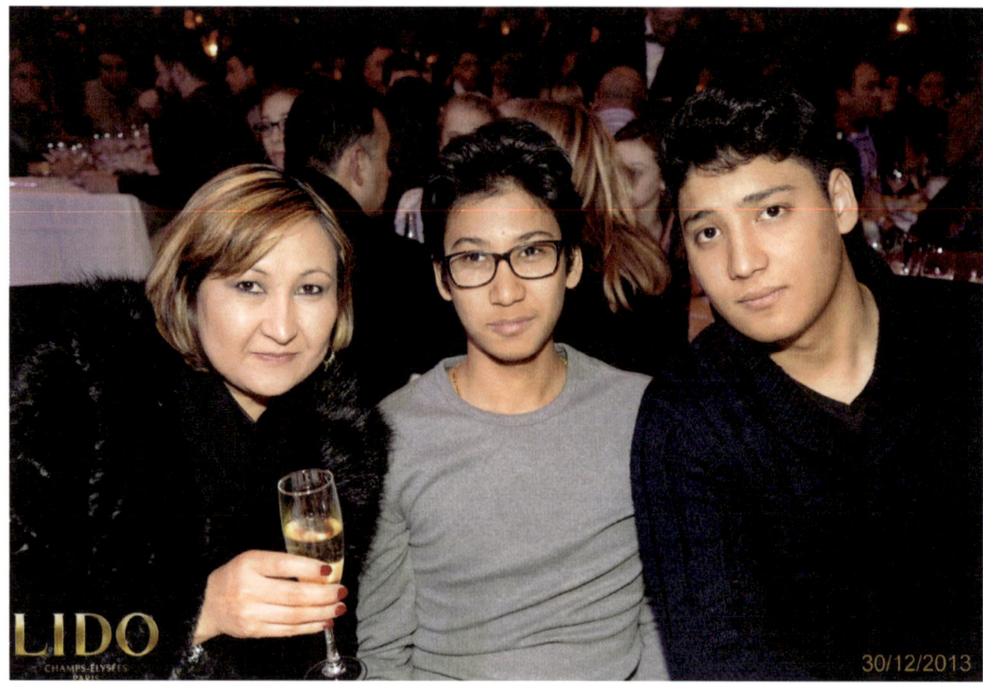

105.

105.
Fatima, Mirwais e Meraj Salman al Lido a Parigi nel 2013, tutti riuniti a Parigi attorno ad Annemarie per il suo ultimo Natale

105.
Fatima, Mirwais and Meraj Salman at the Lido in Paris in 2013, all gathered around Annemarie for her last Christmas

106.
Salman Ali con i suoi due figli, Mirwais e Meraj a casa, 2000 circa

106.
Salman Ali with his two sons, Mirwais and Meraj at home, about 2000

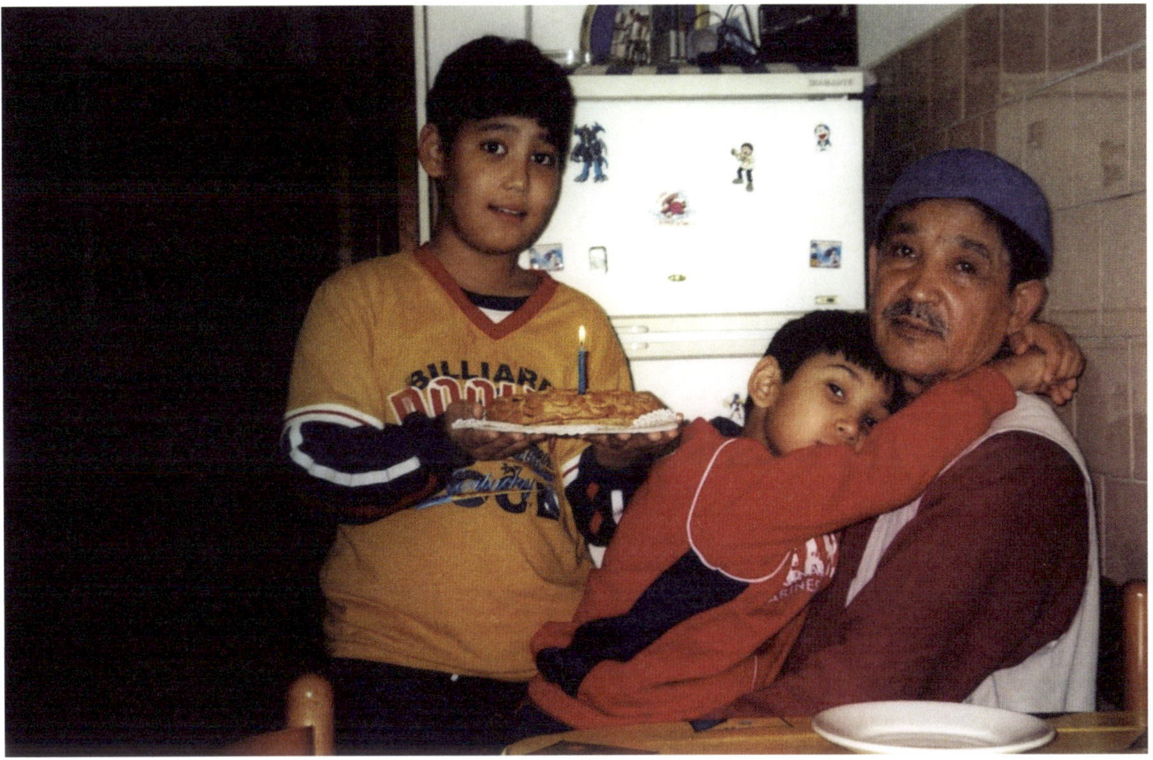

106.

Metto a posto, apro e preparo i pacchi, tolgo e poi rimetto le grafette ai ricami, vado alla posta o in banca. Guardo anche sempre i cataloghi delle case d'asta e quando trovo un'opera di Capo, metto un post-it così le ragazze lo trovano. C'è sempre la fiducia totale. Anche se l'Archivio è un posto di lavoro, resta sempre come una casa, come una famiglia. Annemarie resta sempre la mamma. Agata, "Agatina" e Matteo "figlio di Capo"!
Spesso la gente mi domanda delle cose afghane. Dei gilet come quelli di Alighiero, dei tappeti, dei copri letto o dei gioelli. Tutti conoscono l'anello rosso di Capo. Un anello molto semplice, non è una pietra preziosa ma semplice pasta di vetro rossa. Tutti me lo domandano. Ho tutto ma non ho l'anello rosso perché solo il figlio di Capo (Matteo) ha l'anello!

Alighiero era una persona come ne nascono poche. Non ci sono altre persone come lui. Non mi guardava come un cameriere ma come una persona della famiglia. Sono stato molto fortunato.
Gli occhi di Capo non saranno mai completamente chiusi ma sempre un po' aperti.
La sera, alla prima stella che brilla nel cielo, mi dico sempre che occhi di Capo brillano sempre.

I put the packages away, and I open and prepare them, I remove and then replace the clips on the embroideries, and I go to the post office or the bank. I also always look at auction house catalogues, and when I find a work by Capo, I put a Post-it on it so the girls can find it. There's always total trust. Even though the Archive's a workplace, it's always like a home to me, like a family. Annemarie is always Mamma. Agata, "Agatina" and Matteo "Capo's son"!
People often ask me about Afghan things. About waistcoats like Alighiero's, rugs, bed covers or jewellery. They all know Capo's red ring. A very simple ring, not some precious stone but just red pâte de verre. They all ask me about it. I have everything but I don't have the red ring, because only Capo's son [Matteo] has the ring!

Alighiero was a person like few others. There's no one else like him. He never looked at me as a waiter but as a member of the family. I was very lucky.
Capo's eyes will never be completely closed but always a little open.
In the evening, when the first star twinkles in the sky, I always tell myself that Capo's eyes will twinkle forever.

107. (pp. 94-95) Salman Ali, Fatima, Mirwais e Meraj Salman alla mostra "Salman Ali, i suoi primi 70 anni", alla galleria Bibo's Place, Roma, 2018

107. (pp. 94-95) Salman Ali, Fatima, Mirwais and Meraj Salman at the exhibition *Salman Ali, i suoi primi 70 anni*, at the Bibo's Place gallery, Rome, 2018

Future coincidenze

Clino Trini Castelli

Tra le cose che mi piace ricordare di Alighiero, pensando agli anni in cui lo vedevo al lavoro, c'è la sua proverbiale disciplina logistica: una dote spontanea, vissuta per eventi spazio-temporali che sapeva mettere a frutto sempre in modo esemplare. Dunque non mi sorprese che avendo già pianificato almeno due lunghi soggiorni a Kabul, avesse pensato di aprire il piccolo One Hotel in città. Si trattava di una *guest house* con solo qualche stanza che però, per gli standard locali, era ampia e confortevole. Inoltre c'era un grande giardino cintato molto luminoso, che per intenderci era quello dello spiritosissimo ritratto di Alighiero con il gufo Rémé. Tuttavia la vera risorsa dell'hotel era il personale, scelto e guidato con distaccato piglio militaresco da Dastaghir, braccio destro di Alighiero prima in Afghanistan e poi anche a Peshawar. A lui rispondeva Salman che, attendendo ad Alighiero come ligio servitore, aveva da lui ricevuto l'incarico di alloggiarmi nella sua stanza riservata "come se fossi suo fratello". Ero forse il primo ospite che arrivava a Kabul dall'Italia e in quell'occasione Salman, che mi chiamava Kilino, doveva essere rimasto impressionato dall'ordine ricevuto e da quella perentoria metafora familiare, al punto che di notte - anche per me - si sdraiava a dormire tutto vestito di traverso alla porta, a protezione della stanza.
Credo che nell'avventurosa vita di Salman siano pochi gli eventi che hanno veramente contato nel consolidarsi del suo mutato destino di vita familiare. Poiché negli anni ho avuto modo di osservarne direttamente alcune di quelle vicende, vorrei qui ricordare almeno un paio di *future coincidenze*. Una tra le più impressionanti mi sembra essere il "viaggio postale di Salman" (che però all'epoca veniva chiamato ancora Salmon). Infatti, quando nell'ottobre 1972 sono ripartito da Kabul, il nuovo destino di adozione familiare di Salman stava per essere in qualche modo felicemente segnato (proprio in quel mese) dallo stesso Alighiero attraverso l'opera *15 buste dall'Afghanistan a Salman Ali*, in cui Boetti gli spediva 15 lettere con francobolli permutati e il timbro del One Hotel, tutte indirizzate come se lui vivesse già a Roma, in Piazza Santa Apollonia 3.
Anni dopo un altro messaggio (un tenero sollecito in un'epoca però già difficile) avrebbe sicuramente contribuito a consolidare il suo destino domestico. Ciò avvenne attraverso una delle due letterine scritte da Agata per il papà e vergata in stampatello sulle pagine di un'agenda in un imprecisato martedì 18 agosto, in cui Agata firmava per gioco con il suo nome specchiato:

> Caro papà gentile,
> sono contenta di avere un papà così forte, intelligente, gentile, simpatico, dolce con me e (baci, baci) con tutti. Fai tornare al più (baci, baci) presto possibile "Salmon" (baci, baci). Fai al più presto le cose che dovevi fare...
> Baci, Ataga

Negli anni avrei poi rivisto Salman - anche con Nanni - poche volte, con però la memorabile occasione del viaggio da Milano alla nostra casa di Bellagio, a metà degli anni Settanta. Ci vedevamo dopo molto tempo ed io scelsi di fare un tragitto, per lui sorprendente, che passava di fronte alla maestosa cima della Grigna innevata. Per lui, ormai romano d'adozione come il suo re Mohammed Zahir Shah, si trattò di una scoperta che gli fece brillare gli occhi, anche perché non avrebbe mai immaginato di trovare quella veduta in Italia. Era un panorama degno del suo Hindukush, che sicuramente gli mancava e che forse temeva di non poter più rivedere.

Future Coincidences
Clino Trini Castelli

When I think back to the years when I saw Alighiero at work, one of my fondest memories of him was his proverbial logistical discipline: it was a spontaneous gift of his, and it came out in space-time events that he always managed to make work in an exemplary fashion. He had already planned at least a couple of long stays in Kabul, so I wasn't surprised that he had decided to open the little One Hotel in the city. It was a guesthouse with just a few rooms, but by local standards it was generously sized and comfortable. There was also a very bright enclosed garden, which you could say was that of the comical portrait of Alighiero with his owl Rémé. The hotel's real asset, however, was its staff, who were selected and directed with military precision and detachment by Dastaghir, Alighiero's right-hand man first in Afghanistan and then in Peshawar. Salman, who attended to Alighiero as a loyal servant, responded to Dastaghir directly and had received orders from him to put me up in Alighiero's room "as though I were his brother". I was possibly the first guest to arrive in Kabul from Italy and on that occasion Salman, who called me "Kilino", must have been particularly struck by the order he received and by that peremptory family metaphor, for at night – even for me – he would lay down fully clothed and sleep across the doorway to protect the room.

I think that only a few events in Salman's adventurous life really counted in changing the destiny of his family life. Since I was personally able to observe some of these events over the years, I would like to recall at least a couple of *future coincidences*. One of the most extraordinary of these was, I believe, "Salman's postal journey" (though at the time he was still known as Salmon).

When I left Kabul in October 1972, the new destiny of Salman's adoption into the family was about to be given a positive turn (that very month) by Alighiero himself. This came about through *15 buste dall'Afghanistan a Salman Ali* [15 Envelopes from Afghanistan to Salman Ali], in which Boetti sent fifteen letters with exchanged postage stamps and the stamp of the One Hotel, all addressed as though he were already living in Piazza Santa Apollonia 3 in Rome.

Years later, another message (an affectionate reminder, but in already difficult times) would certainly help consolidate his domestic fate. This came in the form of two little letters written by Agata to her Papà, in block capitals on the page of a diary of an unspecified Tuesday 18 August, in which Agata signs her name backwards for fun:

> Darling kind Papà,
> I'm happy to have a Papà who's so strong, intelligent,
> kind, nice, and sweet with me and (kisses, kisses) with everyone.
> Please bring back "Salmon" (kisses, kisses) as soon as you can
> (kisses, kisses). Do the things you have to do as quickly
> as possible...
> Kisses, Ataga

After that, I saw Salman – and Nanni, too – only a few times over the years, but there was that memorable trip from Milan to our house in Bellagio in the mid-1970s. We hadn't seen each other for ages and I decided to take a route, which was stunning for him, that took us in front of the majestic snow-covered peak of the Grigna. By now he was a Roman by adoption, like his king, Mohammed Zahir Shah, and this was a discovery that made his jaw drop, for he would never have imagined there could be such a view in Italy. It was a vista worthy of his Hindu Kush, which he certainly missed and maybe thought he would never see again.

L’ombra di Alighiero Boetti: Salman Ali
Bruno Corà

C’è stato un tempo, un lungo tempo, durante il quale Salman Ali era sempre dietro Alighiero Boetti e, come la sua ombra, non si allontanava mai da lui. Il destino poi aveva voluto che il nome di Alighiero includesse anche quello di Ali che magicamente così lo portava con sé anche quando Salman, rendendosi provvidenziale, aiutava Annemarie e si dedicava ai loro figli, Matteo e Agata.
Per comprendere cosa fosse Salman per Alighiero, basta che evochi alcuni episodi di cui fui testimone e che restano vivi nella mia memoria come se fossero accaduti solo poche ore fa. Uno di essi risale a quando Alighiero fu protagonista miracolato di un salto notturno nel vuoto, fuori strada, con la sua automobile in località San Bernardino, presso le Cinque Terre in Liguria, precipitando per decine e decine di metri, investendo e spezzando insieme agli alberi, gran parte dei suoi arti, riportando così fratture multiple ma salvando la propria vita. Dopo qualche giorno dall’incidente, per fargli visita mi recai in un ospedale laziale, dove intanto era stato trasferito, e in quell’ora calda dell’estate romana trovai accanto al letto di Alighiero il fedelissimo Salman che, incessantemente, con estrema delicatezza, leniva i molteplici dolori avvertiti da Alighiero in ogni parte del suo corpo, con sapienti e accurati massaggi, come avrebbe potuto fare solo una madre con un figlio. Salman aveva per Alighiero un’autentica devozione e d’altronde Alighiero lo ricambiava considerandolo non solo come assistente di molteplici mansioni, ma un vero componente della sua famiglia.
In quegli anni Settanta trascorrevo molte ore insieme con Alighiero e ne seguivo il lavoro, le iniziative e anche talune ore nello studio e in casa, dove incontravo anche Salman che mi mostrava spesso alcuni tappeti tradizionali (che ancora posseggo) portati dai suoi viaggi nella sua Kabul, quando tornava a far visita ai suoi familiari e amici come Dastaghir Gholam, manager impegnato nel condurre il celebre One Hotel ideato e aperto da Alighiero nel 1971 nel centro di quella città.
Un altro episodio memorabile si verificò quando, durante l’occupazione sovietica dell’Afghanistan, Salman, che aveva cercato di raggiungere la sua famiglia a Kabul, fece mancare, a lungo, ogni notizia di sé.
La preoccupazione di Alighiero e dei suoi familiari era ogni giorno più evidente e talvolta manifestò uno scoramento per l’assenza di notizie che, a causa della crisi di guerra in atto, dava a pensare che qualcosa di grave gli fosse accaduto.
Ma una notte, nel rispondere a un’insolita telefonata pervenuta a casa mia, verso le tre e mezza del mattino, sentii nel ricevitore, appena percepibile, la voce di Salman che, rompendo settimane di silenzio, gridando ripeteva il nome di Alighiero, senza essersi accorto di aver fatto il mio numero per errore. Nel rispondere alle sue invocazioni (Alighiero, Alighiero!) feci in tempo a spiegargli di aver chiamato me, quando irrimediabilmente cadde la comunicazione. Quel mattino stesso, di buonora, avvertii dell’episodio Alighiero che dimostrò un immediato sollievo e si attivò immediatamente nelle ricerche per raggiungerlo. Salman era vivo! Dopo alcune settimane, infatti, ricomparve tra noi a Roma, con la sua inconfondibile aria di chi riprendeva la sua missione di “ombra” fedele a fianco delle gesta del suo Maestro.

Alighiero Boetti's Shadow: Salman Ali
Bruno Corà

There was a time, a long time, when Salman Ali was always behind Alighiero Boetti, just like a shadow, and never left him. It was destiny that the name "Alighiero" also contained the name "Ali", who was always with him, as if by magic, and Salman proved to be heaven-sent, helping Annemarie and looking after their children, Matteo and Agata.

To understand what Salman meant to Alighiero, I need only recall some episodes that I myself was witness to, and that remain impressed upon my memory as though they were yesterday. One of them was when Alighiero miraculously survived a night-time plunge into the void, when his car veered off the road in San Bernardino, in the Cinque Terre in Liguria. He hurtled down dozens and dozens of metres, crashing into trees and breaking not only them but also most of his limbs, sustaining multiple fractures but coming out alive. Some days after the accident, I went to the hospital in Lazio to see him, after he had been moved there. On that hot Roman summer's day, I found the trusty Salman next to Alighiero's bed. With extreme sensitivity, he never stopped soothing the pain that Alighiero felt all over his body, and massaged him skilfully and perfectly, as only a mother might do with her child. Salman was filled with pure devotion for Alighiero, and indeed Alighiero repaid this by considering him not just as an assistant with multiple tasks, but as the real member of his family.

In those years, in the 1970s, I spent many hours with Alighiero and followed his work and his events, spending some hours in his studio and home. Here, I would also see Salman, who would often show me traditional rugs (which I still have) that he'd brought back from his trips to his city, Kabul, when he went to see his family, and friends such as Dastaghir Gholam, the manager of the famous One Hotel, the brainchild that Alighiero opened in 1971 in the city centre.

Another memorable episode was when, during the Soviet occupation of Afghanistan, Salman tried to get back to his family in Kabul, and for a very long time we were left without any word from him. Alighiero and his family became more worried by the day and sometimes you could clearly see how despondent they were due to this lack of news. Since the war was raging, it made them think that something terrible had happened.

But one night, I had a strange phone call, at about half past three in the morning, and in the receiver I could just hear the faint voice of Salman. After weeks of silence, he was shouting Alighiero's name over and over again, without realising he'd called the wrong number. When I managed to get through his invocations (Alighiero, Alighiero!), I just had time to explain that he'd called me, and suddenly the line went down. Early that morning, I told Alighiero what had happened, and he was immediately so relieved and started doing all he could to reach him. Salman was alive! And indeed, a few weeks later he reappeared among us in Rome, with the unmistakable air of someone who had resumed his mission as the faithful "shadow" of his master's every move.

Salman Ali Kabul-Roma con Alighiero
Giorgio Colombo

Ho conosciuto Salman Ali nell'agosto del 1973.
Io e Piera Crovetti, che sarebbe poi diventata mia moglie, eravamo in visita ad Alighiero, nella sua casa a San Bernardino sopra Vernazza. Con i Boetti eravamo già amici dal 1970. Come ormai tradizione, io fotografavo, oltre alle opere di Alighiero, anche i momenti di incontro con tutta la famiglia. Quindi fotografie della casa, Annemarie, Agata e Matteo, allora piccoli, e anche Salman. Lui era già parte della famiglia, si occupava delle piccole cose quotidiane, assistenza ai bambini, cura della casa, assistere Alighiero nel lavoro, risolvendo anche piccole problematiche. Con lui è stato come girare un film. Salman da subito ha rivelato una disponibilità esuberante verso la macchina fotografica. Per questo mi aveva colpito. Salman è musulmano, mi risulta che la sua religione non ammette troppa confidenza con la riproduzione della propria immagine. Evidentemente non era un suo problema. Vestitosi per l'occasione, ben pettinato, occhiali da sole specchianti, cappello da esploratore, etc. In posa con Agata, Matteo, Annemarie e in alcune foto anche con Piera. Solo Alighiero non è presente, chiuso in casa a lavorare. In questo libro, dedicato a Salman, si possono vedere alcuni degli scatti realizzati. Penso che lui abbia un vero culto della personalità. Ogni volta che lo incontravo, le sue prime parole erano "Giorgio foto? Manda!!" e naturalmente ad ogni incontro ne scattavo di nuove. Sempre creando situazioni divertenti, a volte surreali. Ho sempre pensato che Salman mandasse in Afghanistan le sue fotografie, raccontando chissà quali storie della sua vita fuori dalla sua terra.
Durante l'occupazione russa dell'Afghanistan, iniziata nel 1979, Salman, con Alighiero, che aiutava a gestire i contatti per la produzione degli arazzi, è tornato a casa, preoccupato per la sua famiglia, poi essendo afghano non poteva più uscire dal paese, ma grazie all'intervento di Alighiero ed Annemarie, in modo rocambolesco, Salman è riuscito, passando dall'Iran, a ritornare a Roma.
Alighiero mi aveva poi raccontato che, quando lo ha rivisto, per lui è stato come ritrovare un fratello. Nel febbraio del 2018, la massima soddisfazione per lui. Agata e Matteo, in occasione del suo settanesimo compleanno, in tutta segretezza, hanno organizzato alla Bibo's Place, la galleria di Matteo, una mostra tutta di fotografie in cui Salman era protagonista. All'inaugurazione la sua emozione era al massimo, come la sua soddisfazione. Erano presenti alla cerimonia in molti. Per l'occasione è stato fatto un libro, in soli sei esemplari, con la raccolta delle foto esposte. Agata mi ha confidato che Salman riguarda tutti i giorni le immagini riprodotte sulle pagine. Naturalmente il libro ha la copertina rossa e la scritta in oro "SALMAN ALI", secondo il sistema utilizzato da Alighiero Boetti per i libri importanti del suo lavoro.

Salman Ali Kabul-Rome with Alighiero

Giorgio Colombo

I first met Salman Ali in August 1973.
I was with Piera Crovetti, who later became my wife, visiting Alighiero at his home in San Bernardino, above Vernazza. Boetti and I had been friends since 1970. As was the tradition by then, I photographed not just Alighiero's works, but also moments when the whole family came together. So I took photos of the house, and of Annemarie and of little Agata and Matteo, and also of Salman. He was already part of the family, and saw to little everyday matters, looking after the children, seeing to the house, helping Alighiero with his work, and sorting out little problems. With him, it was like shooting a film. Right from the outset, Salman showed an exuberant openness towards the camera. That's why he struck me. Salman is a Muslim, and as far as I know his religion doesn't approve of the reproduction of one's own image that much. But that clearly wasn't his problem. He'd be dressed up for the occasion, hair well combed, with mirrored sunglasses, explorer's hat, and so on. He would pose with Agata, Matteo, and Annemarie, and in some photos also with Piera. Only Alighiero is missing, back at home, working. In this book, which is dedicated to Salman, you can see some of these photos. I believe he had an authentic personality cult. Every time I met him, his first words were always "Giorgio, photo? Send!" and, of course, I took more pictures every time we met. Always creating amusing, sometimes surreal situations. I always thought Salman sent his photos to Afghanistan, telling who knows what tales about his life away from his homeland.
During the Soviet occupation of Afghanistan, which began in 1979, Salman, together with Alighiero, who helped manage the contacts for creating the tapestries, went back home. He was worried about his family but later, since he was an Afghan, he was not able to leave the country. However, thanks to Alighiero and Annemarie, Salman managed to make an adventurous escape through Iran, and returned to Rome.
Alighiero later told me that, when he saw him again, it was like finding a long-lost brother. In February 2018 came the greatest satisfaction for him. To celebrate his seventieth birthday, Agata and Matteo, in strictest secrecy, put on an exhibition at Matteo's Bibo's Place with all the photographs in which Salman was the protagonist. At the opening, he was overcome by emotion but also filled with satisfaction. Lots of people turned up for the ceremony. A book, in just six copies, was made for the occasion with the photos in the exhibition. Agata confided to me that Salman looks at the pictures in that book every day. The cover of the book is red, of course, with the words "SALMAN ALI" in gold, adopting the system that Alighiero Boetti used for important books of his work.

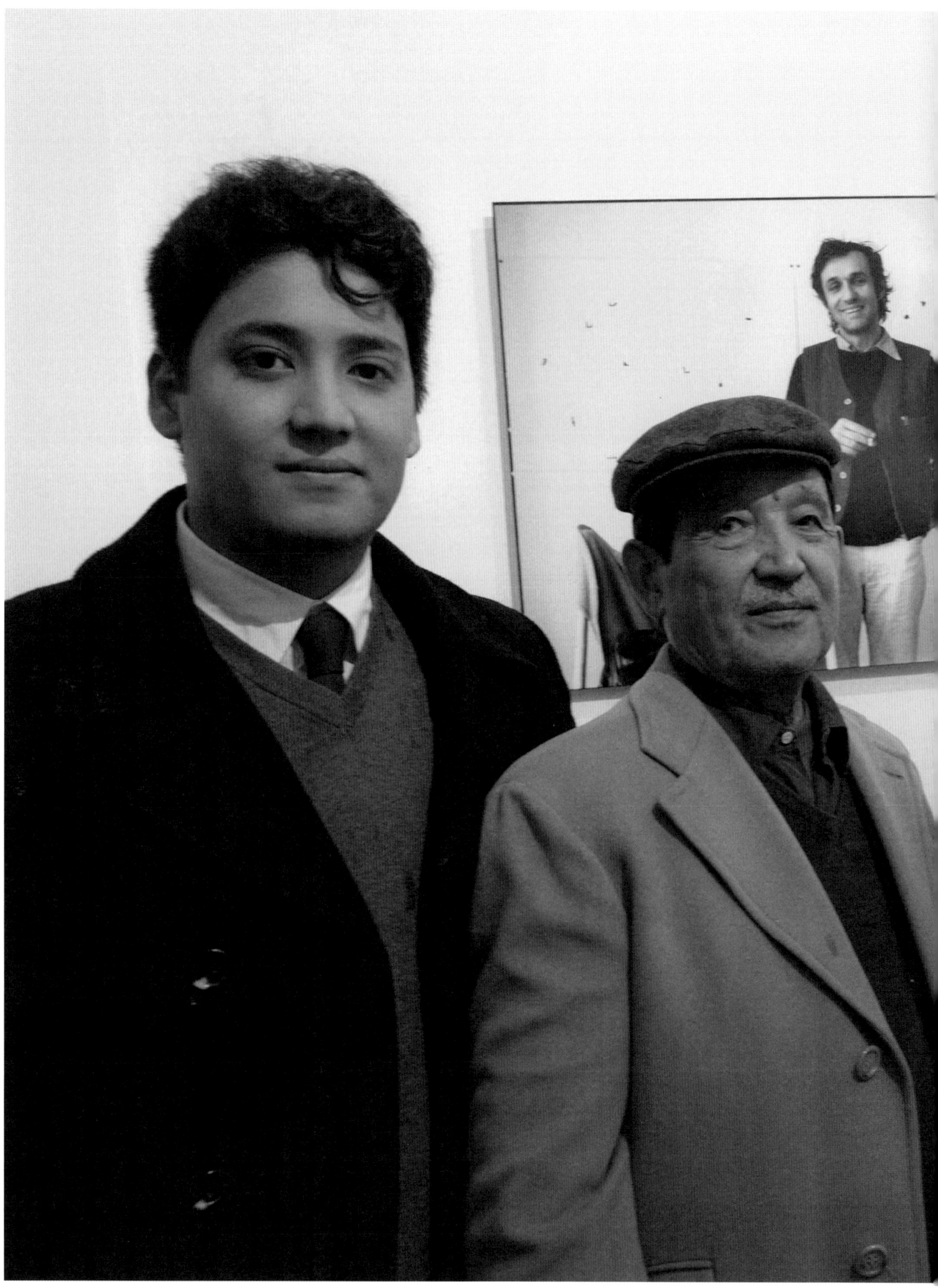

107.

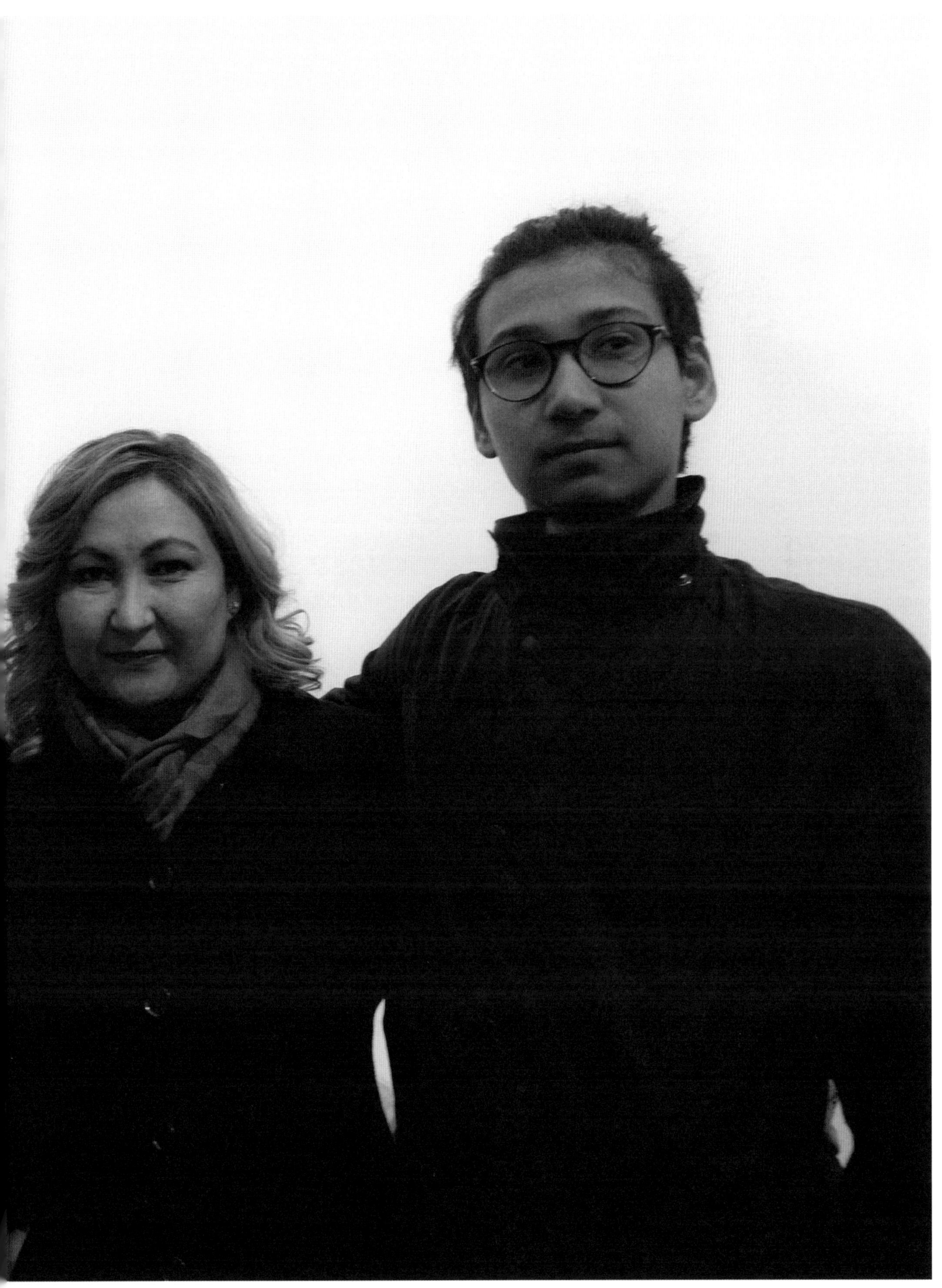

**Questo volume è stato stampato
nel mese di novembre 2020 da
Lito Terrazzi, Firenze, Italia**

This volume was printed
in November 2020 by
Lito Terrazzi, Florence, Italy